Reichardt · Statistische Methodenlehre

MODERNE LEHRTEXTE:
WIRTSCHAFTSWISSENSCHAFTEN

Helmut Reichardt

Statistische Methodenlehre für Wirtschafts- wissenschaftler

6. Auflage

Westdeutscher Verlag

6. Auflage 1976
5., erweiterte Auflage 1975

© 1975 Westdeutscher Verlag GmbH, Opladen
© 1969 Verlagsgruppe Bertelsmann GmbH/Bertelsmann Universitätsverlag, Düsseldorf
Umschlaggestaltung: Hanswerner Klein, Opladen
Druck: fotokop, Darmstadt
Buchbinderei: H. Hiort, Wiesbaden

ISBN 3-531-11298-8

INHALTSVERZEICHNIS

VORWORT

Der hier vorgelegte Text ist das Ergebnis harter Aus-
einandersetzungen und enger Zusammenarbeit in unserem
Lehrstuhlteam. Dabei ist wohl kaum ein Gedankenaus-
tausch mit Kollegen, eine Diskussion mit Studenten
oder die Lektüre eines Lehrbuches ohne Einfluß ge-
blieben. Entscheidend waren an der Abfassung betei-
ligt: Klaus Britsch, Bernd Schips, Winfried Stier,
Siegfried Sturm. Die Tabellen wurden unter Verwendung
von Bibliotheksprogrammen des DRZ auf der IBM 7094 in
Darmstadt gerechnet. Die Programme schrieben Karlotto
Mangold und Bernd Schips. Um die Zeichnungen bemühte
sich Jörn Fehr. Elli Winter hat den Text über unge-
zählte Modifikationen bis zur Reproduktionsreife geschrieben.

Helmut Reichardt

VERZEICHNIS DER TABELLEN

11

I. MATHEMATISCHE GRUNDBEGRIFFE

1. MENGEN

1.1 DEFINITIONEN

Eine <u>Menge</u> ist eine Zusammenfassung von bestimmten
verschiedenen Objekten zu einem Ganzen. Eine Menge
ist definiert, wenn von jedem Objekt feststeht, ob es
zur betreffenden Menge gehört oder nicht. Die zu einer Menge zusammengefaßten Objekte heißen <u>Elemente</u>
dieser Menge. Die Elemente einer Menge können selbst
Mengen sein. Die Menge, die kein Element enthält, wird
mit $\emptyset$ bezeichnet und heißt <u>leere Menge</u>. Hier werden
Mengen meist mit großen, ihre Elemente mit kleinen
Buchstaben bezeichnet.

Ist A eine Menge, so bedeutet

$$a \in A \; ,$$

daß a ein Element von A ist.

$$a \notin A$$

bedeutet, daß a kein Element von A ist. Eine Menge A
mit den Elementen a_1, a_2, ..., a_n wird mit

$$A = \{a_1, a_2, \ldots, a_n\}$$

bezeichnet. Eine Menge A von Elementen a mit der Ei-
genschaft E wird mit

$$A = \{a \mid E\}$$

bezeichnet.

Im folgenden werden die Begriffe natürliche Zahl, gan-
ze Zahl und reelle Zahl vorausgesetzt. Die Menge der
natürlichen Zahlen wird mit $\mathfrak{N}$, die Menge der reellen
Zahlen mit $\mathfrak{R}$ bezeichnet. Existiert eine Zahl $n \in \mathfrak{N}$,

die angibt, wieviel Elemente eine bestimmte nicht leere Menge A enthält, so heißt die Menge endlich und
n = n[A] ihr Umfang. Der Umfang der leeren Menge ist
Null. Kann jedem Element einer Menge eine natürliche
Zahl so zugeordnet werden, daß jedem Element genau
eine natürliche Zahl und jeder natürlichen Zahl genau
ein Element entspricht, so heißt die Menge abzählbar.
Ist eine Menge endlich oder abzählbar, so heißt sie
höchstens abzählbar.

Beispiel 1
============
Die Wohnbevölkerung in der BRD am 6.6.1961; die mög-
lichen Gewinnzahlen beim Lotto; die Anzahl der Sand-
körner an der Côte d'Azur; die Kopfhaare von Ringo
Starr sind Beispiele für endliche Mengen.
Die Menge der quadratischen Kreise ist leer.
Die Menge $\{3^i | i \in \mathfrak{N}\}$ ist abzählbar.

Zwei Mengen A und B heißen gleich,

$$A = B ,$$

wenn sie dieselben Elemente enthalten. Eine Menge A
heißt Teilmenge einer Menge B,

$$A \subseteq B ,$$

wenn jedes Element von A auch Element von B ist. Für
jede Menge A gilt

$$A \subseteq A$$

und definitionsgemäß

$$\emptyset \subseteq A .$$

14

Ist $A \subseteq B$, so heißt die Menge der Elemente von B, die keine Elemente von A sind,

$$\bar{A}(B)$$

Komplement von A bezüglich B.

Beispiel 2
==========
Für die Mengen $A = \{1,2,3\}$, $B = \{1,2,3,4,5,6\}$ und $C = \{4,5,6\}$ gelten die Beziehungen $A \subseteq B$, $\bar{A}(B) = C$, $\bar{B}(B) = \emptyset$.
Die Menge der weiblichen Ordinarien in der BRD ist das Komplement der Menge der männlichen Ordinarien in der BRD bezüglich der Menge aller Ordinarien in der BRD.

1.2 ZAHLENMENGEN

Mengen, deren Elemente reelle Zahlen sind, heißen Zahlenmengen. Gibt es zu einer Zahlenmenge A eine Zahl c, so daß alle ihre Elemente kleiner oder gleich (größer oder gleich) c sind, dann heißt sie nach oben (unten) beschränkt. c heißt eine obere (untere) Schranke von A. Gibt es zu einer Zahlenmenge eine obere und eine untere Schranke, so heißt sie beschränkt. Jede nach oben beschränkte Zahlenmenge A hat eine kleinste obere Schranke (Supremum),

$$\sup A \ ,$$

und jede nach unten beschränkte Zahlenmenge A eine größte untere Schranke (Infimum),

$$\inf A \ .$$

Beispiel 3
==========

Für die Zahlenmenge A = {1, 1/2, 1/3, 1/4, ...} sind
z.B. die Zahlen 350 und 20 obere Schranken, die Zahlen -5684 und -2,385 untere Schranken. Es ist
sup A = 1, inf A = 0, und es gilt sup A $\in$ A und
inf A $\notin$ A.

Die mit [a;b], [a;b), (a;b] und (a;b) bezeichneten
Zahlenmengen

$$\{r \,|\, a \leq r \leq b\} = [a;b]$$
$$\{r \,|\, a \leq r < b\} = [a;b)$$
$$\{r \,|\, a < r \leq b\} = (a;b]$$
$$\{r \,|\, a < r < b\} = (a;b)$$

heißen abgeschlossenes, rechtsseitig offenes, linksseitig offenes und offenes Intervall. Die Differenz

$$d = b - a$$

heißt die Länge des Intervalls. Die Intervalle [a;b],
[a;b), (a;b] und (a;b) haben die gleiche Länge. Die
Zahlenmengen

$$\{r \,|\, a \leq r\} = [a;\infty)$$
$$\{r \,|\, a < r\} = (a;\infty)$$
$$\{r \,|\, r \leq b\} = (-\infty;b]$$
$$\{r \,|\, r < b\} = (-\infty;b)$$
$$\Re = (-\infty;\infty)$$

heißen unendliche Intervalle.

Eine Zahlenmenge, die höchstens abzählbar ist, heißt
diskret. Hier werden nur solche diskrete Zahlenmengen
betrachtet und als diskret bezeichnet, von denen jedes abgeschlossene Intervall höchstens endlich viele
ihrer Elemente enthält.

16

Beispiel 4
==========

Die Zahlenmengen $\{n|n \in \mathfrak{N}; 0,8 < n < 12,4\}$ und
$\{n|-(n-1) \in \mathfrak{N}\}$ sind diskret.

1.3 MENGENOPERATIONEN

Die <u>Vereinigung</u> zweier Mengen A und B,

$$A \cup B ,$$

ist die Menge der Elemente, die mindestens einer der
beiden Mengen A und B angehören.

Der <u>Durchschnitt</u> zweier Mengen A und B,

$$A \cap B ,$$

ist die Menge der Elemente, die sowohl A als auch B
angehören.

Ist der Durchschnitt zweier Mengen A und B leer,

$$A \cap B = \emptyset ,$$

so heißen A und B <u>disjunkt</u>.

Stets gilt

$$A \cup B = B \cup A$$
$$A \cap B = B \cap A$$
$$A \cup \emptyset = A$$
$$A \cap \emptyset = \emptyset .$$

Ist

$$\left\{ A_1, A_2, A_3, \ldots \right\}$$

eine höchstens abzählbare Menge von Mengen, so heißt
die Menge der Elemente, die wenigstens in einer der
Mengen A_1, A_2, A_3, ... enthalten sind,

$$A_1 \cup A_2 \cup A_3 \cup \ldots$$

deren <u>Vereinigung</u>.

Ist

$$\left\{A_1, A_2, \ldots \right\}$$

eine höchstens abzählbare Menge von paarweise disjunkten Mengen und ist

$$A = A_1 \cup A_2 \cup \ldots \; ,$$

so heißt diese Menge eine <u>Zerlegung</u> von A. Ist B Teilmenge von A, so bildet die Menge aller Mengen $B \cap A_i \neq \emptyset$ eine Zerlegung von B.

Beispiel 5
=========
Für die Mengen $A_1 = \{1,2,3,4\}$, $A_2 = \{3,4,5\}$, $A_3 = \{5,6\}$, $A_4 = \{1,2,3,4,5,6\}$, $A_5 = \{3,4\}$, $A_6 = \{5\}$, $A_7 = \{6\}$ gelten die Beziehungen $A_1 \cup A_3 = A_4$, $A_1 \cap A_3 = \emptyset$ und $A_1 \cap A_2 = A_5$.
Die Menge $\{A_1, A_6, A_7\}$ ist eine Zerlegung von A_4, ebenso die Menge $\{A_1, A_3\}$.

Eine nicht leere Menge $\mathfrak{S}$ von Teilmengen einer Menge Ω heißt ein <u>Mengenring von Ω</u>, wenn sie die beiden folgenden Eigenschaften hat.

1. Mit $A \in \mathfrak{S}$ und $B \in \mathfrak{S}$ ist auch $A \cup B \in \mathfrak{S}$.

2. Mit $A \in \mathfrak{S}$ ist auch $\bar{A}(\Omega) \in \mathfrak{S}$.

Aus diesen Eigenschaften ergibt sich, daß mit $A \in \mathfrak{S}$ und $B \in \mathfrak{S}$ auch $A \cap B \in \mathfrak{S}$, $\Omega \in \mathfrak{S}$ und $\emptyset \in \mathfrak{S}$ ist.

Ein Mengenring von Ω heißt <u>σ-Ring von Ω</u>, wenn er mit den Mengen A_1, A_2, A_3, ... auch die Menge $A_1 \cup A_2 \cup A_3 \cup$ ... als Element enthält. Jeder endliche Mengenring ist ein σ-Ring.

Beispiel 6
==========
Die Menge $\left\{\emptyset, \{1,2,3\},\{4,5,6\},\{1,2,3,4,5,6\}\right\}$ ist ein endlicher σ-Ring von $\Omega = \{1,2,3,4,5,6\}$.

1.4   PRODUKTE VON MENGEN

Zwei, drei, ..., n nicht notwendig verschiedene Elemente in einer bestimmten Reihenfolge bilden ein <u>Paar</u> (a,b), ein <u>Tripel</u> (a,b,c), ..., ein <u>n-tupel</u> $(a_1, a_2, ..., a_n)$.

Sind A und B zwei nicht leere Mengen, so heißt die Menge der Paare

$$\left\{(a,b)\,|\,a \in A, \ b \in B\right\} = A \times B$$

<u>Produkt von A und B.</u>

Für Produkte von mehr als zwei Mengen gilt

$$A_1 \times .. \times A_n = \left\{(a_1,...,a_n)\,|\,a_1 \in A_1,...,a_n \in A_n\right\}.$$

Ist $A_1 = A_2 = ... = A_n = A$, wird für dieses Produkt A^n geschrieben.

Für $A \neq B$ ist $A \times B \neq B \times A$. Aus $A_1 \subseteq A$ und $B_1 \subseteq B$ folgt

$$A_1 \times B_1 \subseteq A \times B \ .$$

1.5 DER EUKLIDISCHE RAUM

Besteht ein n-tupel aus reellen Zahlen, dann heißt es
Zahlentupel. Das Zahlentupel $a = (a_1, \ldots, a_n)$ heißt
kleiner als das Zahlentupel $b = (b_1, \ldots, b_n)$

$$a < b \, ,$$

wenn

$$a_i < b_i \qquad \text{für } i = 1, \ldots, n$$

gilt. Entsprechend ist $a \leq b$ definiert.

Die Menge

$$I = \{r \mid a \leq r < b\} \subseteq \Re^n$$

heißt n-dimensionales oben offenes Intervall. Mit

$$I_i = [a_i; \, b_i) \qquad\qquad i = 1, \ldots, n$$

gilt

$$I = I_1 \times I_2 \times \ldots \times I_n \, .$$

Entsprechend sind unten offene und abgeschlossene
n-dimensionale Intervalle definiert.

Die nicht negative Zahl

$$d(a,b) = d(b,a) = {}_+\sqrt{(a_1-b_1)^2 + \ldots + (a_n-b_n)^2}$$

heißt Abstand von a und b. Die Menge $\Re^n$ mit dieser
Abstandsdefinition heißt n-dimensionaler euklidischer
Raum. Die Elemente von $\Re^n$ werden auch Punkte des $\Re^n$
genannt.

2. ABBILDUNGEN

2.1 DEFINITIONEN

Eine <u>Abbildung</u> einer nicht leeren Menge A in eine
nicht leere Menge B ist eine Vorschrift f, die jedem
Element a $\in$ A genau ein Element b $\in$ B zuordnet,

$$f: A \rightarrow B .$$

Das dem Element a $\in$ A durch f zugeordnete Element
f(a) = b $\in$ B heißt <u>Bild</u> von a. Die Menge

$$\{f(a)\,|\,a \in A\}$$

heißt <u>Bildmenge</u> und die Menge A <u>Definitionsbereich</u>
von f. Ist die Bildmenge gleich B, dann heißt f Abbildung von A <u>auf</u> B. Eine Abbildung von A auf B heißt
umkehrbar eindeutig, wenn

$$f(a_1) = f(a_2)$$

nur für $a_1 = a_2$ gilt.

Beispiel 7
==========
Ist A die Menge der Personen auf einem Vergnügungs-
dampfer, so kann durch eine Abbildung f: A $\rightarrow$ $\mathfrak{N}$ jeder
Person ihr Alter zugeordnet werden oder durch eine
Abbildung g: A $\rightarrow$ $\mathfrak{N}$ x $\mathfrak{N}$ jeder Person ihr Geburtsjahr
und ihre Körpergröße. g(a) = (1940, 182) bedeutet,
daß die Person a im Jahre 1940 geboren wurde und 182
cm groß ist.
Ist A eine abzählbare Menge, so gibt es eine umkehrbar
eindeutige Abbildung f: A $\rightarrow$ $\mathfrak{N}$.

2.2 VARIABLEN

Eine Variable ist ein Symbol, das stellvertretend für ein beliebiges Element einer bestimmten Menge steht. Die Elemente dieser Menge heißen Realisationen dieser Variablen. Ist x die Variable von A und y die Variable von B und f eine Abbildung f: A → B, so kann für diese Abbildung auch y = f(x) geschrieben werden. Damit wird ausgedrückt, daß jeder Realisation a von x die durch f bestimmte Realisation f(a) von y zuzuordnen ist.

Steht die Variable x einer Menge A in einer Relation, so bedeutet dies, daß die Variable x dann nur noch stellvertretend für diejenigen Elemente von A steht, die dieser Relation genügen.

Beispiel 8
==========
Die Abbildung f: $\Re$ → $\Re$, y = x^2 ordnet jedem r ∈ $\Re$ das Bild f(r) = r^2 zu.

Die Abbildung f: $\Re^2$ → $\Re$, z = 2x + $3y^2$ ordnet jedem (a,b) ∈ $\Re^2$ das Bild f((a,b)) = 2a + $3b^2$ zu.

x sei die Variable von $\Re$, dann bedeutet 3 < x ≤ 5, daß x stellvertretend für die Zahlen 4 und 5 steht. Die Relation 3 < x ≤ 5 bezeichnet also die Menge {4,5}.

2.3 SPEZIELLE ABBILDUNGEN

Eine Abbildung f: A → $\Re$ heißt Funktional. Ist A ⊆ $\Re$, so heißt die Abbildung reelle Funktion einer Variablen. Ist A ⊂ $\Re^n$, so heißt diese Abbildung reelle Funk-

<u>tion von n Variablen</u>, und die Variable von $A \subseteq \Re^n$ wird mit $(x_1, \ldots, x_n)$ bezeichnet. Ist y die Variable der Bildmenge B, so kann für eine reelle Funktion von n Variablen

$$y = f(x_1, \ldots, x_n)$$

geschrieben werden. Ein Bild f(a) einer reellen Funktion heißt <u>Funktionswert</u> an der Stelle a. Enthält die Bildmenge einer reellen Funktion f nur ein Element, so heißt f <u>konstante Funktion</u>. Ist der Definitionsbereich einer reellen Funktion diskret, so heißt die reelle Funktion <u>diskret</u>. Ist der Definitionsbereich ein Intervall, so heißt die Funktion <u>kontinuierlich</u>.

Sind f_1 und f_2 reelle Funktionen mit dem Definitionsbereich A, dann sind $f_1 + f_2$, $f_1 f_2$, f_1/f_2 reelle Funktionen, die der Zahl $a \in A$ die Zahlen $f_1(a) + f_2(a)$, $f_1(a)f_2(a)$, $f_1(a)/f_2(a)$ zuordnen. Die Abbildung f_1/f_2 ist nur für $f_2 \neq 0$ erklärt.

Sind f_1 und f_2 reelle Funktionen einer Variablen

$$f_1: A \to B \quad \text{und} \quad f_2: B \to C \quad \text{mit} \quad A, B \text{ und } C \subseteq \Re ,$$

so ist

$$f = f_2(f_1)$$

die Abbildung

$$f: A \to C ,$$

die jedem $a \in A$ das Element $f_2(f_1(a)) \in C$ zuordnet. Die reelle Funktion $f = f_2(f_1)$ heißt <u>mittelbare Funktion</u>. Ist x die Variable von A, y die Variable von B und z die Variable von C und ist

$$y = f_1(x), \quad z = f_2(y) ,$$

so kann für die mittelbare Funktion auch

$$z = f_2(f_1(x))$$

geschrieben werden.

Beispiel 9

Ist $\mathfrak{S} = \{\emptyset, \{a,b\}, \{a\}, \{b\}\}$ ein σ-Ring von $E = \{a,b\}$,
so ist durch $f(\emptyset) = 0$, $f(\{a,b\}) = 1$, $f(\{a\}) = 0,3$ und
$f(\{b\}) = 0,7$ ein Funktional f bestimmt.
Ist $y = x_1 + x_2 x_3$ eine Abbildung $f: \mathfrak{R}^3 \to \mathfrak{R}$, so ist
$f((2,1,-3)) = 2 + (1)(-3) = -1$ der Funktionswert an
der Stelle $(2,1,-3)$.
Die diskrete reelle Funktion einer Variablen

$$f(x) = \frac{3^x}{1 \cdot 2 \cdot \ldots \cdot x} e^{-3} \qquad x \in \mathfrak{R}$$

ist eine Abbildung $f: \mathfrak{R} \to \mathfrak{R}$.
Mit $f_1(x) = y_1 = x^2$ und $f_2(x) = y_2 = x^3$ ergibt sich

$$f_1(x) + f_2(x) = x^2 + x^3$$

$$f_1(x) f_2(x) = x^5$$

$$\frac{f_1(x)}{f_2(x)} = \frac{1}{x} \qquad \text{für } x \neq 0$$

$$f_2(f_1(x)) = (x^2)^3 = x^6 .$$

Ist $f(x,y)$ eine reelle Funktion von zwei Variablen

$$f: A \times B \to C ,$$

so heißt die Menge von Funktionen einer Variablen

$$\{f(x,p): A \to C \mid p \in B\}$$

eine Schar von Funktionen einer Variablen mit dem Parameter p. Für diese Schar von Funktionen wird auch

$$y = f(x;p) \quad \text{mit} \quad p \in B$$

geschrieben.

Entsprechend ist

$$f(x_1, \ldots, x_r; p_{r+1}, \ldots, p_n)$$

$$\text{mit } (p_{r+1}, \ldots, p_n) \in A_{r+1} \times \ldots \times A_n$$

eine Schar von reellen Funktionen von r Variablen
mit den Parametern $p_{r+1}, \ldots, p_n$.

Beispiel 10
============
Jedes Element der durch $y = f(x;a,b) = a + bx$ gegebe-
nen Schar von Funktionen heißt <u>Gerade</u>.

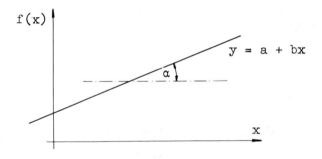

Der Parameter a ist der Achsenabschnitt und der Parameter b die Steigung einer Geraden.

$$y = f(x;\sigma,\mu) = \frac{1}{\sigma\sqrt{2\pi}}\, e^{-\frac{1}{2}(\frac{x-\mu}{\sigma})^2} \qquad \mu \in \mathfrak{R}, \; \sigma \in \mathfrak{R}, \; \sigma > 0$$

ist eine Schar von reellen Funktionen einer Verän-
derlichen mit den beiden Parametern σ und μ.

3. FOLGEN UND REIHEN

3.1 FOLGEN

Ist $f: \mathfrak{N} \to A$ eine Abbildung der Menge der natürlichen Zahlen in eine nicht leere Menge A und

$$a_i = f(i) \, , \qquad \text{für } i \in \mathfrak{N} \, ,$$

so heißt der Ausdruck

$$(a_1, a_2, a_3, \ldots)$$

eine <u>Folge</u>. Das Element a_i heißt <u>i-tes Glied</u> der Folge. Abkürzend kann für die Folge $(a_1, a_2, a_3, \ldots)$

$$(a_i)$$

geschrieben werden.

Beispiel 11
===========
Ist $A = \{a, b\}$, so ergibt sich mit

$$f(i) = \begin{cases} a \text{ für } i \text{ durch } 3 \text{ teilbar} \\ b \text{ für } i \text{ nicht durch } 3 \text{ teilbar} \end{cases}$$

die Folge $(b, b, a, b, b, a, b, b, a, \ldots)$.
Die Folge $(\{1\}, \{1,2\}, \{1,2,3\}, \{1,2,3,4\}, \ldots)$ entsteht aus einer Abbildung

$$f: \mathfrak{N} \to \{\{1,2,3, \ldots, n\} \mid n \in \mathfrak{N}\}$$

$$\text{mit } f(i) = \{1,2,3, \ldots, i\}, \ i \in \mathfrak{N} \, .$$

3.2 ZAHLENFOLGEN UND PUNKTFOLGEN

Sind die Glieder einer Folge reelle Zahlen, so heißt
die Folge <u>Zahlenfolge</u>. Eine Zahlenfolge $(a_1, a_2, \ldots)$
heißt <u>beschränkt</u>, wenn es eine positive Zahl $c \in \Re$
gibt, so daß für alle $i \in \Re$ gilt

$$|a_i| < c \, .$$

Eine Zahlenfolge $(a_1, a_2, \ldots)$ heißt <u>monoton fallend</u>
(<u>steigend</u>), wenn für jedes Folgenglied a_i gilt

$$a_i \geq a_{i+1} \qquad (a_i \leq a_{i+1}) \, .$$

Ist für alle $i \in \Re$ das Gleichheitszeichen ausgeschlos-
sen, so heißt die Folge <u>streng monoton</u>.

Eine Zahlenfolge $(a_1, a_2, \ldots)$ hat einen <u>Grenzwert</u> a,
wenn es für jede positive (kleine) Zahl ϵ ein i_0
gibt, so daß für alle $i > i_0$

$$|a_i - a| < \epsilon$$

ist. Dafür wird

$$\lim_{i \to \infty} a_i = a$$

oder auch

$$(a_i) \to a$$

geschrieben.

Besitzt eine Zahlenfolge einen Grenzwert a, so heißt
sie <u>konvergent gegen a</u>, andernfalls <u>divergent</u>. Eine
Zahlenfolge mit dem Grenzwert Null heißt <u>Nullfolge</u>.
Eine Zahlenfolge $(a_1, a_2, \ldots)$ heißt <u>bestimmt divergent gegen ∞</u> (bzw. $-\infty$), wenn es für jede positive
(große) Zahl $g \in \Re$ ein i_0 gibt, so daß für alle
$i > i_0$

$$a_i > g \qquad\qquad (bzw. \ a_i < -g)$$

ist. Dafür wird

$$(a_i) \to +\infty \qquad (bzw.\ (a_i) \to -\infty)$$

geschrieben.

Beispiel 12
============
Die Folge $(1,4,9,16,25, \ldots)$ mit $a_i = i^2$ steigt
streng monoton und ist bestimmt divergent gegen $+\infty$.
Die Folge $(1,-1,1,-1, \ldots)$ mit $a_i = (-1)^i$ ist be-
schränkt und divergent.
Die Folge $(1,1/2,1/3,1/4, \ldots)$ mit $a_i = 1/i$ ist eine
streng monoton fallende Nullfolge.
Für $\lambda \in \mathfrak{R}$ ist $\lim\limits_{i \to \infty} (1 + \frac{\lambda}{i})^i = e^\lambda$.

Sind die Glieder einer Folge Punkte eines euklidi-
schen Raumes, so heißt die Folge <u>Punktfolge</u>. Eine
Punktfolge (a_i) hat den <u>Grenzwert</u> $a \in \mathfrak{R}^n$, wenn die
Zahlenfolge

$$(d(a,\ a_i))$$

der Abstände der Folgenglieder von a eine Nullfolge
ist. Hat eine Punktfolge einen Grenzwert a, so heißt
sie <u>konvergent gegen a</u>, andernfalls <u>divergent</u>.

Beispiel 13
============
Die Punktfolge $(p(i))$ mit $p(i) = (1 - \frac{1}{i}\ ,\ 1 - \frac{(-1)^i}{i})$
konvergiert gegen den Punkt $(1,1)$.

28

3.3 DAS SUMMENZEICHEN

Ist J eine endliche Teilmenge von $\mathfrak{N}$ und
$A = \{a_i \mid i \in J\}$ eine Zahlenmenge, so wird die Summe
aller $a_i \in A$ mit

$$\sum_{i \in J} a_i$$

bezeichnet. Σ heißt <u>Summenzeichen</u> und i <u>Summations-
index</u>. Ist J die Menge der aufeinanderfolgenden ganzen Zahlen m, m+1, ..., n, so wird für die Summe aller Elemente der Menge $\{a_i \mid i \in J\}$

$$\sum_{i=m}^{n} a_i$$

geschrieben. Sind keine Mißverständnisse zu befürch-
ten, werden manchmal die Bezeichnungen

$$\sum_{i} a_i \;,\; \sum a_i$$

benutzt. Für das Rechnen mit dem Summenzeichen gelten die Regeln

$$\sum_{i=1}^{n} (\alpha + \beta a_i + \gamma b_i) = n\alpha + \beta \sum_{i=1}^{n} a_i + \gamma \sum_{i=1}^{n} b_i \;,$$

$$\sum_{i=1}^{n} \sum_{j=1}^{m} a_{ij} = \sum_{i=1}^{n} \left(\sum_{j=1}^{m} a_{ij} \right)$$

$$= \sum_{i=1}^{n} (a_{i1} + a_{i2} + \ldots + a_{im})$$

$$= \sum_{j=1}^{m} \left(\sum_{i=1}^{n} a_{ij} \right)$$

$$= \sum_{j=1}^{m} \left(a_{1j} + a_{2j} + \ldots + a_{nj} \right) ,$$

$$\left(\sum_{i=1}^{n} a_i \right) \left(\sum_{j=1}^{m} b_j \right) = \sum_{i=1}^{n} \sum_{j=1}^{m} a_i b_j .$$

Stets gilt die <u>Schwarzsche Ungleichung</u>

$$\left(\sum_{i=1}^{n} a_i b_i \right)^2 \leq \left(\sum_{i=1}^{n} a_i^2 \right) \left(\sum_{i=1}^{n} b_i^2 \right) .$$

3.4 UNENDLICHE REIHEN

Aus einer Zahlenfolge $(a_1, a_2, \ldots)$ läßt sich die
<u>Folge</u> ihrer <u>Teilsummen</u> $(a_1, a_1 + a_2, a_1 + a_2 + a_3, \ldots)$
ableiten. Der formal gebildete Ausdruck

$$\sum_{i=1}^{\infty} a_i = a_1 + a_2 + a_3 + \ldots$$

heißt <u>unendliche Reihe</u>. Konvergiert die Folge der
Teilsummen

$$\left(\sum_{j=1}^{i} a_j \right)$$

gegen den Grenzwert s, dann heißt die unendliche
Reihe <u>konvergent</u> und s <u>Summe der unendlichen Reihe</u>

$$s = \sum_{i=1}^{\infty} a_i .$$

30

Divergiert die Folge der Teilsummen, so heißt die unendliche Reihe divergent.

Konvergiert die unendliche Reihe

$$\sum_{i=1}^{\infty} |a_i| \ ,$$

so heißt die dann auch konvergente unendliche Reihe

$$\sum_{i=1}^{\infty} a_i$$

absolut konvergent.

Beispiel 14
============

Die unendliche Reihe

$$\sum_{i=1}^{\infty} aq^{i-1} = a + aq + aq^2 + \ldots$$

ist für $|q| < 1$ konvergent mit der Summe

$$s = \sum_{i=1}^{\infty} aq^{i-1} = a(1-q)^{-1} \ .$$

Die unendliche Reihe

$$\sum_{i=1}^{\infty} \frac{\lambda^{i-1}}{1\cdot 2\cdot \ldots \cdot (i-1)} e^{-\lambda}$$

ist für jedes $\lambda \in \Re$ konvergent und hat die Summe $s = 1$.

Die unendliche Reihe

$$\sum_{i=1}^{\infty} \frac{(-1)^{i+1}}{i} = 1 - \frac{1}{2} + \frac{1}{3} - \frac{1}{4} + \cdots$$

ist konvergent mit der Summe s = ln 2 = 0,693147 ...
Diese Reihe ist jedoch nicht absolut konvergent.

4. KONTINUIERLICHE REELLE FUNKTIONEN

4.1 KONVERGENZ VON FUNKTIONEN

Der Definitionsbereich von f(x) sei ein Intervall I
und I^* das zu I gehörende abgeschlossene Intervall.
Ist $x_0 \in I^*$ und konvergiert für jede Folge $(x_i) \to x_0$
mit $x_i \in I$ die korrespondierende Folge $(f(x_i))$ gegen
den gleichen Grenzwert g, so heißt f(x) <u>konvergent
für x gegen x_0 gegen den Grenzwert g</u>,

$$g = \lim_{x \to x_0} f(x) .$$

Die Funktion f <u>konvergiert von links</u> (<u>rechts</u>) <u>für x
gegen x_0 gegen g</u>, wenn eine Folge $(x_i) \to x_0$ mit
$x_i \in I$, $x_i < x_0$ ($x_i > x_0$) existiert und wenn für
eine jede solche Folge die korrespondierende Folge
$(f(x_i))$ gegen den gleichen Grenzwert g konvergiert.

Ist $I = [a;\infty)$ der Definitionsbereich von f und konvergiert für jede Folge $(x_i) \to +\infty$ mit $x_i \in I$ die
korrespondierende Folge $(f(x_i))$ gegen den gleichen
Grenzwert g, so heißt f(x) <u>konvergent für x gegen ∞
gegen den Grenzwert g</u>,

$$g = \lim_{x \to \infty} f(x) .$$

Entsprechend ist die Konvergenz für x gegen $-\infty$ definiert.

Die Funktion $f(x)$ heißt <u>stetig an der Stelle</u> $x_o \in I$,
wenn $f(x)$ für x gegen x_o gegen den Grenzwert g konvergiert und $f(x_o) = g$ ist. Die Funktion $f(x)$ heißt
<u>links- (rechts-)seitig stetig an der Stelle</u> $x_o \in I$,
wenn $f(x)$ für x gegen x_o von links (rechts) gegen
den Grenzwert g konvergiert und $g = f(x_o)$ ist. Die
Funktion $f(x)$ heißt <u>stetig in einem Intervall</u>
$I_1 \subseteq I$, wenn sie an jeder Stelle $x_o \in I_1$ stetig ist.

Ist $f(x)$ für x gegen x_o mit $x_o \in I$ von links und von
rechts konvergent mit den Grenzwerten g_1 und g_r und
ist $g_1 \neq g_r$, dann heißt x_o <u>Sprungstelle</u> von $f(x)$ und
$|g_r - g_1|$ <u>Sprunghöhe</u> an der Stelle x_o. Ist $f(x)$ in
jedem endlichen Teilintervall ihres Definitionsbereiches bis auf höchstens endlich viele Sprungstellen stetig, so heißt $f(x)$ <u>stückweise stetig</u>. Ist eine
stückweise stetige Funktion zwischen je zwei benach-
barten Sprungstellen konstant, so heißt sie <u>Treppen-</u>
<u>funktion</u>.

Beispiel 15
============
Die reelle Funktion

$$f(x) = \begin{cases} 0 & \text{für } x \in [0;1) \\ 1 & \text{"} \quad x \in [1;2] \\ 2 & \text{"} \quad x \in (2;3) \\ 3 & \text{"} \quad x = 3 \\ 2 & \text{"} \quad x \in (3;4) \end{cases}$$

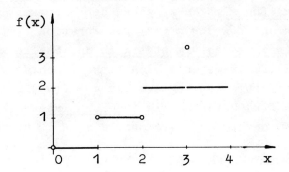

ist an der Stelle x_o = 3 nicht stetig, konvergiert
dort von links gegen 2 und von rechts gegen 2. Sie
ist an der Stelle x_o = 2 linksseitig und an der Stelle x_o = 1 rechtsseitig stetig.

4.2 ABLEITUNGEN

Ist f(x) eine Funktion mit dem Definitionsbereich I
und ist $x_o \in$ I, dann ist der Quotient

$$q(x) = \frac{f(x) - f(x_o)}{x - x_o}$$

eine reelle Funktion, die I bis auf x_o in $\Re$ abbildet.
Ist q(x) für x gegen x_o von links (rechts) konvergent gegen den Grenzwert q_l (q_r), so heißt f(x) an
der <u>Stelle x_o von links (rechts) differenzierbar</u>.

Ist f(x) an der Stelle x_o von links und von rechts
differenzierbar und ist q_l = q_r, so heißt f(x) an
der Stelle x_o <u>differenzierbar</u>, und die Zahl

$q_l = q_r$ heißt <u>Ableitung</u> oder <u>Differentialquotient</u> <u>von $f(x)$ an der Stelle</u> x_0,

$$f'(x_0) \quad \text{oder} \quad \frac{d}{dx} f(x_0) \ .$$

Die Funktion $f(x)$ heißt <u>differenzierbar in einem of-</u> <u>fenen Intervall</u> $I_1 \subseteq I$, wenn sie für jedes $x_0 \in I_1$ eine Ableitung besitzt. Durch die Zuordnung von $f'(x_0)$ zu jedem $x_0 \in I_1$ ist eine Funktion mit dem De- finitionsbereich I_1 gegeben. Sie heißt <u>Ableitung von</u> <u>$f(x)$ im Intervall</u> I_1,

$$f'(x) \quad \text{oder} \quad f' \quad \text{oder} \quad \frac{df}{dx} \quad \text{oder} \quad \frac{d}{dx} f(x) \ .$$

Für die Bestimmung von Ableitungen gelten die Regeln

$$(cf)' = cf' \qquad \text{für } c \in \mathfrak{R}$$

$$(f_1 + f_2)' = f_1' + f_2'$$

$$(f_1 f_2)' = f_1' f_2 + f_1 f_2'$$

$$\left(\frac{f_1}{f_2} \right)' = \frac{f_1' f_2 - f_1 f_2'}{f_2^2} \qquad \text{für } f_2(x_0) \neq 0 \ .$$

Ist $z = f_2(y)$, $y = f_1(x)$ und $z = f_2(f_1(x))$, so gilt für die Ableitung dieser mittelbaren Funktion

$$\frac{d}{dx} f_2(f_1(x)) = f_2'(f_1(x)) \ f_1'(x) \ .$$

Die Ableitung einer konstanten Funktion ist Null.

Beispiel 16
===========
Für die Ableitungen einiger oft gebrauchter Funktio- nen gilt

f(x)	f'(x)	I	
sin x	cos x	$\mathfrak{R}$	
cos x	-sin x	$\mathfrak{R}$	
e^x	e^x	$\mathfrak{R}$	
a^x	$a^x \ln a$	$(0;\infty)$	mit $a > 0$
x^c	cx^{c-1}	$(0;\infty)$	mit $c \neq 0$ ..

Ist $z = f_2(y) = e^y$ und $y = f_1(x) = \sin x$, dann ist
$z = f_2(f_1(x)) = e^{\sin x}$ und $\frac{dz}{dx} = (e^{\sin x}) \cos x$.

4.3 MAXIMA UND MINIMA

Eine Funktion einer Variablen hat an einer Stelle x_0 ihres Definitionsbereiches I ein <u>relatives Maximum</u> (<u>Minimum</u>), wenn es eine positive Zahl ϵ gibt, so daß für alle $x_i \in I$ mit $|x_i - x_0| < \epsilon$ gilt

$$f(x_0) \geq f(x_i) \qquad (f(x_0) \leq f(x_i)) .$$

Die Funktion $f(x)$ hat an der Stelle x_0 ein <u>absolutes</u> <u>Maximum</u> (<u>Minimum</u>), wenn für alle $x_i \in I$ gilt

$$f(x_0) \geq f(x_i) \qquad (f(x_0) \leq f(x_i)) .$$

Notwendige Bedingung für ein relatives Maximum oder Minimum einer im offenen Intervall I differenzierbaren Funktion $f(x)$ an einer Stelle $x_0 \in I$ ist

$$f'(x_0) = 0 .$$

Beispiel 17
============

Die Funktion $f(x) = x^2$ hat an der Stelle $x_o = 0$ ein
relatives Minimum,

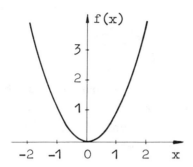

an dieser Stelle ist $f'(x_o) = 2x_o = 0$.

4.4   STAMMFUNKTIONEN

Sind $f(x)$ und $F(x)$ zwei Funktionen einer Variablen
und gilt im Intervall $I = (a;b)$

$$F'(x) = f(x) \; ,$$

dann heißt $F(x)$ <u>Stammfunktion von $f(x)$</u> in $(a;b)$. Zwei
Stammfunktionen einer Funktion $f(x)$ unterscheiden
sich nur durch eine additive konstante Funktion. Jede
in $(a;b)$ stückweise stetige Funktion besitzt dort
eine Stammfunktion.

Beispiel 18
============

Die Funktionen f(x) in Beispiel 16 sind Stammfunktionen der Funktionen f'(x).

4.5 FLÄCHENINHALT UND BESTIMMTES INTEGRAL

Der Flächeninhalt eines Rechtecks ist definitionsgemäß das Produkt Länge mal Breite. Damit kann zunächst
nur für eine positive Treppenfunktion der Flächeninhalt zwischen Funktion und Abszissenachse über einem
Intervall [a;b] bestimmt werden.

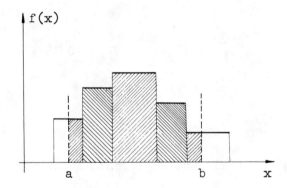

Jede positive Funktion f(x) läßt sich über einem Intervall [a;b] durch Paare $(t_o(x), t_u(x))$ von Treppen-
funktionen so einschließen, daß f(x) nicht über $t_o(x)$
und nicht unter $t_u(x)$ verläuft.

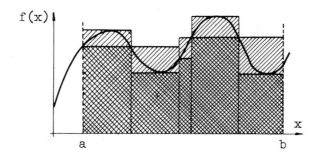

Ist T_o der Flächeninhalt unter $t_o(x)$ und T_u der Flächeninhalt unter $t_u(x)$ und ist das Infimum der Menge aller T_o gleich dem Supremum der Menge aller T_u, dann heißt diese Zahl <u>bestimmtes Integral</u> von $f(x)$ über $[a;b]$,

$$\int\limits_a^b f(x)dx \; .$$

Die Zahl a ist die <u>untere</u>, die Zahl b die <u>obere Integrationsgrenze</u>, x heißt <u>Integrationsvariable</u>. Zur Bezeichnung der Integrationsvariablen können auch andere Buchstaben verwendet werden.

Besitzt $f(x)$ über $[a;b]$ ein bestimmtes Integral, so heißt $f(x)$ über $[a;b]$ integrierbar. Ist x die Variable von $[a;b]$, so wird durch den Ausdruck

$$\int\limits_a^x f(\xi)d\xi$$

eine reelle Funktion erklärt, die jeder Realisation x_o von x den Flächeninhalt zwischen Abszissenachse und $f(x)$ über dem Intervall $[a;x_o]$ zuordnet.

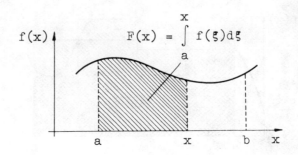

Diese Funktion ist differenzierbar, und es ist

$$\frac{d}{dx} \int_a^x f(\xi)d\xi = f(x) .$$

Die Funktion

$$\int_a^x f(\xi)d\xi$$

ist also eine Stammfunktion von $f(x)$. Für eine beliebige Stammfunktion $F(x)$ von $f(x)$ gilt

$$\int_c^d f(\xi)d\xi = F(d) - F(c) \qquad \text{für } a < c \leq d < b .$$

Falls $F(x)$ für x gegen a von links und für x gegen b
von rechts konvergiert gilt

$$\int_a^b f(\xi)d\xi = \lim_{x \to b} F(x) - \lim_{x \to a} F(x) .$$

Ist $f(x)$ über $[a;b]$ integrierbar, dann gilt für
$a \leq r_1 \leq r_2 \leq \ldots \leq r_n \leq b$

$$\int_a^b f(\xi)d\xi = \int_a^{r_1} f(\xi)d\xi + \int_{r_1}^{r_2} f(\xi)d\xi + \ldots + \int_{r_n}^b f(\xi)d\xi \, .$$

Ist $(a;\infty)$ der Definitionsbereich von $f(x)$, so heißt
der Ausdruck

$$\int_b^\infty f(\xi)d\xi \quad \text{mit } b > a$$

uneigentliches Integral. Besitzt $f(x)$ über $(a;\infty)$ eine
Stammfunktion $F(x)$ und ist $F(x)$ für x gegen Unendlich
konvergent gegen den Grenzwert g, so heißt das uneigentliche Integral konvergent und $(g - F(b))$ ist der
Wert dieses uneigentlichen Integrals

$$\int_b^\infty f(x)dx = \lim_{x \to \infty} F(x) - F(b)$$

$$= g - F(b) \, .$$

Analog ist ein uneigentliches Integral der Form

$$\int_{-\infty}^b f(\xi)d\xi$$

erklärt.

Für ein beliebiges $c \in \Re$ ist der Ausdruck

$$\int_{-\infty}^\infty f(\xi)d\xi$$

als Summe erklärt

$$\int_{-\infty}^\infty f(\xi)d\xi = \int_{-\infty}^c f(\xi)d\xi + \int_c^\infty f(\xi)d\xi \, .$$

Beispiel 19
===========

Für die Funktion $f(x) = \dfrac{1}{x^2}$ ist $F(x) = -\dfrac{1}{x}$ eine Stamm-funktion. Für das uneigentliche Integral von $f(x)$ über $[1;\infty)$ ergibt sich

$$\int_1^\infty \frac{1}{x^2}\, dx = \lim_{x\to\infty} \left(-\frac{1}{x}\right) - \left(-\frac{1}{1}\right) = 1 \ .$$

4.6 FUNKTIONEN VON n VARIABLEN

Treten an die Stelle von Zahlenfolgen Punktfolgen aus $\mathfrak{R}^n$, dann gelten für die Konvergenz und Stetigkeit von Funktionen von n Variablen entsprechende Definitionen wie für Funktionen einer Variablen.

Werden in $y = f(x_1, x_2, \ldots, x_n)$ die Variablen $x_2, \ldots, x_n$ als Parameter betrachtet und für sie feste Werte $x_{20}, \ldots, x_{no}$ eingesetzt, so entsteht eine Funktion einer Variablen $y = f(x_1, x_{20}, \ldots, x_{no})$. Die Ableitung dieser Funktion nach x_1 an der Stelle x_{10} heißt partielle Ableitung von $f(x_1, \ldots, x_n)$ nach x_1 an der Stelle $(x_{10}, \ldots, x_{no})$

$$\frac{\partial}{\partial x_1}\, f(x_{10}, \ldots, x_{no}) \ .$$

Entsprechend sind die partiellen Ableitungen nach $x_2, \ldots, x_n$ definiert. Besitzt f an jeder Stelle ihres Definitionsbereiches $I \subseteq \mathfrak{R}^n$ alle partiellen Ableitungen, so heißt f in I partiell differenzierbar.

Die Definition relativer und absoluter Maxima und Minima einer Funktion einer Variablen gilt analog für Funktionen mehrerer Variablen. Notwendige Bedingung für ein relatives Maximum oder Minimum einer in

$I \subseteq \mathfrak{R}^n$ partiell differenzierbaren Funktion
$f(x_1, \ldots, x_n)$ an einer Stelle $(x_{10}, \ldots, x_{no}) \in I$
ist das Verschwinden sämtlicher partieller Ableitungen an dieser Stelle.

Beispiel 20
===========

Als ein Maß für die Anpassung einer Geraden $y = a+bx$
an eine Menge von Punkten $\{(x_1', y_1'), \ldots, (x_n', y_n')\}$
dient die Summe Q der Quadrate der vertikalen Abstände d_i der Punkte von der Geraden

$$Q = \Sigma\, d_i^2$$

$$= \Sigma(y_i' - a - bx_i')^2 .$$

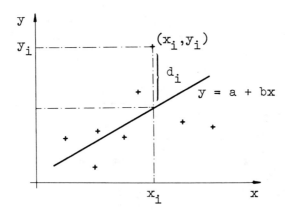

Wird Q als Funktion der beiden Variablen a und b aufgefaßt, dann entspricht dem Problem der Bestimmung
der bestangepaßten Geraden das Problem der Bestimmung
des Minimums der Funktion $Q(a,b)$. Notwendige Bedingung für ein Minimum von $Q(a,b)$ an einer Stelle
(a_o, b_o) ist

$$\frac{\partial}{\partial a} Q(a_o, b_o) = -2 \sum_{i=1}^{n} (y_i' - a_o - b_o x_i') = 0$$

und

$$\frac{\partial}{\partial b} Q(a_o, b_o) = -2 \sum_{i=1}^{n} x_i'(y_i' - a_o - b_o x_i') = 0$$

oder

$$a_o n + b_o \sum x_i' = \sum y_i'$$

$$a_o \sum x_i' + b_o \sum x_i'^2 = \sum x_i' y_i' \ .$$

Diese Gleichungen heißen <u>Normalgleichungen</u>. Daraus ergibt sich, wenn nicht alle x_i' einander gleich sind,

$$a_o = \frac{\Sigma\, y_i'\ \Sigma\, x_i'^2 - \Sigma\, x_i' y_i'\ \Sigma\, x_i'}{n\, \Sigma\, x_i'^2 - (\Sigma\, x_i')^2}$$

$$b_o = \frac{n\, \Sigma\, x_i' y_i' - \Sigma\, x_i'\ \Sigma\, y_i'}{n\, \Sigma\, x_i'^2 - (\Sigma\, x_i')^2} \ .$$

Wird $\bar{x} = \frac{1}{n} \sum x_i'$, $\bar{y} = \frac{1}{n} \sum y_i'$ und $x_i = x_i' - \bar{x}$, $y_i = y_i' - \bar{y}$ gesetzt, so ergibt sich für a_o und b_o

$$b_o = \frac{\Sigma\, x_i y_i}{\Sigma\, x_i^2}$$

$$a_o = \bar{y} - b_o \bar{x} \ .$$

Es ist leicht einzusehen, daß $Q(a,b)$ an der Stelle (a_o, b_o) tatsächlich ein Minimum hat.

44

4.7 MEHRFACHE INTEGRALE

Es sei $f(x,y)$ eine stückweise stetige positive Funktion der beiden Variablen x und y mit dem Definitionsbereich $\mathfrak{R}^2$ und $[a;b]$ x $[c;d] \subseteq \mathfrak{R}^2$ ein zweidimensionales Intervall. Wird die Variable y als Parameter betrachtet, dann ist das Integral

$$\int_a^b f(\xi,y)d\xi = f_2(y)$$

eine integrierbare Funktion der Variablen y. Entsprechend ist

$$\int_c^d f(x,\eta)d\eta = f_1(x)$$

eine integrierbare Funktion der Variablen x. Es gilt

$$\int_a^b f_1(\xi)d\xi = \int_c^d f_2(\eta)d\eta \ .$$

Diese Zahl heißt zweifaches bestimmtes Integral von $f(x,y)$ über dem zweidimensionalen Intervall $[a;b]$ x $[c;d]$ und wird mit

$$\int_c^d \int_a^b f(\xi,\eta)d\xi d\eta$$

oder mit

$$\int_a^b \int_c^d f(\xi,\eta)d\eta d\xi$$

bezeichnet. Läßt sich $f(x,y)$ als Produkt der beiden Funktionen $g(x)$ und $h(y)$ darstellen,

$$f(x,y) = g(x)h(y) \ ,$$

dann gilt

$$\int_a^b \int_c^d f(\xi,\eta)d\eta d\xi = \left(\int_a^b g(\xi)d\xi\right)\left(\int_c^d h(\eta)d\eta\right).$$

Das uneigentliche zweifache Integral

$$\int_{-\infty}^\infty \int_{-\infty}^\infty f(\xi,\eta)d\xi d\eta$$

ist durch die uneigentlichen einfachen Integrale

$$f_2(y) = \int_{-\infty}^\infty f(\xi,y)d\xi$$

und

$$\int_{-\infty}^\infty f_2(\eta)d\eta$$

erklärt. Der Ausdruck

$$\int_{-\infty}^x \int_{-\infty}^y f(\xi,\eta)d\eta d\xi = F(x,y)$$

definiert eine Funktion $F(x,y)$ der beiden Variablen
x und y.

In analoger Weise sind das <u>n-fache Integral</u>

$$\int_{-\infty}^\infty \int_{-\infty}^\infty \ldots \int_{-\infty}^\infty f(\xi_1,\xi_2,\ldots,\xi_n)d\xi_1 d\xi_2 \ldots d\xi_n$$

und die Funktion $F(x_1,\ldots,x_n)$ von n Variablen

$$\int_{-\infty}^{x_n} \int_{-\infty}^{x_{n-1}} \ldots \int_{-\infty}^{x_1} f(\xi_1,\xi_2,\ldots,\xi_n)d\xi_1 d\xi_2 \ldots d\xi_n$$

definiert.

5. KOMBINATORIK

5.1 FAKULTÄT

Das Produkt

$$1 \cdot 2 \cdot 3 \cdot \ldots \cdot (n-1) \cdot n$$

wird mit n! (n-Fakultät) bezeichnet. Definitionsgemäß ist 0! = 1. Für große n kann n! durch die Formel von Stirling

$$n! \approx \sqrt{2\pi n} \; (\frac{n}{e})^n$$

näherungsweise berechnet werden. Für $n \geq 8$ beträgt der relative Fehler weniger als 1 %. Der absolute Fehler nimmt mit steigendem n jedoch zu.

Beispiel 21
============
Die Werte n! wachsen sehr rasch an. Zum Beispiel ist

$$
\begin{aligned}
3! &= 6 \\
6! &= 720 \\
9! &= 362\,880 \\
12! &= 479\,001\,600 \; .
\end{aligned}
$$

5.2 BINOMIALKOEFFIZIENTEN

Sind n und k natürliche Zahlen, $k \leq n$, so heißen die Zahlen

$$\frac{n!}{k!(n-k)!} = \frac{n \cdot (n-1) \, \ldots \, (n-k+1)}{1 \cdot 2 \cdot \ldots \cdot k}$$

Binomialkoeffizienten n über k, geschrieben $\binom{n}{k}$ (vgl. Tabelle 1).

Definitionsgemäß ist

$$\binom{n}{0} = 1 \ .$$

Mit Binomialkoeffizienten ergibt sich für die n-te
Potenz von (a + b)

$$(a + b)^n = \sum_{i=0}^{n} \binom{n}{i} a^{n-i} b^i \ .$$

Beispiel 22
===========

Es ist $\binom{18}{4} = \dfrac{18 \cdot 17 \cdot 16 \cdot 15}{1 \cdot 2 \cdot 3 \cdot 4} = 3060$.

5.3 PERMUTATIONEN

Jede Anordnung von n Elementen in einer bestimmten
Reihenfolge heißt eine _Permutation_ dieser n Elemente.
Die Anzahl der Permutationen von n verschiedenen
Elementen ist

$$n! \ .$$

Sind unter den n Elementen nur k verschieden und jeweils n_1, n_2, ..., n_k einander gleich, so ist die Anzahl der Permutationen

$$\frac{n!}{n_1! n_2! \ ... \ n_k!} \ .$$

Beispiel 23
===========

Drei Elemente a,b,c können folgendermaßen angeordnet
werden: (a,b,c), (b,a,c), (c,a,b), (a,c,b), (b,c,a),
(c,b,a).
Es gibt 7! = 5040 verschiedene Möglichkeiten, sieben
Dinge nacheinander in verschiedener Reihenfolge zu
erledigen.
Die Elemente a,a,b,b,b können in folgender Weise angeordnet werden

$$\begin{array}{lll}
(a,a,b,b,b), & (b,a,a,b,b), & (b,b,a,b,a), \\
(a,b,a,b,b), & (b,a,b,a,b), & (b,b,b,a,a). \\
(a,b,b,a,b), & (b,a,b,b,a), & \\
(a,b,b,b,a), & (b,b,a,a,b), &
\end{array}$$

Die Anzahl der Permutationen der Buchstabengruppe
STATISTIK ist $\dfrac{9!}{2!3!2!1!1!}$ = 15 120, da die Buchstaben
S zweimal, T dreimal, I zweimal, A und K je einmal
vorkommen.
5 Männer und 4 Frauen haben 5!4! = 120·24 = 2880
verschiedene Möglichkeiten, sich in bunter Reihe auf
eine Bank zu setzen.

5.4 KOMBINATIONEN

Eine Auswahl von k verschiedenen Elementen aus einer
Menge von n Elementen heißt eine Kombination k-ter
Ordnung. Darf jedes Element in einer Kombination nur
einmal auftreten, so gibt es

$$\binom{n}{k}$$

Kombinationen ohne Wiederholung.

Werden diese Kombinationen noch nach den jeweiligen
Permutationen ihrer Elemente unterschieden, so gibt
es

$$\frac{n!}{(n-k)!}$$

Kombinationen ohne Wiederholung und mit Berücksichtigung der Anordnung.

Dürfen in den Kombinationen einzelne Elemente mehrmals vorkommen, so gibt es

$$\binom{n + k - 1}{k}$$

Kombinationen mit Wiederholung.

Werden diese Kombinationen noch nach den jeweiligen Permutationen ihrer Elemente unterschieden, so gibt es schließlich

$$n^k$$

Kombinationen mit Wiederholung und Berücksichtigung der Anordnung.

Beispiel 24
============

Aus $\{a,b,c\}$ sollen Kombinationen der Ordnung 2 ausgewählt werden.

Ohne Wiederholung gibt es $\binom{3}{2}$ = 3 Kombinationen:
(a,b), (a,c), (b,c).

Wird die Anordnung berücksichtigt, so gibt es $\frac{3!}{1!}$ = 6
Kombinationen: (a,b), (b,a), (a,c), (c,a), (b,c),
(c,b).

Mit Wiederholung gibt es ohne Berücksichtigung der
Anordnung $\binom{3 + 2 - 1}{2}$ = $\binom{4}{2}$ = 6 Kombinationen: (a,b),
(a,c), (b,c), (a,a), (b,b), (c,c).

Wird noch die Anordnung berücksichtigt, so sind es
3^2 = 9 Kombinationen: (a,b), (b,a), (a,c), (c,a),
(b,c), (c,b), (a,a), (b,b), (c,c).

II. DESKRIPTIVE STATISTIK

1. STATISTISCHE MASSEN

1.1 DEFINITIONEN

Ausgangspunkt der deskriptiven Statistik sind Objekte
mit gemeinsamen Merkmalen. Solche Objekte heißen <u>Merk-
malsträger</u>. Ein Merkmal $\mathfrak{U}$ realisiert sich bei einem
Merkmalsträger e_i durch seine <u>Ausprägung</u> a_r. Die des-
kriptive Statistik befaßt sich mit Mengen von Merk-
malsträgern

$$E = \{e_i | i=1,\ldots,n\} \; .$$

Solche Mengen heißen <u>statistische Massen</u>. Ist

$$A = \{a_r | r=1,\ldots,m\}$$

die Menge der Ausprägungen des Merkmals $\mathfrak{U}$, dann gilt
stets

$$m \leq n \; .$$

Eine <u>Erhebung</u> ist die Feststellung der Ausprägungen
von Merkmalen bei einem Element einer bestimmten statistischen Masse. Ist x die Variable der Menge A der
Ausprägungen des Merkmals $\mathfrak{U}$ und x_i die Ausprägung dieses Merkmals bei dem Element e_i der statistischen Masse E, dann ist das Ergebnis der Erhebungen bei allen
Elementen von E das n-tupel $(x_1,x_2,\ldots,x_n)$. Die Ausprägungen x_i heißen <u>Beobachtungswerte</u>.

Beispiel 25
===========
Die im Wintersemester 1968/69 an der Ruhr-Universität

Bochum immatrikulierten Studenten bilden eine statistische Masse. Merkmale sind z.B. Alter, Geschlecht, Anzahl der Fachsemester, Körpergewicht, Konfession oder Haarfarbe. Merkmalsausprägungen sind z.B. 23 Jahre, männlich, 8. Fachsemester, 74 kg, evangelisch, blond.

1.2 STATISTISCHE MASSEN IM ZEITABLAUF

Kommt jedem Element e_i einer statistischen Masse E ein Zugangszeitpunkt t_i' und ein Abgangszeitpunkt t_i'' zu, so heißt E statistische Masse im Zeitablauf. Die Länge $d_i = t_i'' - t_i'$ des Intervalls $[t_i';t_i'')$ heißt Verweildauer des Elementes e_i.

Teilmengen von E, deren Elemente einem bestimmten Zeitpunkt zugeordnet sind, heißen Bestandsmassen. Der Bestand B_c zum Zeitpunkt t_c ist die Menge aller Elemente, die zum Zeitpunkt t_c in der Masse verweilen

$$B_c = \{e_i \mid t_i' \leq t_c \text{ und } t_i'' > t_c\} \ .$$

Teilmengen von E, deren Elemente einem bestimmten Intervall zugeordnet sind, heißen Bewegungsmassen. Der Zugang Z_{ab} im Intervall $(t_a;t_b]$ ist die Menge derjenigen Elemente von E, die in diesem Intervall zu E zugehen

$$Z_{ab} = \{e_i \mid t_i' \in (t_a;t_b]\} \ .$$

Der Abgang A_{ab} im Intervall $(t_a;t_b]$ ist die Menge derjenigen Elemente von E, die in diesem Intervall von E abgehen

$$A_{ab} = \{e_i \mid t_i'' \in (t_a;t_b]\} \ .$$

Die Umfänge von B_c, Z_{ab} und A_{ab} werden mit n_c, n_{ab}^+

und n_{ab}^- bezeichnet. Für jedes Intervall $(t_a; t_b]$ gilt die <u>Fortschreibungsformel</u>

$$n_b = n_a + n_{ab}^+ - n_{ab}^- .$$

Beispiel 26
■=========

Am Jahresende 1967 hatte ein Verein 67 Mitglieder. Im Jahre 1968 traten 16 Personen in den Verein ein und 9 Mitglieder aus. Nach der Fortschreibungsformel ergibt sich zum Jahresende 1968 ein Bestand von 67 + 16 - 9 = 74 Mitgliedern.

Statistische Massen im Zeitablauf lassen sich durch die Verweillinien ihrer Elemente graphisch darstellen. <u>Verweillinien</u> sind zur Zeitachse parallele Strecken, deren Anfangs- und Endpunkte über den korrespondierenden Zugangs- bzw. Abgangszeitpunkten liegen.

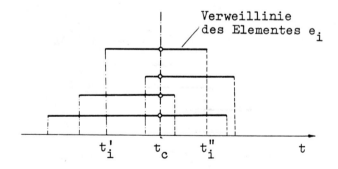

n_c ist gleich der Anzahl der Schnittpunkte der Verweillinien mit der Senkrechten in t_c, n_{ab}^+ ist gleich der Anzahl der Anfangspunkte über dem Intervall

$(t_a; t_b]$, und n_{ab}^{-} ist gleich der Anzahl der Endpunkte über diesem Intervall.

Beispiel 27
==========

Ein Zahnarzt wurde an einem bestimmten Tag von 6 Patienten aufgesucht. Er hatte von 16 bis 18 Uhr Sprechstunde. 3 Patienten trafen schon vor 16 Uhr ein; bei 2 anderen war die Behandlung erst nach 18 Uhr beendet. Die Ankunftszeitpunkte und die Zeitpunkte des Weggangs sind in der folgenden Tabelle zusammengestellt.

Patient	Ankunft	Weggang
1	15.30 h	16.10 h
2	15.32 h	16.50 h
3	15.50 h	17.00 h
4	16.30 h	17.40 h
5	17.10 h	18.10 h
6	17.40 h	18.30 h

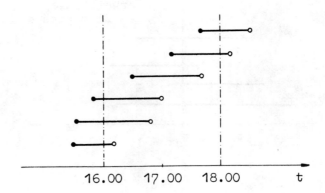

Gilt bei einer statistischen Masse für jedes Intervall $(t_a; t_b]$

$$n_a = n_b$$

oder, was nach der Fortschreibungsformel dasselbe ist,

$$n^+_{ab} = n^-_{ab} \; ,$$

dann heißt diese statistische Masse __stationär__.

Eine statistische Masse heißt __geschlossen__, wenn alle Anfangs- und Endpunkte der Verweillinien ihrer Elemente über einem beschränkten Intervall liegen, andernfalls __offen__.

Die von den Elementen einer statistischen Masse während eines Intervalls $(t_a; t_b]$ insgesamt verweilte Zeit d_{ab} ist gleich der Summe der Längen aller zwischen den Senkrechten in t_a und t_b liegenden Teile ihrer Verweillinien. Wird diese insgesamt im Intervall $(t_a; t_b]$ verweilte Zeit durch die Intervallänge dividiert, so ergibt sich der __Durchschnittsbestand__ $\bar{n}_{ab}$ im Intervall $(t_a; t_b]$

$$\bar{n}_{ab} = \frac{d_{ab}}{t_b - t_a} \; .$$

Es sei $T = \{t_r\}$ die Menge aller Zeitpunkte, in denen entweder Elemente zugehen oder abgehen, wobei die t_r der Größe nach numeriert sind. Bei einer __geschlossenen statistischen Masse__ enthält T ein größtes und ein kleinstes Element. Die von den Elementen im Intervall $(t_r; t_{r+1}]$ insgesamt verweilte Zeit ist

$$d_{r,r+1} = n_r (t_{r+1} - t_r) \; .$$

Gilt für zwei beliebige, nicht notwendig in T enthaltene, aufeinanderfolgende Zeitpunkte t_a und t_b

$$t_r \leq t_a \leq t_{r+1} \ , \qquad t_r, t_{r+1} \in T$$

und

$$t_s \leq t_b \leq t_{s+1} \ , \qquad t_s, t_{s+1} \in T \ ,$$

dann ergibt sich für die Gesamtverweildauer der Elemente im Intervall $(t_a ; t_b]$

$$d_{ab} = \sum_{j=r+1}^{s-1} n_j (t_{j+1} - t_j) + n_a (t_{r+1} - t_a) + n_s (t_b - t_s).$$

Beispiel 28
===========

Die in Beispiel 27 während der Sprechstunde von den Patienten insgesamt beim Zahnarzt verweilte Zeit ist in Minuten d = 10+50+60+70+50+20 = 260. Der Durchschnittsbestand in diesem Intervall ist

$$\bar{n} = \frac{260 \text{ min}}{120 \text{ min}} \approx 2,17 \ .$$

Die durchschnittliche Verweildauer der Elemente einer geschlossenen statistischen Masse ist gleich der Gesamtverweildauer dividiert durch die Anzahl ihrer Elemente.

Die durchschnittliche Verweildauer $\bar{d}_{ab}$ für den Zugang Z_{ab} ist gleich der von den Elementen des Zugangs insgesamt verweilten Zeit dividiert durch den Umfang n_{ab}^+

$$\bar{d}_{ab} = \frac{\sum_{j \in J} d_j}{n_{ab}^+} \ , \qquad J = \{ j | e_j \in Z_{ab} \} \ .$$

Die Gesamtverweildauer

$$\sum_{j \in J} d_j$$

für den Zugang Z_{ab} ist gleich der Gesamtverweildauer
im Intervall $(t_a; t_b]$ plus der Gesamtverweildauer für
den Bestand B_b nach dem Zeitpunkt t_b minus der Gesamtverweildauer für den Bestand B_a nach dem Zeitpunkt t_a.

Beispiel 29
===========

In Beispiel 28 war die Gesamtverweildauer für den
Zeitraum von 16 bis 18 Uhr gerade 260 min. Werden dazu
die insgesamt 40 min addiert, die die beiden letzten
Patienten nach 18 Uhr noch beim Arzt verbrachten und
die insgesamt 120 min subtrahiert, die die drei ersten Patienten nach 16 Uhr noch bei dem Arzt verweilten, so ergeben sich 180 min als Gesamtverweildauer
für den Zugang zwischen 16 und 18 Uhr. Die durchschnittliche Verweildauer für diesen Zugang ist

$$\frac{180 \text{ min}}{3} = 60 \text{ min} .$$

Unter der Annahme, daß die durchschnittliche Verweildauer für die Bestände B_a und B_b gleich $\bar{d}_{ab}$ ist und
die Gesamtverweildauer für diese Bestände zu den Zeitpunkten t_a und t_b jeweils zur Hälfte abgelaufen ist,
ergibt sich für die Gesamtverweildauer

$$\sum_{j \in J} d_j = \bar{d}_{ab} n_{ab}^+ = \bar{n}_{ab}(t_b - t_a) + \frac{1}{2} \bar{d}_{ab} n_b - \frac{1}{2} \bar{d}_{ab} n_a$$

$$= \bar{n}_{ab}(t_b - t_a) + \frac{1}{2} \bar{d}_{ab}(n_b - n_a)$$

oder mit der Fortschreibungsformel

$$\bar{d}_{ab} n_{ab}^+ = \bar{n}_{ab}(t_b - t_a) + \frac{1}{2} \bar{d}_{ab}(n_{ab}^+ - n_{ab}^-) \ .$$

Diese Beziehung ergibt nach $\bar{d}_{ab}$ aufgelöst

$$\bar{d}_{ab} = \frac{2 \, \bar{n}_{ab}(t_b - t_a)}{n_{ab}^+ + n_{ab}^-} \ .$$

Für stationäre Massen ist

$$\bar{d}_{ab} = \frac{\bar{n}_{ab}(t_b - t_a)}{n_{ab}^+} \ .$$

Der <u>durchschnittliche Abgang im Intervall</u> $(t_a; t_b]$ ist

$$\bar{n}_{ab}^- = \frac{n_{ab}^-}{t_b - t_a} \ .$$

Die <u>durchschnittliche Abgangshäufigkeit im Intervall</u> $(t_a; t_b]$ ist

$$\bar{w}_{ab} = \frac{\bar{n}_{ab}^-}{\bar{n}_{ab}} \ .$$

Für die durchschnittliche Abgangshäufigkeit ergibt sich im Falle einer stationären Masse

$$\bar{w}_{ab} = \frac{1}{\bar{d}_{ab}} \ .$$

Die <u>Umschlagshäufigkeit im Intervall</u> $(t_a; t_b]$ ist

$$\frac{t_b - t_a}{\bar{d}_{ab}} \ .$$

Beispiel 30
===========

In Beispiel 29 ergab sich für den Zugang im Intervall
von 16 bis 18 Uhr eine durchschnittliche Verweildauer
$\bar{d} \approx 60$ min. Die Umschlagshäufigkeit in diesem Intervall ist

$$\frac{120 \text{ min}}{60 \text{ min}} = 2,00 \ .$$

2. HÄUFIGKEITSVERTEILUNGEN

2.1 DEFINITIONEN

Ist $E = \{e_i\}$ eine statistische Masse und $A = \{a_r\}$ die
Menge der Merkmalsausprägungen des Merkmals $\mathfrak{A}$, so
heißt die Anzahl f_r der Elemente von E mit der Merkmalsausprägung a_r absolute Häufigkeit von a_r

$$f_r = n\left[\,\{e_i \,|\, x_i = a_r\}\,\right] \ , \qquad r = 1, \ldots, m \ .$$

Das m-tupel der Paare (a_r, f_r)

$$\Big((a_1, f_1), (a_2, f_2), \ldots, (a_m, f_m) \Big)$$

heißt Häufigkeitsverteilung. Die Zahlen

$$h_r = \frac{1}{n} f_r$$

heißen relative Häufigkeiten. Oft werden anstelle relativer Häufigkeiten relative prozentuale Häufigkeiten benutzt

$$h_r' = 100 \, h_r$$

Es gilt stets

$$\sum_{r=1}^{m} f_r = n \ , \qquad \sum_{r=1}^{m} h_r = 1 \quad \text{und} \quad \sum_{r=1}^{m} h_r' = 100 \ .$$

Beispiel 31

Im SS 1968 waren an der Ruhr-Universität Bochum 6251 Personen immatrikuliert. Das Merkmal $\mathfrak{A}$ "immatrikuliert an der Ruhr-Universität im SS 1968" hat die Ausprägungen a_1 (nicht beurlaubter Studierender), a_2 (beurlaubter Studierender), a_3 (Gasthörer), a_4 (Teilnehmer am Deutsch-Kurs) und a_5 (Angehöriger des Studien-Kollegs) mit den Häufigkeiten

a_r	f_r	h_r	h_r'
a_1	5802	0,9282	92,82
a_2	246	0,0394	3,94
a_3	189	0,0302	3,02
a_4	8	0,0013	0,13
a_5	6	0,0009	0,09
Summe	6251	1,0000	100,00

2.2 GEMEINSAME HÄUFIGKEITEN

Sind $A = \{a_r | r=1,\ldots,m\}$ und $B = \{b_{r'} | r'=1,\ldots,m'\}$ die Mengen der Ausprägungen zweier Merkmale, dann heißt die Anzahl $f_{rr'}$ der Elemente, die sowohl die Ausprägung a_r des Merkmals $\mathfrak{A}$ als auch die Ausprägung $b_{r'}$ des Merkmals $\mathfrak{B}$ aufweisen, <u>absolute gemeinsame Häufig-</u>

__keit__ von a_r und $b_{r'}$

$$f_{rr'} = n\Big[\{e_i \mid x_i = a_r \text{ und } y_i = b_{r'}\}\Big] \;.$$

Die __relativen gemeinsamen Häufigkeiten__ sind

$$h_{rr'} = \frac{1}{n} f_{rr'} \qquad \text{und} \qquad h'_{rr'} = 100\, h_{rr'} \;.$$

Es gilt

$$\sum_{r=1}^{m} \sum_{r'=1}^{m'} f_{rr'} = n \;,$$

$$\sum_{r=1}^{m} \sum_{r'=1}^{m'} h_{rr'} = 1 \qquad \text{und} \qquad \sum_{r=1}^{m} \sum_{r'=1}^{m'} h'_{rr'} = 100 \;.$$

Für die Summen

$$f_{r*} = \sum_{r'=1}^{m'} f_{rr'} \qquad \text{und} \qquad f_{*r'} = \sum_{r=1}^{m} f_{rr'}$$

gilt

$$f_{r*} = f_r \qquad \text{bzw.} \qquad f_{*r'} = f_{r'} \;.$$

Diese durch Summen von gemeinsamen Häufigkeiten ausge-
drückten Häufigkeiten heißen __Randhäufigkeiten__.

Beispiel 32
============
Wird in Beispiel 31 noch das Merkmal ℬ "Geschlecht"
mit den Ausprägungen b_1 (männlich) und b_2 (weiblich)
betrachtet, dann ergibt sich für die gemeinsamen Häufigkeiten

	b_1	b_2	Randhäufig-keiten f_{r*}
a_1	4504	1298	5802
a_2	193	53	246
a_3	114	75	189
a_4	8	0	8
a_5	5	1	6
Randhäufig-keiten $f_{*r'}$	4824	1427	

2.3 QUANTITATIVE MERKMALE

Sind die Ausprägungen eines Merkmals Zahlen, dann
heißt das Merkmal quantitativ, andernfalls qualitativ.
Es wird im folgenden angenommen, daß bei allen quan-
titativen Merkmalen die Ausprägungen der Größe nach
numeriert sind

$$a_1 < a_2 < \ldots < a_m \ .$$

Qualitative Merkmale können quantifiziert werden, in-
dem ihren Ausprägungen Zahlen zugeordnet werden. Bei
solchen quantifizierten Merkmalen werden statt der ur-
sprünglichen Merkmalsausprägungen nur die zugeordne-
ten Zahlen betrachtet. Sie werden ebenfalls als quantitative Merkmale bezeichnet.

Die graphische Darstellung der Punkte (a_r, f_r) heißt
Häufigkeitsdiagramm. Werden zur Erhöhung der Anschau-
lichkeit im Häufigkeitsdiagramm die Lote von den
Punkten auf die Abszissenachse eingezeichnet, so entsteht ein Stabdiagramm.

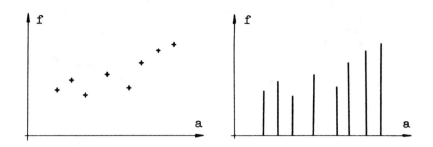

Beispiel 33
============

Bei 142 Familien ergab sich für die Kinderzahl folgende Häufigkeitsverteilung.

Kinderzahl a_r	Häufigkeit f_r
1	23
2	35
3	48
4	17
5	14
6	2
7	3

Zuweilen werden Häufigkeitsverteilungen nach der ungefähren Form ihrer Häufigkeitsdiagramme benannt. Dabei sind z.B. folgende Bezeichnungen üblich: rechteckig (1), dreieckig (2), symmetrisch (3), rechtsschief (4), linksschief (5), U-förmig (6), J-förmig (7), umgekehrt J-förmig (8), glockenförmig (9), unimodal (10), bimodal (11), multimodal (12).

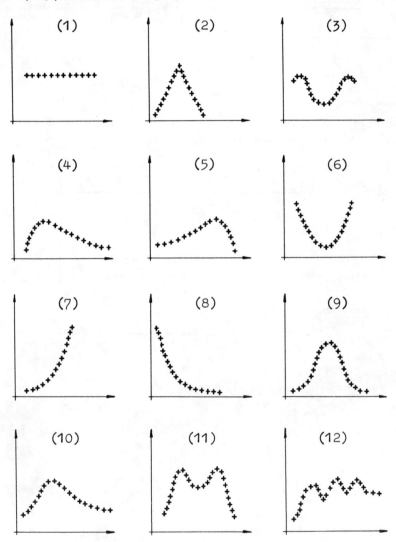

2.4 KUMULIERTE HÄUFIGKEITEN

Die Anzahl der Elemente einer statistischen Masse, bei denen die Ausprägungen des Merkmals $\mathfrak{U}$ höchstens gleich a_r sind, ist

$$F_r = n\left[\{e_i | x_i \leq a_r\}\right]$$

$$= \sum_{s=1}^{r} f_s , \qquad r = 1,\ldots,m .$$

Die F_r heißen **kumulierte absolute Häufigkeiten.** Die **kumulierten relativen Häufigkeiten** sind

$$H_r = \frac{1}{n} F_r \quad \text{und} \quad H_r' = 100 \, H_r .$$

Es gilt

$$F_m = n , \qquad H_m = 1 \quad \text{und} \quad H_m' = 100 .$$

Beispiel 34
===========
Für Beispiel 33 ergibt sich

a_r	f_r	F_r	H_r	H_r'
1	23	23	0,1620	16,20
2	35	58	0,4085	40,85
3	48	106	0,7465	74,65
4	17	123	0,8662	86,62
5	14	137	0,9648	96,48
6	2	139	0,9789	97,89
7	3	142	1,0000	100,00

2.5 GRUPPIERTE DATEN

Die Elemente einer statistischen Masse werden häufig
zu <u>Klassen</u> zusammengefaßt. Meist werden solche Klassen
durch rechts offene, aneinander anschließende Intervalle

$$I_k = \left[a_k^* - \frac{1}{2} d_k ; \ a_k^* + \frac{1}{2} d_k \right) , \quad k = 1, \ldots, m^*$$

definiert, die so gebildet sind, daß jede Merkmalsausprägung in einem der I_k liegt.

Die Elemente, deren Ausprägungen in das Intervall I_k
fallen, bilden die k-te Klasse. Die Anzahl der Elemente in einer Klasse

$$f_k^* = n \left[\{ e_i | x_i \in I_k \} \right]$$

heißt <u>Klassenhäufigkeit</u>. a_k^* heißt <u>Klassenmitte</u>, d_k
<u>Klassenbreite</u>, $a_k^* - \frac{1}{2} d_k$ <u>untere Klassengrenze</u> und
$a_k^* + \frac{1}{2} d_k$ <u>obere Klassengrenze</u>.

Werden von einer Häufigkeitsverteilung nur die Intervalle I_k und die Klassenhäufigkeiten f_k^* angegeben, so
wird von <u>gruppierten Daten</u> gesprochen.

Die Häufigkeitsverteilung kann im Falle gruppierter
Daten durch ein <u>Histogramm</u> dargestellt werden. Ein
Histogramm besteht aus Rechtecken über den Interval-
len I_k, deren Flächeninhalt den Klassenhäufigkeiten
f_k^* proportional ist. Im Falle gleicher Klassenbreiten
sind die Höhen der Rechtecke den Klassenhäufigkeiten
proportional.

Der Streckenzug, der die Mitten der oberen Rechteck-
seiten verbindet, heißt <u>Häufigkeitspolygon</u>. Werden im
Falle gleicher Klassenbreiten d der Anfangs- und der
Endpunkt des Häufigkeitspolygons mit den Punkten
$(a_1^* - d, \ 0)$ bzw. $(a_m^* + d, \ 0)$ verbunden, dann ist der Flä-

cheninhalt des Histogramms gleich dem Inhalt der Flä-
che zwischen diesem Häufigkeitspolygon und der Abszissenachse.

Beispiel 35
===========
Für die Brenndauer von 620 Glühbirnen ergab sich

Brenndauer in Tagen	a_k^*	f_k^*
60 bis unter 100	80	20
100 " " 200	150	427
200 " " 400	300	123
400 " " 700	550	50

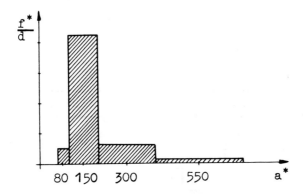

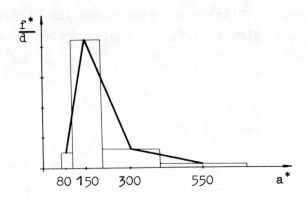

Beispiel 36
============

Bei einer Erhebung der monatlichen Nettoeinkommen bei den 207 Arbeitnehmern eines Betriebes ergab sich

Nettoeinkommen in DM	a_k^*	f_k^*
50 bis unter 150	100	33
150 " " 250	200	67
250 " " 350	300	72
350 " " 450	400	28
450 " " 550	500	7
Summe		207

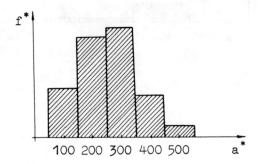

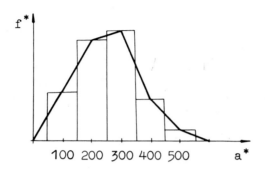

Für gruppierte Daten sind <u>kumulierte Häufigkeiten</u>
durch

$$F_k^* = \sum_{j=1}^{k} f_j^* \, , \qquad H_k^* = \frac{F_k^*}{n} \qquad \text{und} \qquad H_k^{*\,'} = 100 \, H_k^*$$

definiert. Der Streckenzug mit den Eckpunkten

$$(a_1^* - \tfrac{1}{2} d_1, 0), (a_1^* + \tfrac{1}{2} d_1, H_1^*), \ldots, (a_{m^*}^* + \tfrac{1}{2} d_{m^*}, H_{m^*}^*)$$

heißt <u>kumulierte Häufigkeitskurve</u>.

Beispiel 37

Für Beispiel 36 ergeben sich die Eckpunkte der kumulierten Häufigkeitskurve aus

Nettoeinkommen in DM	F_k^*	$H_k^{*\,\prime}$
bis unter 150	33	15,94
" " 250	100	48,31
" " 350	172	83,09
" " 450	200	96,62
" " 550	207	100,00

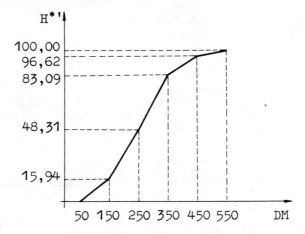

2.6 KONZENTRATIONSKURVEN

Die folgenden Betrachtungen beziehen sich auf Merkmale mit positiven Ausprägungen, deren Summen sinnvoll sind. Für gruppierte Daten ist

$$M_k^{\prime} = 100 \frac{\sum\limits_{j=1}^{k} a_j^* f_j^*}{\sum\limits_{j=1}^{m^*} a_j^* f_j^*} \quad , \qquad k = 1,\ldots,m^*$$

70

der Prozentsatz an der Gesamtsumme der Merkmalsausprägungen, der auf die ersten H'_k Prozent der Merkmalsträger mit den kleinsten Merkmalsausprägungen entfällt.
Der die Punkte $(0,0),(H'^*_1,M'_1),\ldots,(H'^*_m,M'_m)$ verbinden-
de Streckenzug heißt Konzentrationskurve oder Lorenzkurve.

Gehören alle Merkmalsträger der gleichen Klasse an, so
liegt die Konzentrationskurve auf der 45°-Linie. In
allen anderen Fällen verläuft sie unterhalb der 45°-
Linie.

Beispiel 38
============
Für Beispiel 36 ergibt sich die Lorenzkurve aus

a^*_j	f^*_j	$a^*_j f^*_j$	H'^*_k	M'_k
100	33	3300	15,94	6,23
200	67	13400	48,31	31,51
300	72	21600	83,09	72,26
400	28	11200	96,62	93,39
500	7	3500	100,00	100,00
Summe 207		53000		

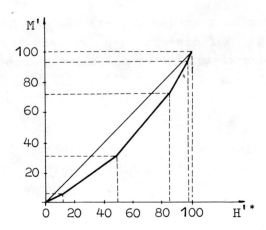

3. MITTELWERTE

3.1 DEFINITIONEN

<u>Maßzahlen</u> sind charakteristische Zahlen zur Beschrei-
bung der Gesamtheit der Beobachtungswerte einer statistischen Masse. Eine Maßzahl wird aus den Beobachtungswerten abgeleitet und kann so selbst als Beobachtungswert aufgefaßt werden. Im folgenden werden
Beobachtungswerte und Maßzahlen kurz als <u>Beobachtungs-
werte</u> bezeichnet.

3.2 MITTELWERTE

<u>Mittelwerte</u> sind Maßzahlen zur Beschreibung der durch-
schnittlichen Größe von Beobachtungswerten in einer
statistischen Masse.

Der mittlere in der Reihe der der Größe nach geordne-
ten Beobachtungswerte x_i heißt <u>Median</u> und wird mit $\tilde{x}$
bezeichnet. Für eine gerade Anzahl von Beobachtungs-
werten $n = 2n'$, für die eine solche Merkmalsausprägung

nicht existiert, wird der Median durch

$$\tilde{x} = \frac{x_{n'} + x_{n'+1}}{2}$$

definiert.

Gilt für eine Merkmalsausprägung a_r

$$f_r > f_s , \qquad \text{für alle } s \neq r ,$$

so wird

$$\overset{\vee}{x} = a_r$$

als häufigster Wert oder _Modus_ bezeichnet.

Die Zahl

$$\bar{x} = \frac{1}{n} \sum_{i=1}^{n} x_i$$

heißt _arithmetisches Mittel_ der Beobachtungswerte.

Beispiel 39
============
Die Beobachtungswerte 5,3,2,2,2,4,3 haben den Median
$\tilde{x} = 3$, den Modus $\overset{\vee}{x} = 2$ und das arithmetische Mittel
$\bar{x} = \frac{1}{7}(5+3+2+2+2+4+3) = 3$. Die Beobachtungswerte
3,3,2,2,2,4,3 haben keinen Modus.

Haben die Beobachtungswerte eine symmetrische Häufigkeitsverteilung und einen Modus, so gilt

$$\bar{x} = \tilde{x} = \overset{\vee}{x} .$$

Die _Lageregel von Fechner_ besagt, daß bei rechtsschie-
fen (linksschiefen) unimodalen Häufigkeitsverteilun-

gen in der Regel gilt

$$\overset{V}{x} < \widetilde{x} < \bar{x} \qquad (\overset{V}{x} > \widetilde{x} > \bar{x}) \; .$$

Beispiel 40
============
Die Beobachtungswerte 3,6,4,3,2,7,2,1,2 haben eine
rechtsschiefe Häufigkeitsverteilung, und die Mittel-
werte

$$\overset{V}{x} = 2, \quad \widetilde{x} = 3 \quad \text{und} \quad \bar{x} = 3,3$$

genügen der Lageregel von Fechner.

Sind die Beobachtungswerte $x_1,\ldots,x_n$ positiv, dann
heißt die Zahl

$$x_G = \sqrt[n]{+}\overline{x_1 \cdot x_2 \cdot \ldots \cdot x_n}$$

<u>geometrisches Mittel</u> dieser Beobachtungswerte. Zur Be-
rechnung von x_G wird häufig die folgende Beziehung benutzt

$$\log x_G = \frac{1}{n} \sum_{i=1}^{n} \log x_i \; .$$

Für positive und von Null verschiedene Beobachtungs-
werte x_i heißt die Zahl

$$x_H = \cfrac{1}{\cfrac{1}{n} \sum_{i=1}^{n} \cfrac{1}{x_i}}$$

<u>harmonisches Mittel</u> dieser Beobachtungswerte.

Stets ist

$$x_H \leq x_G \leq \bar{x} \; .$$

Die Gleichheitszeichen gelten nur, wenn alle Beobachtungswerte gleich sind.

Beispiel 41
============
Für das geometrische Mittel der Beobachtungswerte von Beispiel 39 gilt

$$\log x_G = \tfrac{1}{7}(3 \log 2 + 2 \log 3 + \log 4 + \log 5) \approx 0,4512$$

$$x_G \approx 2,8254 \; .$$

Das harmonische Mittel dieser Beobachtungswerte ist

$$x_H = \frac{1}{\tfrac{1}{7}(\tfrac{1}{2} + \tfrac{1}{2} + \tfrac{1}{2} + \tfrac{1}{3} + \tfrac{1}{3} + \tfrac{1}{4} + \tfrac{1}{5})} \approx 2,6751 \; .$$

3.3 DAS ARITHMETISCHE MITTEL

Sind $f_1, \ldots, f_m$ die Häufigkeiten der Merkmalsausprägungen $a_1, \ldots, a_m$, dann ist

$$\bar{x} = \frac{\sum_{r=1}^{m} a_r f_r}{\sum_{r=1}^{m} f_r} = \frac{1}{n} \sum_{r=1}^{m} a_r f_r \; .$$

Beispiel 42
============

Mit der Häufigkeitsverteilung des Beispiels 33 ergibt
sich

a_r	f_r	$a_r f_r$
1	23	23
2	35	70
3	48	144
4	17	68
5	14	70
6	2	12
7	3	21
Summe	142	408

Das arithmetische Mittel ist $\bar{x} = \frac{408}{142} \approx 2,87$.

Für das arithmetische Mittel gilt

$$\sum_{i=1}^{n} (x_i - \bar{x}) = 0 \ .$$

Sind $E_1, \ldots, E_k$ disjunkte statistische Massen mit den
Umfängen $n_1, \ldots, n_k$ und den arithmetischen Mitteln
$\bar{x}_1, \ldots, \bar{x}_k$, dann ist das arithmetische Mittel der Merkmalsausprägungen in $E = E_1 \cup \ldots \cup E_k$

$$\bar{x} = \frac{n_1 \bar{x}_1 + \ldots + n_k \bar{x}_k}{n_1 + \ldots + n_k} \ .$$

Beispiel 43
===========

In 5 Betrieben mit den Beschäftigtenzahlen n_i ergab sich für die arithmetischen Mittel $\bar{x}_i$ der monatlichen Nettolöhne in den einzelnen Betrieben

i	n_i	$\bar{x}_i$ in DM	$n_i\bar{x}_i$
1	99	671,20	66448,80
2	71	599,99	42599,29
3	153	839,27	128408,31
4	201	751,37	151025,37
5	83	863,79	71694,57
Summe	607		460176,34

Das arithmetische Mittel der Nettolöhne bei den insgesamt 607 Beschäftigten ist

$$\bar{x} = \frac{460176,34}{607} \approx 758,12 .$$

Sind im Falle gruppierter Daten die $\bar{x}_k$ die arithmetischen Mittel in den einzelnen Klassen, dann ist das arithmetische Mittel aller Merkmalsausprägungen

$$\bar{x} = \frac{1}{n} \sum_{k=1}^{m^*} \bar{x}_k f_k^* .$$

Sind die $\bar{x}_k$ nicht bekannt, so ist es üblich, an ihrer Stelle die Klassenmitten a_k^* zu verwenden. Die Zahl

$$\bar{x}^* = \frac{1}{n} \sum_{k=1}^{m^*} a_k^* f_k^*$$

ist in der Regel nur ein Näherungswert für das arithmetische Mittel $\bar{x}$ der Beobachtungswerte.

Beispiel 44
===========

Mit den gruppierten Daten aus Beispiel 36 ergibt sich

a_k^*	f_k^*	$a_k^* f_k^*$
100	33	3300
200	67	13400
300	72	21600
400	28	11200
500	7	3500
Summe	207	53000

Für das arithmetische Mittel der monatlichen Nettoeinkommen ergibt sich der Näherungswert

$$\bar{x}^* = \frac{53000}{207} \approx 256,04 \;.$$

Eine Summe

$$\sum_{i=1}^{n} g_i x_i$$

heißt <u>gewogenes arithmetisches Mittel</u> der Beobachtungswerte $x_1, \ldots, x_n$, wenn gilt

$$\sum_{i=1}^{n} g_i = 1$$

$$\text{mit } g_i \geq 0 , \qquad i = 1, \ldots, n \;.$$

Die Zahlen g_i heißen <u>Gewichte</u>.

Beispiel 45
===========

Bei einem Eiskunstlaufturnier werden die Leistungen in
Pflicht und Kür im Verhältnis 40:60 bewertet. Dann ist
das Gewicht für die Note im Pflichtlauf 0,4 und für
die Note im Kürlauf 0,6. Für eine Eisläuferin mit den
Noten 5,30 in der Pflicht und 4,80 in der Kür ergibt
sich eine Gesamtnote von

$$5{,}30 \cdot 0{,}4 + 4{,}80 \cdot 0{,}6 = 5{,}00 \ .$$

4. STREUUNGSMASSE

4.1 DEFINITIONEN

Streuungsmaße sind Maßzahlen zur Beschreibung der Va-
riation der Beobachtungswerte in einer statistischen
Masse. Sie werden entweder als positive Differenzen
bestimmter Beobachtungswerte definiert oder aus den
Abweichungen der Beobachtungswerte von einem bestimmten Mittelwert abgeleitet.

Die Differenz zwischen dem größten und dem kleinsten
Beobachtungswert heißt Spannweite. Die durchschnittliche Abweichung ist das arithmetische Mittel der Be-
träge der Abweichungen der Beobachtungswerte vom
arithmetischen Mittel

$$\frac{1}{n} \sum_{i=1}^{n} |x_i - \bar{x}| \ .$$

Die Zahl

$$s^2 = \frac{1}{n} \sum_{i=1}^{n} (x_i - \bar{x})^2$$

heißt mittlere quadratische Abweichung, und die positive Quadratwurzel aus s^2

$$s = +\sqrt{\frac{1}{n} \sum_{i=1}^{n} (x_i - \bar{x})^2}$$

heißt <u>Standardabweichung</u> der Beobachtungswerte $x_1, \ldots, x_n$.

<u>Relative Streuungsmaße</u> sind Quotienten aus einem Streuungsmaß und einem Mittelwert. Sie sind von der Maßeinheit der Beobachtungswerte unabhängig. Es ist zweckmäßig, relative Streuungsmaße nur für positive Beobachtungswerte zu verwenden. Ein solches relatives Streuungsmaß ist der <u>Variationskoeffizient</u>

$$\frac{s}{\bar{x}} .$$

Beispiel 46
===========
Für die Beobachtungswerte aus Beispiel 39 ist

die Spannweite

$$5 - 2 = 3 ,$$

die durchschnittliche Abweichung

$$\frac{1}{7}\Big[|5-3|+|3-3|+|2-3|+|2-3|+|2-3|$$
$$+|4-3|+|3-3| \Big] = \frac{6}{7} \approx 0,8571 ,$$

die mittlere quadratische Abweichung

$$s^2 = \frac{1}{7}\Big[(5-3)^2+(3-3)^2+(2-3)^2+(2-3)^2+(2-3)^2$$
$$+(4-3)^2+(3-3)^2 \Big] = \frac{8}{7} \approx 1,1429 ,$$

die Standardabweichung

$$s = \sqrt{\frac{8}{7}} \approx 1,0690$$

und der Variationskoeffizient

$$\frac{s}{\bar{x}} = \frac{1,0690}{3} \approx 0,3564$$

4.2 MITTLERE QUADRATISCHE ABWEICHUNG

Sind $f_1, \ldots, f_m$ die Häufigkeiten der Merkmalsausprägungen $a_1, \ldots, a_m$, dann ist

$$s^2 = \frac{1}{n} \sum_{r=1}^{m} (a_r - \bar{x})^2 f_r \; .$$

Für die Beobachtungswerte $x_1, \ldots, x_n$ und eine reelle Zahl a heißt

$$\frac{1}{n} \sum_{i=1}^{n} (x_i - a)^2$$

mittlere quadratische Abweichung der Beobachtungswerte x_i von a. Sie nimmt für $a = \bar{x}$ ein Minimum an (Minimaleigenschaft des arithmetischen Mittels).

Für die mittlere quadratische Abweichung gilt

$$s^2 = \frac{1}{n} \sum_{i=1}^{n} (x_i - \bar{x})^2$$

$$= \frac{1}{n} \sum_{i=1}^{n} (x_i^2 - 2x_i \bar{x} + \bar{x}^2)$$

$$= \frac{1}{n} \sum_{i=1}^{n} x_i^2 - 2\bar{x} \frac{1}{n} \sum_{i=1}^{n} x_i + \bar{x}^2$$

$$= \frac{1}{n} \sum_{i=1}^{n} x_i^2 - \bar{x}^2 \; .$$

Sind $\bar{x}'$ und $\bar{x}''$ die arithmetischen Mittel der Beobachtungswerte zweier disjunkter statistischer Massen E' und E'' mit $n'= n[E']$ und $n''= n[E'']$ und s'^2, s''^2 die zugehörigen mittleren quadratischen Abweichungen, dann gilt für die mittlere quadratische Abweichung in $E = E' \cup E''$

$$s^2 = \frac{n's'^2 + n''s''^2}{n' + n''} + \frac{n'n''}{(n' + n'')^2} (\bar{x}'-\bar{x}'')^2 \;.$$

Im Falle gruppierter Daten ergeben die beiden Formeln

$$\frac{1}{n} \sum_{k=1}^{m^*} (\bar{x}_k-\bar{x})^2 f_k^*$$

und

$$\frac{1}{n} \sum_{k=1}^{m^*} (a_k^*-\bar{x}^*)^2 f_k^*$$

in der Regel nur Näherungswerte s^{*2} für s^2.

4.3 RECHENREGELN

Für das arithmetische Mittel und die mittlere quadratische Abweichung gelten die folgenden Regeln. Ist

$$x_i = a + by_i \;,$$

so gilt für das arithmetische Mittel der x_i

$$\bar{x} = \frac{1}{n} \sum_{i=1}^{n} x_i = \frac{1}{n} \sum_{i=1}^{n} (a+by_i) = a + b \frac{1}{n} \sum_{i=1}^{n} y_i$$

$$= a + b\bar{y}$$

und für die mittlere quadratische Abweichung s_x^2 der x_i

$$s_x^2 = \frac{1}{n} \sum_{i=1}^{n} (a+by_i)^2 - (a+b\bar{y})^2$$

$$= a^2 + 2ab\bar{y} + b^2 \frac{1}{n} \sum_{i=1}^{n} y_i^2 - a^2 - 2ab\bar{y} - b^2\bar{y}^2$$

$$= b^2 \left(\frac{1}{n} \sum_{i=1}^{n} y_i^2 - \bar{y}^2 \right)$$

$$= b^2 s_y^2 \; .$$

Dabei ist s_y^2 die mittlere quadratische Abweichung der y_i.

Durch geeignete Wahl von a und b lassen sich über die Berechnung von $\bar{y}$ bzw. s_y^2 unter Umständen Rechenvereinfachungen gegenüber der direkten Berechnung der Größen $\bar{x}$ und s_x^2 erreichen.

Beispiel 47
===========
Werden zu den Klassenmitten a_k^* aus Beispiel 36 die Größen

$$y_k = \frac{a_k^* - 300}{100}$$

berechnet, so ergibt sich

a_k^*	f_k^*	y_k	$y_k f_k^*$	y_k^2	$y_k^2 f_k^*$
100	33	-2	-66	4	132
200	67	-1	-67	1	67
300	72	0	0	0	0
400	28	1	28	1	28
500	7	2	14	4	28
Summe	207		-91		255

Es ist

$$\bar{x}^* = 300 + 100 \; \frac{(-91)}{207} \approx 256{,}0386$$

und

$$s_y^2 = \frac{255}{207} - \left[\frac{1}{207} (-91) \right]^2 \approx 1{,}0386 \; .$$

Für die mittlere quadratische Abweichung und die Standardabweichung ergibt sich

$$s_x^{*2} \approx 100^2 \cdot 1{,}0386 = 10386$$

und

$$s_x^* \approx 101{,}9117 \; .$$

5. KORRELATION

5.1 DEFINITIONEN

Sind $(x_1, \ldots, x_n)$ und $(y_1, \ldots, y_n)$ die Beobachtungswerte zweier Merkmale in einer statistischen Masse und entsprechen großen x-Werten große y-Werte und kleinen x-Werten kleine y-Werte, dann heißen die beiden Merkmale positiv korreliert. Im umgekehrten Falle heißen sie negativ korreliert. Korrelationskoeffizienten sind Maßzahlen für diesen formalen Zusammenhang. Sie sind so gebildet, daß sie den Wert +1 für extreme po-

sitive Korrelation, den Wert -1 für extreme negative
Korrelation annehmen. Ihr Betrag ist um so kleiner, je
geringer die Korrelation ist. Aus einer hohen Korrelation allein kann nicht auf einen kausalen Zusammenhang
zwischen den Merkmalen geschlossen werden.

Werden die Punkte (x_i, y_i) in ein ebenes Koordinatensystem eingezeichnet, so heißt die entstehende Figur
<u>Streudiagramm</u>. Das Streudiagramm vermittelt einen an-
schaulichen Eindruck von der jeweiligen Korrelation.
Im Fall (a) ist die Korrelation schwach positiv, im
Fall (b) stark negativ und im Fall (c) läßt sich keine Korrelation feststellen.

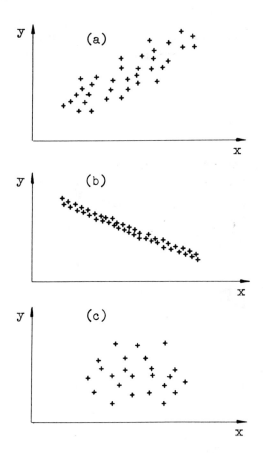

5.2 DER KORRELATIONSKOEFFIZIENT VON FECHNER

Ist $\ddot{U}$ die Anzahl der in den Vorzeichen übereinstimmenden Paare $(x_i-\bar{x}, y_i-\bar{y})$ und N die Anzahl der in den Vorzeichen nicht übereinstimmenden Paare, so heißt die Zahl

$$r_F = \frac{\ddot{U} - N}{\ddot{U} + N}$$

<u>Korrelationskoeffizient von Fechner</u>. Dieser Korrelationskoeffizient hat den Wert 1, wenn nur Übereinstimmungen auftreten (extreme positive Korrelation) und den Wert -1, wenn keine Übereinstimmungen auftreten (extreme negative Korrelation).

Hier sollen die Fälle, in denen eine der Differenzen Null ist, als Übereinstimmungen gezählt werden.

Beispiel 48
===========

In 12 Legislaturperioden hatten 2 Parteien A und B in einem Parlament, in dem 5 Parteien vertreten waren, x_i bzw. y_i $(i = 1,...,12)$ Sitze inne.

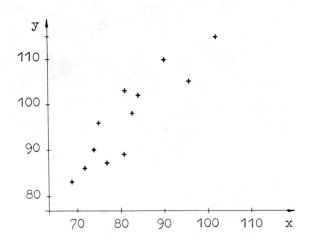

i	x_i	y_i	$x_i - \bar{x}$	$y_i - \bar{y}$	Übereinstimmung der Vorzeichen
1	81	103	− 1	+ 6	nein
2	84	102	+ 2	+ 5	ja
3	90	110	+ 8	+13	ja
4	102	115	+20	+18	ja
5	74	90	− 8	− 7	ja
6	81	89	− 1	− 8	ja
7	77	87	− 5	−10	ja
8	72	86	−10	−11	ja
9	69	83	−13	−14	ja
10	75	96	− 7	− 1	ja
11	83	98	+ 1	+ 1	ja
12	96	105	+14	+ 8	ja
Summe	984	1164			
	$\bar{x}=82$	$\bar{y}=97$			

Durch Auszählen ergibt sich Ü = 11 und N = 1. Der Korrelationskoeffizient von Fechner ist

$$r_F = \frac{11 - 1}{11 + 1} = \frac{10}{12} \approx 0,8333 \ .$$

5.3 DER KORRELATIONSKOEFFIZIENT VON BRAVAIS-PEARSON

Der Korrelationskoeffizient von Fechner berücksichtigt nur die Vorzeichen der Abweichungen vom arithmetischen Mittel. Der Korrelationskoeffizient von Bravais-Pearson beruht auf dem gleichen Grundgedanken wie der von Fechner, berücksichtigt aber die Abweichungen selbst.

Bezeichnen I, II, III und IV die Felder, in die die Achsenparallelen durch $(\bar{x}, \bar{y})$ die Ebene des Streudiagramms zerlegen, dann ist das Produkt

$$(x_i-\bar{x})(y_i-\bar{y})$$

für Punkte in I oder III positiv und für Punkte in II oder IV negativ.

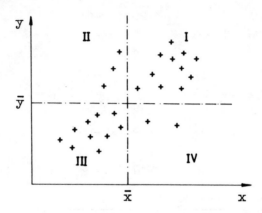

Bei positiver Korrelation werden die Punkte des Streudiagramms vornehmlich in den Feldern I und III liegen, denn dort sind jeweils beide Koordinaten größer bzw. kleiner als die arithmetischen Mittel. Bei negativer Korrelation werden die Punkte des Streudiagramms vornehmlich in den Feldern II und IV liegen. Bei geringer Korrelation werden sich die Punkte ziemlich gleichmäßig auf die vier Felder verteilen. Deshalb ist die Summe

$$\sum_{i=1}^{n}(x_i-\bar{x})(y_i-\bar{y})$$

bei positiver Korrelation positiv und bei negativer Korrelation negativ. Wird diese Summe durch

$$+\sqrt{\sum_i (x_i-\bar{x})^2 \sum_i (y_i-\bar{y})^2}$$

88

dividiert, so ergibt sich der <u>Korrelationskoeffizient</u>
<u>von Bravais-Pearson</u>

$$r = \frac{\sum\limits_{i} (x_i - \bar{x})(y_i - \bar{y})}{+\sqrt{\sum\limits_{i}(x_i-\bar{x})^2 \sum\limits_{i}(y_i-\bar{y})^2}} \cdot$$

Nach der Ungleichung von Schwarz gilt $-1 \leq r \leq 1$
(vgl. Kap. I,3.3). Mit

$$x_i' = x_i - \bar{x}$$

und

$$y_i' = y_i - \bar{y}$$

läßt sich für r schreiben

$$r = \frac{\sum\limits_{i} x_i' y_i'}{+\sqrt{\sum\limits_{i} x_i'^2 \sum\limits_{i} y_i'^2}} \cdot$$

Mit den Größen der gemeinsamen Häufigkeitsverteilung
der beiden Merkmale ergibt sich für r

$$r = \frac{\sum\limits_{r}\sum\limits_{r'} (a_r - \bar{x})(b_{r'} - \bar{y}) f_{rr'}}{+\sqrt{\left(\sum\limits_{r}(a_r - \bar{x})^2 f_{r*}\right)\left(\sum\limits_{r'}(b_{r'} - \bar{y})^2 f_{*r'}\right)}} \cdot$$

Zur Berechnung von r eignet sich auch die Formel

$$r = \frac{n \sum\limits_{i} x_i y_i - \left(\sum\limits_{i} x_i\right)\left(\sum\limits_{i} y_i\right)}{+\sqrt{\left[n \sum\limits_{i} x_i^2 - \left(\sum\limits_{i} x_i\right)^2\right]\left[n \sum\limits_{i} y_i^2 - \left(\sum\limits_{i} y_i\right)^2\right]}} \cdot$$

Beispiel 49
============

Für die Angaben aus Beispiel 48 ist

	x_i	y_i	x_i^2	y_i^2	$x_i y_i$
	81	103	6561	10609	8343
	84	102	7056	10404	8568
	90	110	8100	12100	9900
	102	115	10404	13225	11730
	74	90	5476	8100	6660
	81	89	6561	7921	7209
	77	87	5929	7569	6699
	72	86	5184	7369	6192
	69	83	4761	6889	5727
	75	96	5625	9216	7200
	83	98	6889	9604	8134
	96	105	9216	11025	10080
Summe	984	1164	81762	114058	96442

Für den Korrelationskoeffizienten von Bravais-Pearson
ergibt sich

$$r = \frac{12 \cdot 96442 - 984 \cdot 1164}{+ \sqrt{(12 \cdot 81762 - (984)^2)(12 \cdot 114058 - (1164)^2)}}$$

$$\approx 0,8944 \ .$$

5.4 RANGKORRELATION

Sind den Merkmalsausprägungen x_i und y_i Rangnummern
n_i' und n_i'' zugeordnet, so kann die Korrelation zwischen diesen Rangnummern untersucht werden. Diese
Korrelation heißt Rangkorrelation. Für Rangnummern
kann der Korrelationskoeffizient von Bravais-Pearson

nach

$$r_{Sp} = 1 - \frac{6 \sum_i (n_i' - n_i'')^2}{(n-1)n(n+1)}$$

berechnet werden. Die Zahl r_{Sp} heißt <u>Rangkorrelationskoeffizient von Spearman</u>.

Beispiel 50
============

Bei einem Examen erhält der beste Kandidat in einem bestimmten Fach die Rangnummer 1, der zweitbeste Kandidat die Rangnummer 2 usw. Für 10 Studenten ergaben sich die folgenden Rangnummern n_i' (Recht) und n_i'' (Statistik)

n_i'	8	3	9	2	7	10	4	6	1	5
n_i''	9	5	10	1	8	7	3	4	2	6
$n_i' - n_i''$	-1	-2	-1	1	-1	3	1	2	-1	-1

Für den Rangkorrelationskoeffizienten von Spearman ergibt sich

$$r_{Sp} = 1 - \frac{6 \cdot 24}{9 \cdot 10 \cdot 11} \approx 0,8546 .$$

6. LINEARE REGRESSION

6.1 EINFACHE REGRESSION

Besteht zwischen den Beobachtungswerten x_i und y_i zweier Merkmale $\mathfrak{M}$ und $\mathfrak{N}$ in einer statistischen Masse eine lineare Beziehung

$$y_i = a + bx_i , \qquad i = 1,\ldots,n ,$$

dann sind die Beobachtungswerte y_i durch die Beobachtungswerte x_i <u>linear erklärt</u>. Bei empirischen Daten ist nicht zu erwarten, daß eine solche Beziehung exakt erfüllt ist, es geht dann darum, die y_i "möglichst gut" durch die x_i zu erklären. Eine Beziehung, die dies ermöglicht, heißt <u>lineare Regression von y auf x</u>. Die Relation, aus der sich der durch die lineare Regression erklärte Wert y_i^* bestimmt, heißt <u>Regressionsgerade</u>

$$y_i^* = a + bx_i .$$

Die <u>Gesamtabweichung</u> des Beobachtungswertes y_i vom arithmetischen Mittel $\bar{y}$

$$y_i - \bar{y}$$

läßt sich in die durch die Regression <u>nicht erklärte</u> Abweichung

$$y_i - y_i^*$$

und durch die Regression <u>erklärte Abweichung</u>

$$y_i^* - \bar{y}$$

zerlegen

$$y_i - \bar{y} = (y_i - y_i^*) + (y_i^* - \bar{y}) .$$

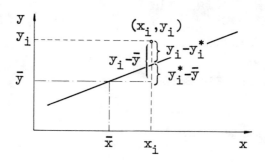

Nach der Methode der kleinsten Quadrate ist (vgl. Kap. I, 4.6)

$$Q = \sum_{i=1} (y_i - y_i^*)^2$$

$$= \sum_{i=1}^{n} (y_i - a - bx_i)^2$$

ein Maß für die nicht erklärte Abweichung der y_i. Die Funktion $Q(a,b)$ nimmt ihr Minimum an für

$$b = \frac{\sum\limits_{i=1}^{n} (x_i - \bar{x})(y_i - \bar{y})}{\sum\limits_{i=1}^{n} (x_i - \bar{x})^2}$$

und

$$a = \bar{y} - b\bar{x} .$$

Die Zahlen a und b sind die Koeffizienten der Regressionsgeraden. Die Steigung b heißt <u>Regressionskoeffizient</u>.

Der Quotient d aus der Summe der Quadrate der erklärten Abweichungen und der Summe der Quadrate der Gesamtabweichungen heißt <u>Determinationskoeffizient</u>

$$d = \frac{\sum\limits_{i=1}^{n} (y_i^* - \bar{y})^2}{\sum\limits_{i=1}^{n} (y_i - \bar{y})^2} .$$

Durch eine einfache Umformung, die auf der Substitution von y_i^* durch $a+bx_i$ und von $\bar{y}$ durch $a+b\bar{x}$ in der Formel für d beruht, ergibt sich

$$d = r^2 .$$

Zwischen den Standardabweichungen

$$s_x = \sqrt{\frac{1}{n} \sum_i (x_i - \bar{x})^2} \; ,$$

$$s_y = \sqrt{\frac{1}{n} \sum_i (y_i - \bar{y})^2} \; ,$$

dem Regressionskoeffizienten b und dem Korrelations-koeffizienten r besteht die Beziehung

$$r = b \, \frac{s_x}{s_y} \; .$$

Bei der <u>nichtlinearen</u> Regression wird anstelle der Regressionsgeraden eine andere funktionale Beziehung zwischen x_i und y_i^* zugrunde gelegt.

Beispiel 51
===========
Bei 12 Studenten wurde die Körpergröße x_i (in cm) und das Gewicht y_i (in kg) gemessen. Die arithmetischen Mittel der beiden Merkmalsausprägungen sind $\bar{x} = 177$ und $\bar{y} = 71$. Es wird die Regression von y auf x be-trachtet. Es ist zweckmäßig, den weiteren Berechnun-gen die folgende Arbeitstabelle zugrunde zu legen.

x_i	y_i	$x_i-\bar{x}$	$y_i-\bar{y}$	$(x_i-\bar{x})^2$	$(y_i-\bar{y})^2$	$(x_i-\bar{x})(y_i-\bar{y})$
168	62	-9	-9	81	81	81
184	65	$+7$	-6	49	36	-42
165	58	-12	-13	144	169	156
173	69	-4	-2	16	4	8
174	70	-3	-1	9	1	3
181	72	$+4$	$+1$	16	1	4
189	84	$+12$	$+13$	144	169	156
173	78	-4	$+7$	16	49	-28
182	76	$+5$	$+5$	25	25	25
167	60	-10	-11	100	121	110
178	63	$+1$	-8	1	64	-8
190	95	$+13$	$+24$	169	576	312
Summe				770	1296	777

Der Regressionskoeffizient ist

$$b = \frac{777}{770} \approx 1,009 \quad .$$

Für den Achsenabschnitt der Regressionsgleichung ergibt sich

$$a \approx 71 - 1,009 \cdot 177 \approx -107,593 \quad .$$

Die Regressionsgerade lautet

$$y^* = -107,593 + 1,009 \, x \quad .$$

Es ist
$$s_x = \sqrt{\frac{770}{12}} \approx 8,0104$$

und

$$s_y = \sqrt{\frac{1296}{12}} \approx 10,3923 \quad .$$

Damit ergibt sich

$$r = b \frac{s_x}{s_y} \approx 0{,}7803$$

und für den Determinationskoeffizienten

$$d = r^2 \approx (0{,}7803)^2 \approx 0{,}6089 \ .$$

6.2 MULTIPLE REGRESSION

Die multiple Regression erklärt die Ausprägungen eines
Merkmals durch die Ausprägungen mehrerer anderer Merkmale. Hier soll nur der Fall betrachtet werden, in dem
die Ausprägungen $(y_1,\ldots,y_n)$ eines Merkmals durch die
Ausprägungen $(x_1,\ldots,x_n)$ und $(z_1,\ldots,z_n)$ zweier anderer Merkmale linear erklärt werden. Die lineare multiple Regressionsgleichung lautet

$$y_i^* = a + bx_i + cz_i \ .$$

b und c heißen Regressionskoeffizienten der multiplen
Regression von y auf x und z. Nach der Methode der
kleinsten Quadrate ergeben sich mit

$$Q = \sum_{i=1}^{n} (y_i - a - bx_i - cz_i)^2$$

durch partielle Differentiation die drei folgenden
Normalgleichungen zur Bestimmung der drei Koeffizienten a, b und c (vgl. Kap. I, 4.6)

$$\frac{\partial Q}{\partial a} = -2 \sum_{i=1}^{n} (y_i - a - bx_i - cz_i) = 0$$

$$\frac{\partial Q}{\partial b} = -2 \sum_{i=1}^{n} x_i (y_i - a - b x_i - c z_i) = 0$$

$$\frac{\partial Q}{\partial c} = -2 \sum_{i=1}^{n} z_i (y_i - a - b x_i - c z_i) = 0 \; .$$

7. ZEITREIHENANALYSE

7.1 DEFINITIONEN

Zeitlich geordnete Beobachtungswerte bilden eine <u>Zeit-reihe</u>. Die Zeitreihen in der Wirtschaftsstatistik bestehen in der Regel aus Beobachtungswerten, die äquidistanten Zeitpunkten oder äquidistanten Zeitintervallen gleicher Länge zugeordnet sind.

Häufig werden die Beobachtungswerte in ihrer zeitlichen Reihenfolge numeriert

$$x_1, x_2, \ldots, x_i, \ldots, x_n \; .$$

Die Nummern werden hier als <u>Zeitindizes</u> bezeichnet. In einem ebenen Koordinatensystem bilden die Punkte (i, x_i) ein <u>Zeitreihendiagramm</u>.

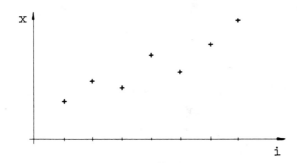

Werden die Punkte des Zeitreihendiagramms durch einen Streckenzug verbunden, so entsteht ein Zeitreihenpolygon.

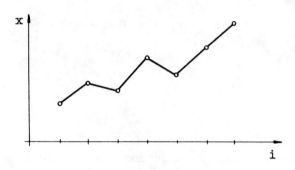

Die Veränderung der Beobachtungswerte im Zeitablauf heißt Bewegung der betreffenden Zeitreihe. Die Zerlegung der Beobachtungswerte in Komponenten heißt Zeitreihenanalyse.

Bei der Zeitreihenanalyse kann z.B. von material erklärten Komponenten ausgegangen werden. Solche material erklärten Komponenten sind der die monotone, langfristige Entwicklung beschreibende Trend t, die dem Konjunkturablauf korrespondierende zyklische Komponente z, die die monatstypische Abweichung von Trend und zyklischer Komponente beschreibende Saisonkomponente s und die irreguläre Komponente r, die den nicht durch Trend, zyklische Komponente und Saisonkomponente erklärten Teil der Bewegung der Zeitreihe ausdrückt.

Bei der Zeitreihenanalyse kann die Reihe auch nach formalen Prinzipien in Komponenten zerlegt werden, die dann material zu interpretieren sind. Ein Beispiel dafür ist die Zerlegung einer Zeitreihe in oszillierende Komponenten. Hier soll nur die erste Art der Zeitreihenanalyse besprochen werden.

Sind die Komponenten einer Zeitreihe additiv ver-
knüpft, so gilt

$$x_i = t_i + z_i + s_i + r_i .$$

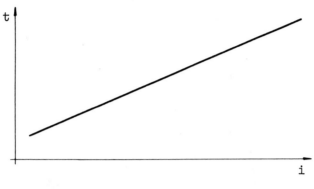

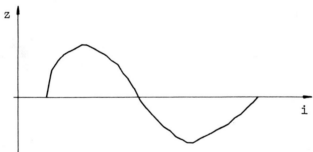

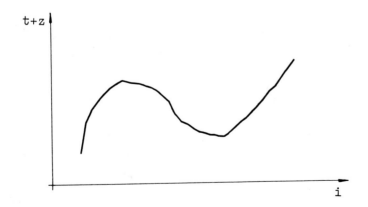

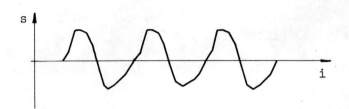

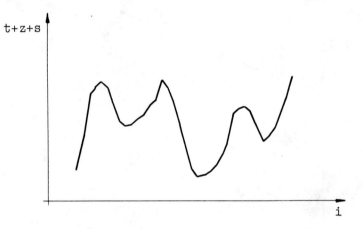

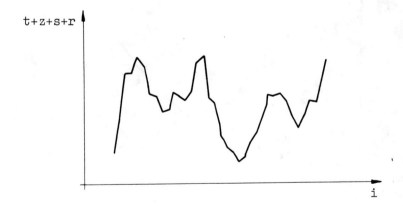

Es ist auch ein multiplikativer Zerlegungsansatz oder eine Kombination beider Ansätze möglich. Die Werte der zu bestimmenden Komponenten hängen vom jeweiligen Ansatz und von der angewandten Zerlegungsmethode ab.

Trend und zyklische Komponente werden zur <u>glatten Komponente</u>

$$t_i + z_i$$

zusammengefaßt. Die zwölf Monatswerte der Saisonkomponente eines Jahres heißen <u>Saisonfigur</u>. Sind die Werte der Saisonkomponente für alle gleichnamigen Monate gleich, dann heißt die Saisonfigur <u>konstant</u>, andernfalls <u>variabel</u>. Eine variable Saisonfigur liegt z.B. vor, wenn die Saisonkomponente der glatten Komponente proportional ist. Hier wird nur der Fall einer konstanten Saisonfigur betrachtet.

Die Saisonkomponente ist die monatstypische Abweichung von der glatten Komponente. Dies legt nahe, ihre Werte durch

$$s_{Jan} + s_{Feb} + \ldots + s_{Dez} = 0$$

zu normieren, was wegen der Konstanz der Saisonfigur gleichbedeutend ist mit

$$s_{i+1} + s_{i+2} + \ldots + s_{i+12} = 0 \ , \quad i = 0,\ldots,n-12 \ .$$

7.2 TRENDBESTIMMUNG

Graphisch wird der Trend durch eine monoton steigende oder fallende Kurve dargestellt, die sich an die Punkte des Zeitreihendiagramms anpaßt.

Bei der <u>Freihandmethode</u> geschieht diese Anpassung nach Augenmaß.

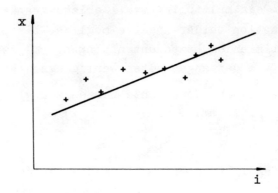

Durch Geraden dargestellte Trends heißen __linear__. Ein
linearer Trend ist z.B. durch die Gerade durch den
ersten und den letzten Punkt des Zeitreihendiagramms
bestimmt. Die Methode der __Reihenhälften__ verfeinert
dieses Konzept. Besteht die Zeitreihe aus $n = 2n'$ Beobachtungswerten

$$x_1, \dots, x_{n'} \, , \quad x_{n'+1}, \dots, x_n \, ,$$

so werden die arithmetischen Mittel der ersten und
der zweiten Hälfte der Beobachtungswerte gebildet

$$\bar{x}' = \frac{1}{n'} \sum_{i=1}^{n'} x_i \, , \qquad \bar{x}'' = \frac{1}{n'} \sum_{i=1}^{n'} x_{n'+i} \, .$$

Die Gerade durch die beiden Punkte

$$(\frac{n'+1}{2}, \ \bar{x}')$$

und

$$(\frac{3n'+1}{2}, \ \bar{x}'')$$

bestimmt dann den Trend. Bei einer ungeraden Anzahl
von Beobachtungswerten wird nach Weglassen des mittleren Wertes analog verfahren.

Häufig wird ein linearer Trend durch die Gerade bestimmt, die sich nach der Methode der kleinsten Quadrate zu den Punkten (i, x_i) des Zeitreihendiagramms ergibt. (Vgl. Kap. I, 4.6)

Beispiel 52
============

Ein Warenhaus hatte in den Jahren 1955 bis 1968 die Umsätze x_i (in Mio DM)

Jahr	i	x_i
1955	1	7
1956	2	8
1957	3	10
1958	4	9
1959	5	12
1960	6	10
1961	7	14
1962	8	15
1963	9	15
1964	10	17
1965	11	20
1966	12	21
1967	13	28
1968	14	31

Die arithmetischen Mittel der ersten bzw. zweiten Reihenhälfte sind

$$\bar{x}' = \frac{1}{7} \sum_{i=1}^{7} x_i = 10$$

und

$$\bar{x}'' = \frac{1}{7} \sum_{i=1}^{7} x_{7+i} = 21 \; .$$

Nach der Methode der Reihenhälften ist durch die Gerade durch die beiden Punkte (4,10) und (11,21) ein linearer Trend bestimmt. Die Gleichung dieser Geraden lautet

$$x \approx 3{,}7142 + 1{,}5714 \; i.$$

Ein Trend nach der Methode der kleinsten Quadrate wird mit Hilfe folgender Arbeitstabelle berechnet.

i	x_i	ix_i	i^2	x_i^2
1	7	7	1	49
2	8	16	4	64
3	10	30	9	100
4	9	36	16	81
5	12	60	25	144
6	10	60	36	100
7	14	98	49	196
8	15	120	64	225
9	15	135	81	225
10	17	170	100	289
11	20	220	121	400
12	21	252	144	441
13	28	364	169	784
14	31	434	196	961
105	217	2002	1015	4059

Daraus ergibt sich

$$b = \frac{n \, \Sigma \, ix_i - (\Sigma \, i)(\Sigma \, x_i)}{n \, \Sigma \, i^2 - (\Sigma \, i)^2}$$

$$= \frac{14 \cdot 2002 - 105 \cdot 217}{14 \cdot 1015 - (105)^2} \approx 1{,}6462$$

und

$$a = \frac{\Sigma\, x_i}{n} - b\, \frac{\Sigma\, i}{n}$$

$$\approx \frac{217}{14} - 1,6462\, \frac{105}{14} \approx 3,1535\ .$$

Die den Trend bestimmende Gerade ist dann

$$x \approx 3,1535 + 1,6462\, i\ .$$

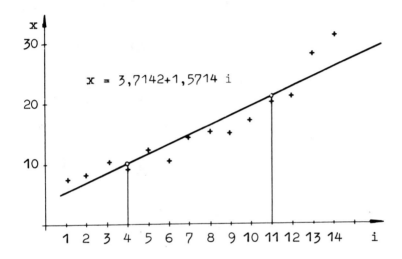

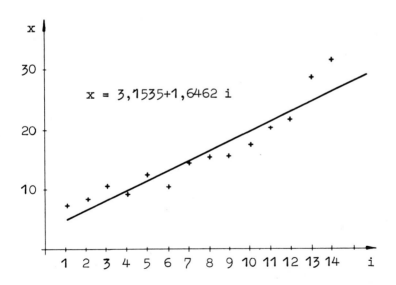

7.3 REIHENGLÄTTUNG

Im allgemeinen wird die Reihe der arithmetischen Mittel

$$\bar{x}_i = \frac{1}{2m+1} \sum_{r=i-m}^{i+m} x_r \ , \qquad i = m+1,\ldots,n-m$$

glatter verlaufen als die Reihe der Beobachtungswerte x_i und der Glättungseffekt mit wachsendem m größer werden. Die $\bar{x}_i$ heißen __gleitende Durchschnitte__. Die Zeitreihe der gleitenden Durchschnitte $\bar{x}_i$ enthält 2m Glieder weniger als die ursprüngliche Reihe der Beobachtungswerte. Der Glättungseffekt legt es nahe, die glatte Komponente der Zeitreihe durch gleitende Durchschnitte zu bestimmen.

Unter der Annahme, daß die Zeitreihe keine Saisonkomponente enthält, ist

$$\bar{x}_i = \bar{t}_i + \bar{z}_i + \bar{r}_i \ .$$

Verläuft die glatte Komponente zwischen den Zeitindizes (i-m) und (i+m) angenähert linear, so gilt

$$\bar{t}_i + \bar{z}_i \approx t_i + z_i \ .$$

Kompensieren sich die Werte der irregulären Komponente für die Zeitindizes von (i-m) bis (i+m) bei der Mittelbildung hinreichend, d.h.

$$\sum_{j=i-m}^{i+m} r_j \approx 0 \ ,$$

dann ist

$$\bar{x}_i \approx t_i + z_i \ .$$

7.4 SAISONBEREINIGUNG

In Abweichung zur obigen Definition der gleitenden Durchschnitte wird der gleitende 12-Monatsdurchschnitt häufig durch

$$\overline{\overline{x}}_i = \frac{1}{12} \left(\frac{1}{2} x_{i-6} + x_{i-5} + \dots + x_{i+5} + \frac{1}{2} x_{i+6} \right)$$

definiert. Wegen der Konstanz der Saisonfigur ist

$$\overline{\overline{s}}_i = 0$$

und unter den obigen Voraussetzungen über die glatte und die irreguläre Komponente gilt

$$x_i - \overline{\overline{x}}_i \approx s_i + r_i .$$

Liegen k Beobachtungswerte

$$x_{mj} , \qquad j = 1, \dots, k$$

für einen Monat m (m = 1, ..., 12) vor, dann ist

$$d_m = \frac{1}{k} \sum_{j=1}^{k} (x_{mj} - \overline{\overline{x}}_{mj}) \approx s_m + \frac{1}{k} \sum_{j=1}^{k} r_{mj} , \quad m = 1, \dots, 12$$

Kompensieren sich bei der Mittelbildung die Werte $r_{m1}, \dots, r_{mk}$ der irregulären Komponente hinreichend, d.h.

$$\frac{1}{k} \sum_{j=1}^{k} r_{mj} \approx 0 ,$$

dann ist

$$d_m \approx s_m .$$

Es ist üblich, diese Näherungswerte für die Saisonfigur auf die Summe Null zu normieren. Mit

$$d = \sum_{m=1}^{12} d_m$$

ergeben sich für die Saisonfigur die korrigierten Näherungswerte

$$s_m^* = d_m - \frac{d}{12}, \qquad m = 1,\ldots,12 .$$

Die Zahlen

$$x_i - s_i^*, \qquad i = 7,\ldots,n-6$$

ergeben die <u>saisonbereinigte Zeitreihe</u>.

Beispiel 53
===========

Bei einer Unternehmung ergaben sich in einem Zeitraum von 5 Jahren für die monatlichen Umsätze x_i (in 1000 DM), den daraus berechneten gleitenden 12-Monatsdurchschnitten $\bar{\bar{x}}_i$ und für die Differenzen $x_i - \bar{\bar{x}}_i$:

	i	x_i	$\bar{\bar{x}}_i$	$x_i - \bar{\bar{x}}_i$
1963 Januar	1	150		
Februar	2	159		
März	3	174		
April	4	181		
Mai	5	172		
Juni	6	168		
Juli	7	155	156,2083	- 1,2083
August	8	150	157,1250	- 7,1250
September	9	142	157,8333	-15,8333
Oktober	10	130	158,5416	-28,5417
November	11	136	159,6250	-23,6250
Dezember	12	152	160,5417	- 8,5417

		i	x_i	$\bar{\bar{x}}_i$	$x_i-\bar{\bar{x}}_i$
1964	Januar	13	161	161,3333	− 0,3333
	Februar	14	170	162,3750	7,6250
	März	15	180	163,4583	16,5417
	April	16	192	164,4583	27,5417
	Mai	17	187	165,2500	21,7500
	Juni	18	175	165,7083	9,2917
	Juli	19	167	166,1667	0,8333
	August	20	163	167,2917	− 4,2917
	September	21	155	169,0000	−14,0000
	Oktober	22	141	170,2083	−29,2083
	November	23	144	170,8333	−26,8333
	Dezember	24	155	171,4167	−16,4167
1965	Januar	25	169	171,0416	− 3,0417
	Februar	26	189	172,8333	16,1667
	März	27	202	173,4583	28,5417
	April	28	199	174,0000	25,0000
	Mai	29	195	174,4583	20,5417
	Juni	30	181	174,5833	6,4167
	Juli	31	176	175,1250	0,8750
	August	32	173	175,6667	− 2,6667
	September	33	160	175,4167	−15,4167
	Oktober	34	149	175,6250	−26,6250
	November	35	147	176,2917	−29,2917
	Dezember	36	155	176,7500	−21,7500
1966	Januar	37	182	177,4167	4,5833
	Februar	38	189	178,1667	10,8333
	März	39	196	178,9167	17,0833
	April	40	210	179,8750	30,1250
	Mai	41	200	181,7917	18,2083
	Juni	42	187	184,7500	2,2500
	Juli	43	186	186,7083	− 0,7083
	August	44	181	187,3333	− 6,3333
	September	45	170	188,3750	−18,3750
	Oktober	46	162	189,7083	−27,7083
	November	47	180	190,6667	−10,6667
	Dezember	48	193	191,6250	1,3750
1967	Januar	49	191	192,6250	− 1,6250
	Februar	50	195	193,2500	1,7500
	März	51	215	193,8333	21,1667
	April	52	223	194,6250	28,3750
	Mai	53	210	194,7917	15,2083
	Juni	54	200	194,8333	5,1667
	Juli	55	197			
	August	56	185			
	September	57	180			
	Oktober	58	171			
	November	59	175			
	Dezember	60	199			

Die Zahlen d_m ergeben sich als arithmetisches Mittel der Differenzen $x_i - \bar{\bar{x}}_i$ für gleichnamige Monate, z.B. für den Januar

	i	$x_i - \bar{\bar{x}}_i$
Januar 1964	13	$-0,3333$
Januar 1965	25	$-3,0417$
Januar 1966	37	$+4,5833$
Januar 1967	49	$-1,6250$
Summe		$-0,4167$

$$d_1 = \frac{-0,4167}{4} \approx -0,1042 \ .$$

Die sich so ergebenden Werte d_m sind

	m	d_m
Januar	1	$-\ 0,1042$
Februar	2	$9,0938$
März	3	$20,8333$
April	4	$27,7604$
Mai	5	$18,9271$
Juni	6	$5,7813$
Juli	7	$-\ 0,0521$
August	8	$-\ 5,1042$
September	9	$-15,9063$
Oktober	10	$-28,0208$
November	11	$-22,6042$
Dezember	12	$-11,3333$
Summe		$d = -\ 0,7292$

Der Korrekturwert ist

$$\frac{d}{12} = \frac{-0,7292}{12} \approx -0,0608 \ .$$

Damit ergeben sich die korrigierten Näherungswerte
für die Saisonfigur

$$s_m^* = d_m - \frac{d}{12}$$

	m	s_m^*
Januar	1	– 0,0434
Februar	2	9,1545
März	3	20,8941
April	4	27,8212
Mai	5	18,9879
Juni	6	5,8420
Juli	7	0,0087
August	8	– 5,0434
September	9	–15,8455
Oktober	10	–27,9601
November	11	–22,5434
Dezember	12	–11,2726
Summe		0,0000

Die Werte der saisonbereinigten Zeitreihe ergeben
sich als Differenzen zwischen den Beobachtungswerten
und den für den jeweiligen Monat errechneten Nähe-
rungswerten der Saisonfigur; z.B. ist

$$x_{Sept\ 1964} - s_{Sept}^*$$
$$= x_{21} - s_9^*$$
$$= 155 - (-15,8455)$$
$$= 170,8455 \ .$$

Die saisonbereinigte Zeitreihe ist

	1963	1964	1965	1966	1967
Jan		161,o434	169,o434	182,o434	191,o434
Febr		16o,8455	179,8455	179,8455	185,8455
März		159,1o59	181,1o59	175,1o59	194,1o59
April		164,1788	171,1788	182,1788	195,1788
Mai		168,o121	176,o121	181,o121	191,o121
Juni		169,158o	175,158o	181,158o	194,158o
Juli	154,9913	166,9913	175,9913	185,9913	
Aug	155,o434	168,o434	178,o434	186,o434	
Sept	157,8455	17o,8455	175,8455	185,8455	
Okt	157,96o1	168,96o1	176,96o1	189,96o1	
Nov	158,5434	166,5434	169,5434	2o2,5434	
Dez	163,2726	166,2726	166,2726	2o4,2726	

8. INDEXZAHLEN

8.1 MESSZAHLEN

Werden die Beobachtungswerte x_k durch einen bestimmten Beobachtungswert x_i dividiert, so heißen die Quo-
tienten

$$\frac{x_k}{x_i}, \qquad x_i \neq 0$$

Meßzahlen. Bilden die Beobachtungswerte eine Zeitreihe, dann ist die Meßzahl

$$x_{ik} = \frac{x_k}{x_i}$$

das Verhältnis des Beobachtungswertes x_k zur Beobach-

112

tungszeit k zum Beobachtungswert x_i zur Basiszeit i.
Für Meßzahlen gelten u.a. die Beziehungen:

Identitätsprobe $\qquad\qquad\qquad\qquad x_{kk} = 1$

Zeitumkehrprobe $\qquad\qquad\qquad\quad x_{ki}x_{ik} = 1$

Rundprobe $\qquad\qquad x_{12}x_{23} \cdots x_{n-1,n} = x_{1n}$

Proportionalitätsprobe $\qquad\qquad \dfrac{rx_k}{x_i} = rx_{ik}$.

Aus den Meßzahlen $x_{12}x_{23} \cdots x_{n-1,n}$ kann die Meßzahl x_{1n} nach

$$x_{1n} = x_{12}x_{23} \cdots x_{n-1,n}$$

berechnet werden. Diese Operation heißt Verkettung von Meßzahlen. Hier werden nur Zeitreihen von Preisen p_j, Mengen q_j und Umsätzen v_j betrachtet. Es ergeben sich Meßzahlen für Preise

$$p_{ik} = \frac{p_k}{p_i} \; ,$$

für Mengen

$$q_{ik} = \frac{q_k}{q_i}$$

und für Umsätze

$$v_{ik} = \frac{v_k}{v_i} \; .$$

Für solche Meßzahlen gilt die Faktorumkehrprobe

$$p_{ik}q_{ik} = v_{ik} \; ,$$

d.h. das Produkt von Preismeßzahl und Mengenmeßzahl ergibt eine Umsatzmeßzahl.

Der Basiszeit wird häufig der Zeitindex Null zugeordnet.

8.2 INDEXZAHLEN

Eine Meßzahl beschreibt die Veränderung einer einzelnen Größe. Eine Indexzahl soll die Veränderung mehrerer Größen durch eine Zahl beschreiben.

Indexzahlen sind als gewogene arithmetische Mittel von Meßzahlen definiert. Sind $x_{ok}(1),\ldots,x_{ok}(m)$ Meßzahlen und $g(1),\ldots,g(m)$ ihre Gewichte, dann ist

$$I_{ok} = \sum_{r=1}^{m} g(r)x_{ok}(r)$$

eine Indexzahl. Durch Wahl geeigneter Gewichte $g^*(1),\ldots,g^*(m)$ läßt sich jede Indexzahl auch als Meßzahl gewogener arithmetischer Mittel der Beobachtungswerte $x_k(1),\ldots,x_k(m)$ darstellen

$$I_{ok} = \frac{\displaystyle\sum_{r=1}^{m} g^*(r)x_k(r)}{\displaystyle\sum_{r=1}^{m} g^*(r)x_o(r)} .$$

Aus Gründen der Übersichtlichkeit werden im folgenden manchmal die Summationsindizes weggelassen.

Bei Indexzahlen für Preise und Mengen werden aus faktischen oder fiktiven Umsätzen Gewichte $g(r)$ gebildet. Beim Preisindex von Laspeyres, P_L, sind diese Gewichte

$$g(r) = \frac{p_o(r)q_o(r)}{\displaystyle\sum_i p_o(i)q_o(i)} .$$

Es ist

$$P_L = \sum_r \left(p_{ok}(r) \frac{p_o(r)q_o(r)}{\sum_i p_o(i)q_o(i)} \right)$$

$$= \frac{\sum_r p_k(r)q_o(r)}{\sum_r p_o(r)q_o(r)} \cdot$$

Dieser Index läßt sich also als Quotient aus dem Aggregat der fiktiven·Umsätze

$$\sum_r p_k(r)q_o(r)$$

und dem Aggregat der faktischen Umsätze

$$\sum_r p_o(r)q_o(r)$$

darstellen.

Der Ausdruck

$$\frac{\Sigma\, p_k q_o}{\Sigma\, p_o q_o}$$

heißt daher <u>Aggregatform</u>.

Durch andere Gewichtung ergeben sich andere Preisindexzahlen. Die wichtigsten sind der <u>Preisindex von</u> <u>Paasche</u>

$$P_P = \frac{\Sigma\, p_k q_k}{\Sigma\, p_o q_k}$$

und der <u>Preisindex von Lowe</u>

$$P_{Lo} = \frac{\Sigma\, p_k q}{\Sigma\, p_o q} \cdot$$

Bei dem Preisindex von Lowe ist die Wahl der Mengen q unabhängig von der jeweiligen Basiszeit und Berichtszeit.

Für den Mengenindex von Laspeyres, Q_L, den Mengenindex von Paasche, Q_P, und den Mengenindex von Lowe, Q_{Lo}, ergibt sich entsprechend

$$Q_L = \frac{\Sigma\, q_k p_o}{\Sigma\, q_o p_o}$$

$$Q_P = \frac{\Sigma\, q_k p_k}{\Sigma\, q_o p_k}$$

$$Q_{Lo} = \frac{\Sigma\, q_k p}{\Sigma\, q_o p}\,.$$

Ein Vorteil der Indizes von Laspeyres besteht in der Konstanz der Gewichte bei unveränderter Basiszeit. Für aktuelle Indexzahlen sind unter Umständen die Indizes von Paasche wegen ihrer aus aktuellen Werten errechneten Gewichte vorzuziehen.

Die für Meßzahlen definierten Proben sind auch für Indexzahlen von Bedeutung. Während Meßzahlen den Proben definitionsgemäß genügen, trifft dies für Indexzahlen nicht generell zu. Es läßt sich z.B. zeigen, daß keine Indexzahl existiert, die der Faktorumkehrprobe, der Zeitumkehrprobe und der Rundprobe zugleich genügt. Proben sind Kriterien für den Meßzahlcharakter von Indexzahlen. Die Indizes von Lowe genügen der Rundprobe.

Die geometrischen Mittel

$$P_F = {}_+\sqrt{P_L P_P}$$

und

$$Q_F = {}_+\sqrt{Q_L Q_P}$$

heißen <u>Idealindizes von Fisher.</u> Sie genügen der Faktorumkehrprobe

$$P_F Q_F = \frac{\Sigma \; p_k q_k}{\Sigma \; p_o q_o} = \frac{\Sigma \; v_k}{\Sigma \; v_o} \; ,$$

d.h. ihr Produkt ergibt die Meßzahl der aggregierten Umsätze.

Die in der Praxis angegebenen Indexzahlen ergeben sich aus den oben definierten durch Multiplikation mit dem Faktor 100.

Beispiel 54
============

Bei drei Gütern sind in den Jahren 1965 (Zeitindex 0), 1966 (Zeitindex 1) und 1967 (Zeitindex 2) die folgenden Preise $p(r)$ und Mengen $q(r)$ beobachtet worden.

Zeitindex	0		1		2	
Gut	$p_o(r)$	$q_o(r)$	$p_1(r)$	$q_1(r)$	$p_2(r)$	$q_2(r)$
1	6	10	7	10	10	8
2	2	30	3	29	4	27
3	3	2	5	2	8	1

Für die Preisindizes von Laspeyres und Paasche zur Berichtszeit 2 und der Basiszeit 0 ergibt sich

$$P_{L_{02}} = 100 \; \frac{10 \cdot 10 + 4 \cdot 30 + 8 \cdot 2}{6 \cdot 10 + 2 \cdot 30 + 3 \cdot 2} = 100 \; \frac{236}{126}$$

$$\approx 187,30$$

und

$$P_{P_{02}} = 100 \; \frac{10 \cdot 8 + 4 \cdot 27 + 8 \cdot 1}{6 \cdot 8 + 2 \cdot 27 + 3 \cdot 1} = 100 \; \frac{196}{105}$$

$$\approx 186,67 \; .$$

Für die Mengenindizes von Laspeyres und Paasche zur Berichtszeit 2 und der Basiszeit 0 ergibt sich

$$Q_{L_{02}} = 100 \; \frac{8 \cdot 6 + 27 \cdot 2 + 1 \cdot 3}{10 \cdot 6 + 30 \cdot 2 + 2 \cdot 3} = 100 \; \frac{105}{126}$$

$$\approx 83,33$$

und

$$Q_{P_{02}} = 100 \; \frac{8 \cdot 10 + 27 \cdot 4 + 1 \cdot 8}{10 \cdot 10 + 30 \cdot 4 + 2 \cdot 8} = 100 \; \frac{196}{236}$$

$$\approx 83,05 \; .$$

Für die Indizes von Fisher ergibt sich

$$P_{F_{02}} = \sqrt{187,30 \cdot 186,67} \approx 186,98$$

und

$$Q_{F_{02}} = \sqrt{83,33 \cdot 83,05} \approx 83,19 \; .$$

Die <u>Verkettung</u> von Indexzahlen ist wie für Meßzahlen definiert

$$I_{01} \cdot I_{12} \cdot \dots \cdot I_{n-1,n} = I^*_{on} \quad ,$$

aber nur, wenn der Index der Rundprobe genügt, gilt

$$I^*_{on} = I_{on} \; .$$

Eine <u>Umbasierung</u> einer Indexzahl I_{oi} von einer Basiszeit 0 auf eine Basiszeit j kann durch Division dieser Indexzahl durch die Indexzahl I_{oj} erfolgen

$$I^*_{ji} = \frac{I_{oi}}{I_{oj}} \; .$$

I^*_{ji} stimmt mit I_{ji} nur überein, wenn

$$I_{oj} I_{ji} = I_{oi}$$

ist, d.h. wenn der Index der Rundprobe genügt.

Beispiel 55
============
Mit den Preisen aus Beispiel 54 und den Mengen

$$q(1) = 10 \; , \quad q(2) = 30 \quad \text{und} \quad q(3) = 1$$

ergibt sich für den Preisindex von Lowe zur Berichtszeit 1 und der Basiszeit 0

$$P_{01} = 100 \; \frac{7 \cdot 10 + 3 \cdot 30 + 5 \cdot 1}{6 \cdot 10 + 2 \cdot 30 + 3 \cdot 1} = 100 \; \frac{165}{123}$$

$$\approx 134,15$$

und für den Preisindex von Lowe zur Berichtszeit 2
und der Basiszeit 0

$$P_{02} \approx 185,37 \; .$$

Für den Preisindex von Lowe zur Berichtszeit 2 und
der Basiszeit 1 ergibt sich durch Umbasierung

$$P_{12} = 100 \; \frac{P_{02}}{P_{01}} \approx 100 \; \frac{185,37}{134,15} \approx 138,18 \; .$$

In der Praxis tritt häufig das Problem auf, zwei Reihen von Indexzahlen zu einer einzigen zu verknüpfen.
Soll die erste Reihe

$$\ldots , I_{k,i-2}, I_{k,i-1}, I_{ki}$$

an die zweite Reihe

$$I^*_{mi}, I^*_{m,i+1}, I^*_{m,i+2}, \; \ldots$$

angeschlossen werden, so ist es üblich, alle Glieder

der ersten Reihe mit dem Faktor

$$\frac{I^*_{mi}}{I_{ki}}$$

zu multiplizieren. Soll die zweite Reihe an die erste angeschlossen werden, so wird jedes Glied der zweiten Reihe mit dem Faktor

$$\frac{I_{ki}}{I^*_{mi}}$$

multipliziert.

Beispiel 56
============

Die Verknüpfung der beiden Reihen von Indexzahlen

	1964	1965	1966	1967	1968
I	105	108	110		
I^*			95	98	107

ergibt, wenn die Reihe der I an die Reihe der I^* angeschlossen wird,

	1964	1965	1966	1967	1968
I^{**}	90,68	93,27	95	98	107

Oft richtet sich das Interesse auf die Mengen (Realgrößen), während nur Beobachtungswerte für aggregierte Umsätze vorliegen

$$\sum_r v_o(r), \sum_r v_1(r), \sum_r v_2(r), \ldots .$$

Werden die Meßzahlen

$$\frac{\sum_r v_1(r)}{\sum_r v_o(r)}, \frac{\sum_r v_2(r)}{\sum_r v_o(r)}, \frac{\sum_r v_3(r)}{\sum_r v_o(r)}, \ldots$$

durch Preisindizes dividiert, so ergeben sich Mengenindizes, wenn die betreffenden Indexzahlen der Faktorumkehrprobe genügen.

Beispiel 57
============
Für die Angaben des Beispiels 54 ergeben sich für die
Zeitindizes 0 und 2 die aggregierten Umsätze

$$\sum_{r=1}^{3} v_o(r) = \sum_{r=1}^{3} p_o(r)q_o(r) = 126$$

und

$$\sum_{r=1}^{3} v_2(r) = \sum_{r=1}^{3} p_2(r)q_2(r) = 196 .$$

Wird die Meßzahl

$$\frac{\Sigma\, v_2(r)}{\Sigma\, v_o(r)} = \frac{196}{126} \approx 1,5556$$

durch den entsprechenden Preisindex von Laspeyres

$$P_{L_{02}} \approx 1,8730$$

dividiert, so ergibt sich als Mengenindex

$100 \ \dfrac{1,5556}{1,8730} \approx 83,05.$ Diese Zahl stimmt nicht mit dem
in Beispiel 54 berechneten Mengenindex von Laspeyres
überein. Wird die Meßzahl der aggregierten Umsätze jedoch durch den Preisindex von Fisher,

$$P_{F_{02}} \approx 1,8698 \ ,$$

dividiert, so ergibt sich der Mengenindex
$100 \ \dfrac{1,5555}{1,8698} \approx 83,19.$ Er stimmt mit dem Mengenindex von
Fisher überein.

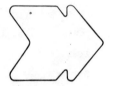

III. WAHRSCHEINLICHKEITSRECHNUNG

1. EINLEITUNG

1.1 WAHRSCHEINLICHKEIT ALS MASS FÜR UNGEWISSHEIT

Erfahrungsgemäß gibt es Vorgänge, deren Ergebnis ungewiß ist. Mit "ungewiß" ist dabei gemeint, daß zwar feststeht, welche Ergebnisse möglicherweise eintreten können, es aber nicht feststeht, welches dieser möglichen Ergebnisse nun tatsächlich eintritt. Solche Vorgänge können als Zufallsvorgänge bezeichnet werden. Die Ergebnisse von Zufallsvorgängen heißen Zufallsergebnisse. Das Ergebnis eines Würfelwurfes, das Ergebnis einer Losziehung, das Ergebnis eines Zeugungsaktes, das Ergebnis eines Boxkampfes sind solche Zufallsergebnisse.

Unter der Wahrscheinlichkeit wird im allgemeinen Sprachgebrauch ein Maß für das Eintreffen eines bestimmten Zufallsergebnisses verstanden. Die Wahrscheinlichkeit kann subjektiv sein, wenn zum Beispiel Herr Maier im Gegensatz zu Herrn Müller einen Wahlsieg der CDU bei der Landtagswahl in NRW für wahrscheinlich hält. Die Wahrscheinlichkeit kann qualitativ sein, z.B. wenn gesagt wird, daß Fünflingsgeburten sehr unwahrscheinlich sind. Die Wahrscheinlichkeit kann quantitativ sein, z.B. wenn ein Buchmacher behauptet, daß sein Tip mit 99 % Wahrscheinlichkeit zutrifft.

Gegenstand einer Wahrscheinlichkeitsrechnung sind quantitative Wahrscheinlichkeiten. Um solche Wahrscheinlichkeiten plausibel zu machen, wird zunächst ein Zufallsvorgang betrachtet, der wiederholbar ist, z.B. Würfeln oder die Bestimmung der Gewinnzahlen beim Lotto.

Ein Zufallsvorgang wird n-mal wiederholt. a sei ein bestimmtes Zufallsergebnis und h(a,n) sei die relative Häufigkeit dieses Zufallsergebnisses. Die Erfahrung lehrt, daß die relative Häufigkeit h(a,n) eines Zufallsergebnisses a bei hinreichend vielen Wiederholungen des Zufallsvorgangs um eine konstante Zahl $W_s(a)$ schwankt. Diese Schwankungen sind in der Regel um so kleiner, je größer die Anzahl der Wiederholungen des Zufallsvorgangs sind. Diese Zahl $W_s(a)$ heißt statistische Wahrscheinlichkeit. Die Annahme der Existenz einer solchen Zahl ist offenbar eine Hypothese über einen Sachverhalt, da realiter die Anzahl der Wiederholungen begrenzt ist.

Beispiel 58
============

Üblicherweise werden bei Münzwürfen die Seiten "Kopf" ("Zahl") und "Adler" unterschieden. Eine Münze, bei der die beiden Seiten die gleiche Chance haben, nach einem Wurf oben zu liegen, heißt fair.

Buffon warf eine Münze 4040-mal, wobei sich insgesamt 2048-mal das Ergebnis "Kopf" einstellte. Stier und Sturm wiederholten das Experiment mit einem Zehnpfennigstück und erzielten 2068 "Köpfe". Läßt sich daraus schließen, daß Buffon korrekter geworfen hat?

Pearson warf seine Münze gleich 24000-mal und erzielte 12012 "Köpfe". Britsch und Schips simulierten das Pearsonsche Experiment auf einer Diehl Combitron S für eine faire Münze und erzielten auf den Kopf genau das gleiche Ergebnis. Ist damit erwiesen, daß die Pearsonsche Münze fair war?

Beträgt bei einem Würfel die statistische Wahrscheinlichkeit, für das Zufallsergebnis eine gerade Zahl zu
werfen, $\frac{1}{2}$, und für das Zufallsergebnis eine Eins bzw.
eine Sechs zu werfen, je $\frac{1}{6}$, dann ist bei 1000 Würfen
zu erwarten, daß das Zufallsergebnis "gerade" häufiger
auftreten wird als das Zufallsergebnis "Eins" bzw.
"Sechs".

Die Bedeutung der statistischen Wahrscheinlichkeit bei
einmaliger Durchführung eines Zufallsvorgangs beruht
auf der Annahme, daß es vernünftig ist, bei einem einzigen Wurf das Zufallsergebnis "gerade" für sicherer
zu halten als das Zufallsergebnis "Eins" bzw. "Sechs".
Für diese Annahme spricht die folgende Überlegung. Offenbar ist das Zufallsergebnis "gerade" sicherer als
das Zufallsergebnis "Sechs", denn immer, wenn das Zufallsergebnis "Sechs" eintritt, tritt auch das Zufallsergebnis "gerade" ein, dagegen tritt das Zufallsergebnis "gerade" auch dann ein, wenn die Zufallsergebnisse "Zwei" oder "Vier" eintreten. Nun ist
W_s("Sechs") kleiner als W_s("gerade"). Da wegen
W_s("Sechs") = W_s("Eins") auch W_s("Eins") kleiner als
W_s("gerade") ist, erscheint es einleuchtend anzuneh-
men, daß das Zufallsergebnis "gerade" auch sicherer
als das Zufallsergebnis "Eins" ist. Auf dieser Überlegung basiert die Anwendung der statistischen Wahrscheinlichkeit auf den einzelnen Zufallsvorgang.

Die praktische Bedeutung der im folgenden definierten
Wahrscheinlichkeiten beruht auf der Möglichkeit, sie
als statistische Wahrscheinlichkeiten zu interpretieren.

1.2 DIE KLASSISCHE DEFINITION DER WAHRSCHEINLICHKEIT

Die klassische Wahrscheinlichkeitsdefinition geht von
einem Zufallsvorgang mit einer endlichen Menge G
gleichmöglicher Ausgänge aus. Es wird dabei vorausge-

setzt, daß der Begriff "gleichmöglich" keiner weiteren
Erklärung bedarf.

Die klassische Wahrscheinlichkeitsrechnung betrachtet
Zufallsergebnisse A, die dann eintreten, wenn einer
der Ausgänge eintritt, die einer bestimmten Teilmenge
G_A von G angehören. Der Quotient

$$W_k(A) = \frac{n[G_A]}{n[G]}$$

aus der Anzahl der Ausgänge $n[G_A]$, bei denen das Zufallsergebnis A eintritt, und der Anzahl aller möglichen Ausgänge $n[G]$ heißt <u>klassische Wahrscheinlichkeit
von A</u>. Es gilt

$$0 \leq W_k(A) \leq 1 .$$

Sind A und B zwei Zufallsergebnisse eines Zufallsvorgangs, dann ist "A und B" das Zufallsergebnis, das
eintritt, wenn sowohl A als auch B eintritt

$$G_{"A \text{ und } B"} = G_A \cap G_B .$$

Das Zufallsergebnis "A oder B" tritt ein, wenn entweder A oder B oder beide Zufallsergebnisse zugleich
eintreten

$$G_{"A \text{ oder } B"} = G_A \cup G_B .$$

Ist $\tilde{A}$ das Zufallsergebnis, das eintritt, wenn A nicht
eintritt, dann gilt

$$G_{\tilde{A}} = \bar{G}_A(G) .$$

Aus der Definition der klassischen Wahrscheinlichkeit
folgt

$$W_k("A \text{ oder } B") = W_k(A) + W_k(B) - W_k("A \text{ und } B")$$

und

$$W_k(\tilde{A}) = 1 - W_k(A) .$$

Beispiel 59

Aus einem Skatspiel werden nacheinander zwei der 32 Karten gezogen. Wie groß ist die Wahrscheinlichkeit dafür, daß sich unter den beiden gezogenen Karten genau ein As befindet? Die Anzahl der möglichen Ausgänge dieses Zufallsvorgangs ist $\binom{32}{2}$ = 496 (vgl. Kap. I, 5.4; Kombinationen ohne Wiederholung und ohne Berücksichtigung der Anordnung). Es gibt $\binom{4}{1}$ Möglichkeiten, ein As zu ziehen und dazu jeweils $\binom{28}{1}$ Möglichkeiten, eine weitere Karte zu ziehen, die kein As ist. Das betrachtete Zufallsergebnis tritt also bei $\binom{4}{1}\binom{28}{1}$ = 112 Ausgängen ein, und die gesuchte Wahrscheinlichkeit ist

$$W_k(\text{"ein As"}) = \frac{112}{496} = \frac{7}{31} \; .$$

Beispiel 60

Wie groß ist die Wahrscheinlichkeit dafür, aus einem Skatspiel nacheinander zwei Karten so zu ziehen, daß die zweite Karte ein As ist? Die Anzahl der möglichen Ausgänge ist $32 \cdot 31$ (vgl. Kap. I, 5.4; Kombinationen ohne Wiederholung mit Berücksichtigung der Anordnung). Die Anzahl der Ausgänge, durch die das betrachtete Zufallsergebnis eintritt, ist $4 \cdot 31$, und die gesuchte Wahrscheinlichkeit ist

$$W_k(\text{"zweite Karte ein As"}) = \frac{4 \cdot 31}{32 \cdot 31} = \frac{1}{8} \; .$$

Beispiel 61
============

Aus einem Skatspiel werden nacheinander zwei Karten
gezogen. Wie groß ist die Wahrscheinlichkeit dafür,
als zweite Karte ein As zu ziehen, wenn die erste gezogene Karte ein As gewesen ist? Bei $4 \cdot 31$ Ausgängen
ist die erste gezogene Karte ein As. Die Anzahl der
Ausgänge, bei denen das betrachtete Zufallsergebnis
eintritt, ist $\binom{4}{1}\binom{3}{1}$, und die gesuchte Wahrscheinlichkeit ist

$$W_k(\text{"As im zweiten Zug, wobei As im ersten Zug"})$$

$$= \frac{4 \cdot 3}{4 \cdot 31} = \frac{3}{31} \, .$$

Die Fragestellungen der klassischen Wahrscheinlichkeitsrechnung lassen sich auf das sogenannte <u>Urnen-
modell</u> zurückführen, bei dem Kugeln oder Lose in einer
Urne die Ausgänge eines Zufallsvorgangs repräsentie-
ren.

Beispiel 62
===========

Eine Urne enthält 8 weiße und 12 schwarze Kugeln. Aus
dieser Urne werden nacheinander 3 Kugeln gezogen. Wie
groß ist die Wahrscheinlichkeit dafür, daß zwei weiße
und eine schwarze Kugel gezogen werden, wenn nach jedem Zug die jeweils gezogene Kugel wieder in die Urne
zurückgelegt wird?

$$W_k = \frac{\frac{3!}{1!\,2!} \, 8^2 \, 12^1}{20^3} = \frac{36}{125} \, .$$

Werden die gezogenen Kugeln nicht wieder zurückgelegt,

so ist die Wahrscheinlichkeit dafür, daß zwei weiße
und eine schwarze Kugel gezogen werden

$$W_k = \frac{\binom{8}{2}\binom{12}{1}\,3!}{\binom{20}{3}\,3!} = \frac{28}{95}\,.$$

Beispiel 63
===========

Wie groß ist die Wahrscheinlichkeit dafür, daß von
20 Personen mindestens 2 am gleichen Tag Geburtstag
haben? Zur Lösung dieses Problems wird eine Urne mit
365 numerierten Kugeln betrachtet. Wird vorausgesetzt,
daß jeder Tag für jede der 20 Personen als Geburtstag
gleich möglich ist, dann entspricht jede mögliche Ge-
burtstagskonstellation einem Ergebnis von 20 Ziehun-
gen mit Zurücklegen. Die Anzahl der möglichen Konstellationen ist 365^{20}. Eine ungünstige Konstellation
liegt dann vor, wenn die Nummern der 20 gezogenen Kugeln alle verschieden sind. Die Anzahl der ungünstigen
Konstellationen ist $\frac{365!}{(365-20)!}$. Die gesuchte Wahrscheinlichkeit ist also

$$W_k = 1 - \frac{365\cdot364\cdot\;\ldots\;\cdot346}{365^{20}} \approx 0,41\,.$$

Der Vorzug der klassischen Wahrscheinlichkeitsdefinition ist ihre Einfachheit, die es gestattet, alle Fra-
gen einer auf ihr aufbauenden Wahrscheinlichkeitsrechnung auf kombinatorische Probleme zurückzuführen. Sie
muß jedoch in den Fällen versagen, auf die das Modell
eines Zufallsvorgangs mit endlich vielen gleichmögli-
chen Ausgängen nicht anwendbar ist.

2. WAHRSCHEINLICHKEITSFELDER

2.1 AXIOMATISCHE DEFINITION DER WAHRSCHEINLICHKEIT

Ausgangspunkt ist eine nicht leere Menge Ω. Ihre Elemente ω werden als <u>Elementarereignisse</u> bezeichnet und Ω selbst als <u>Menge der Elementarereignisse</u>. Ein σ-Ring $\mathfrak{S}$ von Ω (vgl. Kap. I, 1.3) heißt <u>Ereignisring</u> von Ω. Ein Ereignisring ist also ein System von Teilmengen von Ω mit den beiden Eigenschaften:

1. Mit höchstens abzählbar vielen Teilmengen von Ω, die zu $\mathfrak{S}$ gehören, gehört auch deren Vereinigung zu $\mathfrak{S}$.

2. Mit jeder zu $\mathfrak{S}$ gehörenden Teilmenge von Ω gehört auch deren Komplement bezüglich Ω zu $\mathfrak{S}$.

Daraus ergibt sich, daß mit je zwei zu $\mathfrak{S}$ gehörenden Teilmengen auch deren Durchschnitt zu $\mathfrak{S}$ gehört. Jeder Ereignisring enthält die leere Menge $\emptyset$ und Ω selbst.

Die Elemente von $\mathfrak{S}$ heißen <u>Ereignisse</u>. Ereignisse sind also Teilmengen von Ω, die zu einem bestimmten Ereignisring $\mathfrak{S}$ gehören.

Es sei Ω eine Menge von Elementarereignissen und $\mathfrak{S}$ ein Ereignisring von Ω. Ist

$$W: \mathfrak{S} \to \mathfrak{R}$$

eine Abbildung mit den Eigenschaften

   (1) $W(A) \geq 0$

        für alle $A \in \mathfrak{S}$,

   (2) $W(A_1 \cup A_2 \cup \ldots) = W(A_1) + W(A_2) + \ldots$

        für $A_i \in \mathfrak{S}$, $i = 1,2,\ldots$ und $A_j \cap A_k = \emptyset, j \neq k$,

   (3) $W(\Omega) = 1$,

dann heißt W ein <u>Wahrscheinlichkeitsfunktional</u> auf $\mathfrak{S}$.

Die Zahl W(A) heißt <u>Wahrscheinlichkeit des Ereignis-</u>
<u>ses A.</u>

Die Eigenschaften (1), (2) und (3) des Wahrscheinlich-
keitsfunktionals sind die <u>Axiome der Wahrscheinlich-</u>
<u>keitsrechnung</u>.

Ist Ω eine Menge von Elementarereignissen, $\mathfrak{S}$ ein Ereignisring von Ω und W ein Wahrscheinlichkeitsfunktional auf $\mathfrak{S}$, dann heißt das Tripel

$$(\Omega, \mathfrak{S}, W)$$

<u>Wahrscheinlichkeitsfeld</u>. Es gibt Ereignisringe, für
die kein Wahrscheinlichkeitsfunktional existiert. Hier
werden jedoch nur Ereignisringe betrachtet, für die
Wahrscheinlichkeitsfunktionale angegeben werden können.

Beispiel 64
===========

Die Menge Ω bestehe aus den möglichen Ausgängen eines
Würfelwurfes. Die Elementarereignisse sind also die
Augenzahlen des Würfels

$$\Omega = \{1,2,3,4,5,6\} \ .$$

Das System von Teilmengen

$$\mathfrak{S} = \{\{1,3,5\},\{2,4,6\},\emptyset,\Omega\}$$

ist ein Ereignisring von Ω. Das Ereignis $\{2,4,6\}$ tritt
bei einem Würfelwurf ein, wenn die Augenzahlen 2 oder
4 oder 6 geworfen werden. Die durch

$$W(\{1,3,5\}) = \frac{1}{2}$$

$$W(\{2,4,6\}) = \frac{1}{2}$$

$$W(\emptyset) \quad\quad = 0$$

$$W(\Omega) \quad\quad = 1$$

definierte Abbildung

$$W: \mathfrak{S} \to \mathfrak{R}$$

ist ein Wahrscheinlichkeitsfunktional auf $\mathfrak{S}$.

Ein anderer Ereignisring von Ω ist

$$\mathfrak{S}^* = \{\{6\},\{1,2,3,4,5\},\emptyset,\Omega\}.$$

Die durch

$$W(\{6\}) \qquad = \frac{1}{6}$$

$$W(\{1,2,3,4,5\}) = \frac{5}{6}$$

$$W(\emptyset) \qquad = 0$$

$$W(\Omega) \qquad = 1$$

definierte Abbildung

$$W: \mathfrak{S}^* \to \mathfrak{R}$$

ist ein Wahrscheinlichkeitsfunktional auf $\mathfrak{S}^*$.

Beispiel 65
===========

Es sei $\Omega = \mathfrak{R} = \{1,2,3,\ldots\}$. Die Menge $\mathfrak{S}$ aller Teilmengen von Ω ist dann ein Ereignisring von Ω. Mit der Zuordnung

$$W(\{i\}) = \frac{1}{2^i} , \qquad i = 1,2,3,\ldots$$

ergibt sich ein Wahrscheinlichkeitsfunktional auf $\mathfrak{S}$. Es ist

$$W(A) = \sum_{i|i\in A} \frac{1}{2^i} , \quad \text{für alle } A \in \mathfrak{S} .$$

132

Beispiel 66
===========

Es sei $\Omega = \Re$. Das System von Teilmengen von $\Re$

$$\mathfrak{S} = \{(-\infty;0],(0;\infty),\emptyset,\Re\}$$

ist ein Ereignisring von Ω. Die Abbildung

$$W((-\infty;0]) = \frac{1}{4}$$

$$W((0;\infty)) = \frac{3}{4}$$

$$W(\emptyset) = 0$$

$$W(\Re) = 1$$

ist ein Wahrscheinlichkeitsfunktional auf $\mathfrak{S}$.

Beispiel 67
===========

Betrachtet wird eine statistische Masse
$E = \{e_1,\ldots,e_n\}$ und ein Merkmal $\mathfrak{U}$ mit der Menge der
Merkmalsausprägungen $A = \{a_1,\ldots,a_m\}$ und den relativen
Häufigkeiten $h_1,\ldots,h_m$. Die Menge aller Teilmengen von
A bildet einen Ereignisring $\mathfrak{S}$ von A. Durch die Zuordnung

$$W(\{a_i\}) = h_i , \qquad i = 1,\ldots,m$$

ist ein Wahrscheinlichkeitsfunktional auf $\mathfrak{S}$ definiert.

2.2 FOLGERUNGEN AUS DEN AXIOMEN

Aus den Axiomen der Wahrscheinlichkeitsrechnung ergibt sich

(1) $$W(\overline{A}) = 1 - W(A)$$

Denn wegen $W(\Omega) = 1$, $A \cup \overline{A} = \Omega$ und $A \cap \overline{A} = \emptyset$
ist $W(A \cup \overline{A}) = W(A) + W(\overline{A}) = 1$.

(2) $$W(\emptyset) = 0$$

Denn wegen $\overline{\Omega} = \emptyset$ gilt $W(\overline{\Omega}) = 1 - W(\Omega) = 0$.

(3) $$W(A_1) \leq W(A_2) , \qquad \text{für } A_1 \subseteq A_2$$

Denn wegen $A_2 = A_1 \cup (A_2 \cap \overline{A}_1)$ und
$A_1 \cap (A_2 \cap \overline{A}_1) = \emptyset$ ist $W(A_2) = W(A_1) + W(A_2 \cap \overline{A}_1)$
$\geq W(A_1)$.

(4) $$W(A) \leq 1$$

Denn wegen $A \cup \overline{A} = \Omega$, $A \cap \overline{A} = \emptyset$ und $W(A) + W(\overline{A})$
$= 1$ gilt $W(A) \leq 1$.

(5) $$W(A \cup B) = W(A) + W(B) - W(A \cap B)$$

Denn wegen $A \cup B = A \cup (\overline{A} \cap B)$ und $A \cap (\overline{A} \cap B) = \emptyset$
und $W(A \cup B) = W(A) + W(\overline{A} \cap B)$ und
$(\overline{A} \cap B) \cup (A \cap B) = B$ und $(\overline{A} \cap B) \cap (A \cap B) = \emptyset$
gilt $W(\overline{A} \cap B) + W(A \cap B) = W(B)$.

(6) Ist $B_1, B_2, \ldots$ eine Zerlegung von Ω und $A \in \mathfrak{S}$, dann
ist

$$W(A) = \sum_i W(A \cap B_i) ,$$

denn es gilt $(B_i \cap A) \cap (B_j \cap A) = \emptyset$, für $i \neq j$,
und $A = (B_1 \cap A) \cup (B_2 \cap A) \cup \ldots$.

Beispiel 68
===========

Die Menge Ω bestehe aus den möglichen Ausgängen eines
Würfelwurfes. Die Elementarereignisse sind also die
Augenzahlen eines Würfels

$$\Omega = \{1,2,3,4,5,6\} .$$

Betrachtet wird der Ereignisring $\mathfrak{S}$, der aus allen
Teilmengen von Ω besteht. Das Wahrscheinlichkeitsfunk-

tional auf $\mathfrak{S}$ sei durch

$$W(\{1\}) = W(\{2\}) = W(\{3\}) = W(\{4\})$$
$$= W(\{5\}) = W(\{6\}) = \frac{1}{6}$$

bestimmt. Aus den Axiomen der Wahrscheinlichkeitsrechnung folgt damit z.B. für die Wahrscheinlichkeit des Ereignisses A = {1,3,5}, d.h. eine ungerade Augenzahl zu würfeln,

$$W(A) = W(\{1,3,5\}) = W(\{1\}) + W(\{3\}) + W(\{5\}) = \frac{1}{2} .$$

Die Wahrscheinlichkeit des Ereignisses $\bar{A}$, d.h. eine gerade Augenzahl zu würfeln, ist

$$W(\bar{A}) = 1 - W(A) = 1 - \frac{1}{2} = \frac{1}{2} .$$

Das Ereignis B = {1,5}, d.h. die Augenzahl 1 oder die Augenzahl 5 zu würfeln, ist in A enthalten, d.h. das Ereignis A tritt immer ein, wenn das Ereignis B eintritt. Es ist

$$W(B) = W(\{1\}) + W(\{5\}) = \frac{1}{3}$$

und damit W(B) < W(A).

Das Ereignis C = {1,2,3,4} hat die Wahrscheinlichkeit $\frac{2}{3}$ und das Ereignis B $\cap$ C = {1} die Wahrscheinlichkeit $\frac{1}{6}$. Für das Ereignis B $\cup$ C = {1,2,3,4,5} ergibt sich

$$W(B \cup C) = W(B) + W(C) - W(B \cap C)$$
$$= \frac{1}{3} + \frac{2}{3} - \frac{1}{6} = \frac{5}{6} .$$

Die Ereignisse A und $\bar{A}$ bilden eine Zerlegung von Ω. Für die Wahrscheinlichkeit des Ereignisses C gilt also

$$W(C) = W(C \cap A) + W(C \cap \bar{A})$$
$$= W(\{1,3\}) + W(\{2,4\})$$
$$= \frac{1}{3} + \frac{1}{3} = \frac{2}{3} .$$

2.3 UNABHÄNGIGE EREIGNISSE

Ist $(\Omega, \mathfrak{S}, W)$ ein Wahrscheinlichkeitsfeld und sind A und B Ereignisse aus $\mathfrak{S}$, dann heißen die Ereignisse A und B unabhängig, wenn

$$W(A \cap B) = W(A)W(B)$$

ist. Werden n Ereignisse

$$A_1, A_2, \ldots, A_n$$

aus $\mathfrak{S}$ betrachtet, dann ist zwischen Unabhängigkeit und paarweiser Unabhängigkeit zu unterscheiden. Die Ereignisse $A_1, A_2, \ldots, A_n$ heißen paarweise unabhängig, wenn je zwei von ihnen unabhängig sind. Die n Ereignisse $A_1, A_2, \ldots, A_n$ heißen unabhängig, wenn für jede Teilmenge

$$\left\{ A_{i_1}, A_{i_2}, \ldots, A_{i_m} \right\} \subseteq \left\{ A_1, A_2, \ldots, A_n \right\}, \qquad m \leq n$$

gilt

$$W(A_{i_1} \cap A_{i_2} \cap \ldots \cap A_{i_m}) = W(A_{i_1})W(A_{i_2}) \ldots W(A_{i_m}) .$$

Beispiel 69
===========

Die Menge Ω bestehe aus den möglichen Ausgängen des Werfens mit zwei Würfeln. Die Elementarereignisse sind also Paare von Augenzahlen

$$(i,k) , \qquad i,k = 1, \ldots, 6 .$$

Der Ereignisring $\mathfrak{S}$ sei die Menge aller Teilmengen von Ω. Durch

$$W(\{(i,k)\}) = \frac{1}{36}$$

ist ein Wahrscheinlichkeitsfunktional gegeben. Die Wahrscheinlichkeit für das Eintreten eines bestimmten

Paares von Augenzahlen ist für alle Paare gleich. Das
Ereignis A, mit dem ersten Würfel die Augenzahl "Fünf"
zu werfen, ist

$$A = \{(i,k)\,|\,i = 5,\ k = 1,\ldots,6\} \in \mathfrak{S}\,.$$

Für die Wahrscheinlichkeit von A ergibt sich

$$W(A) = \sum_{k=1}^{6} W(\{(5,k)\}) = \frac{6}{36} = \frac{1}{6}\,.$$

Das Ereignis B, mit dem zweiten Würfel die Augenzahl
"Drei" zu werfen, ist

$$B = \{(i,k)\,|\,i = 1,\ldots,6,\ k = 3\} \in \mathfrak{S}\,.$$

Für die Wahrscheinlichkeit von B ergibt sich

$$W(B) = \sum_{i=1}^{6} W(\{(i,3)\}) = \frac{6}{36} = \frac{1}{6}\,.$$

Es ist $A \cap B = \{(5,3)\}$ mit

$$W(A \cap B) = W(\{(5,3)\}) = \frac{1}{36} = \frac{1}{6} \cdot \frac{1}{6}\,.$$

Die Ereignisse A und B sind also unabhängig, denn es
ist

$$W(A \cap B) = W(A)W(B)\,.$$

Beispiel 70
============
Es sei $\Omega = \{1,2,3,4,5,6\}$ und $\mathfrak{S}$ die Menge aller Teilmengen von Ω. Durch

$$W(\{i\}) = \begin{cases} \dfrac{1}{3} & \text{für}\ \ i = 2,5,6 \\ 0 & \text{für}\ \ i = 1,3,4 \end{cases}$$

ist ein Wahrscheinlichkeitsfunktional gegeben. Betrachtet werden die Ereignisse $A_1 = \{1,2\}$, $A_2 = \{2,3\}$

und $A_3 = \{3,4\}$. Dann ist

$$W(A_1) = \frac{1}{3}\ , \quad W(A_2) = \frac{1}{3} \quad \text{und} \quad W(A_3) = 0\ .$$

Da $A_1 \cap A_3 = \emptyset$ ist, gilt

$$W(A_1 \cap A_2 \cap A_3) = W(A_1)W(A_2)W(A_3)\ .$$

Die drei Ereignisse sind jedoch nicht unabhängig, denn wegen

$$W(A_1 \cap A_2) = W(\{2\}) = \frac{1}{3}$$

und

$$W(A_1)W(A_2) = \frac{1}{3} \cdot \frac{1}{3} = \frac{1}{9}$$

ist

$$W(A_1 \cap A_2) \neq W(A_1)W(A_2)\ .$$

Beispiel 71
==========

Die Menge Ω bestehe aus den möglichen Ausgängen beim Werfen mit zwei Münzen. Für jede der beiden Münzen gibt es zwei Ausgänge, "Kopf" K und "Adler" A. Damit ist

$$\Omega = \{(K,K),(K,A),(A,K),(A,A)\}\ .$$

Es sei

$$W(\{\omega\}) = \frac{1}{4}\ , \qquad \text{für } \omega \in \Omega\ .$$

A_1 sei das Ereignis, mit der ersten Münze "Kopf" zu werfen,

$$A_1 = \{(K,K),(K,A)\}\ .$$

A_2 sei das Ereignis, mit der zweiten Münze "Kopf" zu werfen,

$$A_2 = \{(K,K),(A,K)\} \ .$$

A_3 sei das Ereignis, mit beiden Münzen denselben Ausgang zu erhalten,

$$A_3 = \{(K,K),(A,A)\} \ .$$

Es ergeben sich folgende Wahrscheinlichkeiten

$$W(A_1) = W(A_2) = W(A_3) = \frac{1}{2}$$

und

$$W(A_1 \cap A_2) = W(A_2 \cap A_3) = W(A_1 \cap A_3) = \frac{1}{4} = \frac{1}{2} \cdot \frac{1}{2} \ ,$$

d.h. die Ereignisse A_1, A_2 und A_3 sind paarweise unabhängig. Die Ereignisse sind jedoch nicht unabhängig, da wegen

$$W(A_1 \cap A_2 \cap A_3) = W(\{(K,K)\}) = \frac{1}{4}$$

und

$$W(A_1)W(A_2)W(A_3) = \frac{1}{2} \cdot \frac{1}{2} \cdot \frac{1}{2} = \frac{1}{8}$$

gilt

$$W(A_1 \cap A_2 \cap A_3) \neq W(A_1)W(A_2)W(A_3) \ .$$

2.4 BEDINGTE WAHRSCHEINLICHKEIT

Es sei $(\Omega,\mathfrak{S},W)$ ein Wahrscheinlichkeitsfeld und B ein bestimmtes Ereignis aus $\mathfrak{S}$ mit $W(B) > 0$. Dann bilden die Ereignisse $(A \cap B)$ mit $A \in \mathfrak{S}$ einen Ereignisring $\mathfrak{S}_B$ von B. Wird jedem Ereignis $(A \cap B)$ aus $\mathfrak{S}_B$ die Zahl

$$\frac{W(A \cap B)}{W(B)} = W_B(A)$$

als Wahrscheinlichkeit zugeordnet, dann ist $(B, \mathfrak{S}_B, W_B)$ ein neues Wahrscheinlichkeitsfeld, in dem das Ereignis B die Wahrscheinlichkeit Eins hat. Für $W_B(A)$ wird im folgenden $W(A|B)$ geschrieben. $W(A|B)$ heißt die <u>durch B bedingte Wahrscheinlichkeit von A</u>. Entsprechend ist die <u>durch A bedingte Wahrscheinlichkeit von B</u> durch

$$W(B|A) = \frac{W(B \cap A)}{W(A)} \, , \qquad W(A) > 0$$

definiert. Wegen $B \cap A = A \cap B$ gilt

$$W(A|B)W(B) = W(B|A)W(A) \, .$$

Sind A und B unabhängige Ereignisse, so gilt

$$W(A|B) = \frac{W(A \cap B)}{W(B)} = \frac{W(A)W(B)}{W(B)} \, ,$$

d.h. es ist dann

$$W(A|B) = W(A) \, .$$

Beispiel 72
===========

20 Kinder verbrachten ein Wochenende in einem Zeltlager. 5 Kinder bekamen einen Sonnenbrand, 8 wurden von Wespen gestochen und 10 kamen ungeschoren nach Hause. Gesucht ist die Wahrscheinlichkeit dafür, daß ein Kind, das Sonnenbrand bekam, nicht auch noch von Wespen gestochen wurde. Die Wahrscheinlichkeiten sind über die relativen Häufigkeiten zu bestimmen.

A sei das Ereignis, einen Sonnenbrand zu bekommen, B das Ereignis, von Wespen gestochen zu werden und $C = \bar{A} \cap \bar{B}$ das Ereignis, weder Sonnenbrand noch Wespenstiche zu bekommen. Dann ist

$$W(A) = \frac{5}{20} \, , \quad W(B) = \frac{8}{20} \quad \text{und} \quad W(C) = \frac{10}{20} \, .$$

Es gilt

$$n[B] = n[B \cap A] + n[B \cap \bar{A}] \; ,$$

$$n[\bar{A}] = n[\bar{A} \cap B] + n[\bar{A} \cap \bar{B}]$$

und damit

$$n[B] - n[\bar{A}] = n[B \cap A] - n[\bar{A} \cap \bar{B}]$$

oder

$$n[A \cap B] = n[B] - n[\bar{A}] + n[C]$$

$$= 8 - 15 + 10 = 3 \; .$$

Die Wahrscheinlichkeit für das Ereignis $A \cap B$ ist also

$$W(A \cap B) = \frac{3}{20} \; .$$

Für die gesuchte bedingte Wahrscheinlichkeit ergibt sich

$$W(\bar{B}|A) = 1 - W(B|A) = 1 - \frac{W(A \cap B)}{W(A)}$$

$$= 1 - \frac{\frac{3}{20}}{\frac{5}{20}} = 1 - \frac{3}{5} = \frac{2}{5} \; .$$

2.5 DIE FORMEL VON BAYES

Es sei $(\Omega, \mathfrak{S}, W)$ ein Wahrscheinlichkeitsfeld, A ein Ereignis aus $\mathfrak{S}$ mit $W(A) > 0$ und $\{B_1, B_2, \ldots\}$ eine Zerlegung von Ω mit $B_i \in \mathfrak{S}$, $W(B_i) > 0$ für $i = 1, 2, \ldots$.

Dann ergibt sich aus

$$W(B_k|A) = \frac{W(B_k \cap A)}{W(A)}$$

wegen

$$W(B_k \cap A) = W(A|B_k)W(B_k)$$

und

$$W(A) = \sum_i W(A \cap B_i)$$

$$= \sum_i (W(A|B_i)W(B_i))$$

die Formel von Bayes

$$W(B_k|A) = \frac{W(A|B_k)W(B_k)}{\sum_i (W(A|B_i)W(B_i))} \ .$$

Diese Formel ermöglicht die Berechnung von Wahrscheinlichkeiten, die durch A bedingt sind, aus Wahrscheinlichkeiten, die durch B bedingt sind.

Beispiel 73
===========

Die drei Töchter Renate, Christa und Gisela haben es
übernommen, jeden Abend das Geschirr zu spülen. Die
Wahrscheinlichkeit, daß Renate, die älteste, abwäscht,
ist 0,6, daß Christa spült, 0,3 und daß Gisela, die
jüngste, spült, 0,1. Die Wahrscheinlichkeit, daß ein
Stück zu Bruch geht, ist bei Renate 0,05, bei Christa
0,2 und bei Gisela 0,1. Die Eltern hören eines Abends
Scherben klirren. Wie groß ist die Wahrscheinlichkeit,
daß Renate gerade spült?

Werden die Ereignisse, daß Renate, Christa oder Gisela
spült, mit R, C und G bezeichnet und bedeutet B das
Ereignis "Bruch", dann gilt für die Wahrscheinlich-

keit, daß Renate gerade spült,

$$W(R|B) = \frac{W(B|R)W(R)}{W(B|R)W(R) + W(B|C)W(C) + W(B|G)W(G)}$$

$$= \frac{0,05\cdot0,6}{0,05\cdot0,6 + 0,2\cdot0,3 + 0,1\cdot0,1} = \frac{3}{10}\ .$$

3. ZUFALLSVARIABLEN

3.1 DEFINITIONEN

Gegeben ist ein Wahrscheinlichkeitsfeld $(\Omega,\mathfrak{S},W)$. Betrachtet wird eine Abbildung

$$X : \Omega \to \mathfrak{R},$$

die jedem Elementarereignis $\omega \in \Omega$ eine reelle Zahl

$$x = X(\omega)$$

zuordnet.

Beispiel 74
===========

Ω bestehe aus 100 Werkstücken. Jedem Werkstück, das den Anforderungen der Qualitätskontrolle genügt, wird die Zahl 1 zugeordnet. Genügt ein Werkstück der Qualitätskontrolle nicht, so erhält es die Zahl 0. Damit ist eine Abbildung $X: \Omega \to \mathfrak{R}$ definiert.

Beispiel 75
===========

Bei einem Würfelspiel erhält der Spieler beim Werfen der Augenzahl "Sechs" einen Gewinn von fünf DM. Er muß dagegen bei den Ausgängen "Fünf", "Vier", "Drei" und

"Zwei" je eine DM bezahlen, bei dem Ausgang "Eins" erhält er nichts und muß auch nichts bezahlen. Wird jeder Augenzahl der korrespondierende Gewinn (bzw. Verlust) zugeordnet, so ergibt sich folgende Abbildung von Ω in $\Re$

$$X(\omega) = \begin{cases} 0 & \text{für} \quad \omega = 1 \\ -1 & \text{für} \quad \omega = 2,3,4,5 \\ +5 & \text{für} \quad \omega = 6 \ . \end{cases}$$

Eine Abbildung X der Menge der Elementarereignisse in die Menge der reellen Zahlen

$$X : \Omega \rightarrow \Re \ ,$$

bei der für jedes $y \in \Re$ die Menge

$$I_y = \{\omega \mid X(\omega) \le y\}$$

ein Ereignis, d.h. ein Element aus $\mathfrak{S}$ ist,

$$I_y \in \mathfrak{S} \text{ für alle } y \in \Re$$

heißt Zufallsvariable.

Zufallsvariablen werden in der Regel mit großen Buchstaben bezeichnet. Die Realisationen x der Zufallsvariablen X heißen <u>Zufallswerte</u> und die Menge

$$S = \{x \mid x = X(\omega), \ \omega \in \Omega\}$$

heißt <u>Menge der Zufallswerte</u> von X.

$$X \le y$$

bezeichnet zunächst die Menge der Zahlen $x = X(\omega)$, für die $X(\omega) \le y$ ist. Damit bezeichnet

$$X \le y$$

aber auch die Menge der Elementarereignisse

$$\{\omega \mid X(\omega) \le y\} = I_y \in \mathfrak{S}.$$

Im folgenden soll die Relation

$$X \leq y$$

immer das Ereignis I_y bezeichnen. Entsprechend bezeichnet z.B. die Relation

$$a < X \leq b , \qquad a,b \in \Re, \ a < b$$

das Ereignis

$$\{\omega | a < X(\omega) \leq b\} .$$

Die für jede reelle Zahl y durch das Wahrscheinlichkeitsfunktional W definierte Funktion

$$F(y) = W(I_y) = W(X \leq y)$$

heißt Verteilungsfunktion der Zufallsvariablen X. Für ein bestimmtes y ist F(y) also die Wahrscheinlichkeit für das Ereignis X ≤ y.

Beispiel 76
============

Es sei Ω eine Menge von Werkstücken, A sei die Menge der defekten Werkstücke aus Ω und $\overline{A}$ die Menge der nicht defekten Werkstücke.

$$\mathfrak{S} = \{\emptyset, A, \overline{A}, \Omega\}$$

ist ein Ereignisring von Ω. Durch W(A) = 0,2 ist ein Wahrscheinlichkeitsfunktional auf $\mathfrak{S}$ bestimmt

$$W(\emptyset) = 0$$

$$W(A) = 0,2$$

$$W(\overline{A}) = 0,8$$

$$W(\Omega) = 1 .$$

Wird den defekten Werkstücken die Zahl 0 und den nicht defekten Werkstücken die Zahl 1 zugeordnet, dann gilt für diese Abbildung $X: \Omega \to \mathfrak{R}$

$$X(\omega) = \begin{cases} 0 & \text{für} \quad \omega \in A \\ 1 & \text{für} \quad \omega \in \bar{A} \, , \end{cases}$$

und es ist

$$S = \{x \mid x = X(\omega), \omega \in \Omega\} = \{0,1\} \, .$$

Es gilt

$$I_y = \{\omega \mid X(\omega) \leq y\} = \begin{cases} \emptyset & \text{für} \quad -\infty < y < 0 \\ A & \text{für} \quad 0 \leq y < 1 \\ \Omega & \text{für} \quad 1 \leq y < \infty \, , \end{cases}$$

d.h. für jedes y aus $\mathfrak{R}$ gilt $I_y \in \mathfrak{S}$, mit

$$W(I_y) = \begin{cases} W(\emptyset) = 0 & \text{für} \quad -\infty < y < 0 \\ W(A) = 0,2 & \text{für} \quad 0 \leq y < 1 \\ W(\Omega) = 1 & \text{für} \quad 1 \leq y < \infty \, . \end{cases}$$

Die Variable X von S ist eine Zufallsvariable, da für jedes $y \in \mathfrak{R}$ das Ereignis $X \leq y$ zu $\mathfrak{S}$ gehört. Für die Verteilungsfunktion von X gilt

$$F(y) = \begin{cases} 0 & \text{für} \quad -\infty < y < 0 \\ 0,2 & \text{für} \quad 0 \leq y < 1 \\ 1 & \text{für} \quad 1 \leq y < \infty \, . \end{cases}$$

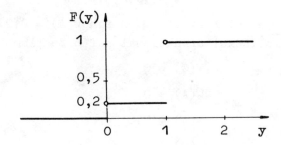

Verteilungsfunktionen haben die folgenden Eigenschaften

(1) $F(y)$ steigt monoton ,

(2) $\lim_{y \to -\infty} F(y) = F(-\infty) = 0$,

(3) $\lim_{y \to \infty} F(y) = F(\infty) = 1$,

(4) $F(y)$ ist rechtsseitig stetig und links-
     seitig konvergent.

Für die Wahrscheinlichkeit des Ereignisses

$$a < X \leq b$$

ergibt sich

$$W(a < X \leq b) = F(b) - F(a) \ .$$

Jede Zahl y_α mit

$$F(y_\alpha) = \alpha$$

heißt α-Punkt der Verteilungsfunktion F(y) oder
α-Punkt der Zufallsvariablen X.

Beispiel 77
============

Die Menge Ω bestehe aus den möglichen Ausgängen eines
Würfelwurfes $\Omega = \{1,2,3,4,5,6\}$. $\mathfrak{S}$ sei die Menge aller
Teilmengen von Ω und das Wahrscheinlichkeitsfunktio-
nal W durch

$$W(\{i\}) = \frac{1}{6} , \qquad i = 1,2,\ldots,6$$

bestimmt. Durch die Abbildung

$$X(i) = i , \qquad i = 1,2,\ldots,6$$

ist eine Zufallsvariable X definiert. Die Menge der
Zufallswerte ist $S = \{1,2,3,4,5,6\}$. Für die Vertei-

lungsfunktion von X ergibt sich

$$F(y) = \begin{cases} 0 & \text{für} & -\infty < y < 1 \\ \frac{1}{6} & \text{für} & 1 \leq y < 2 \\ \frac{2}{6} & \text{für} & 2 \leq y < 3 \\ \frac{3}{6} & \text{für} & 3 \leq y < 4 \\ \frac{4}{6} & \text{für} & 4 \leq y < 5 \\ \frac{5}{6} & \text{für} & 5 \leq y < 6 \\ 1 & \text{für} & 6 \leq y < \infty \ . \end{cases}$$

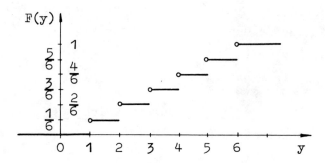

Die Wahrscheinlichkeit des Ereignisses

$$1,3 < X \leq 4,6$$

ist

$$W(1,3 < X \leq 4,6) = F(4,6) - F(1,3) = \frac{4}{6} - \frac{1}{6} = \frac{1}{2} \ .$$

Ist $\alpha = \frac{1}{3}$, so ist jeder Punkt des Intervalls $[2;3)$ ein 0,33 Punkt der Zufallsvariablen X. Für $\alpha = 0,9$ gibt es bei dieser Verteilung keinen α-Punkt.

Eine bestimmte Zufallsvariable ist entweder durch ein Wahrscheinlichkeitsfeld $(\Omega, \mathfrak{S}, W)$ und eine Abbildung $X: \Omega \rightarrow \mathfrak{R}$ oder durch eine Verteilungsfunktion gegeben. Eine durch eine Verteilungsfunktion beschriebene Zufallsvariable heißt <u>Verteilung</u>.

3.2 DISKRETE VERTEILUNGEN

Ist die Menge S der Zufallswerte einer bestimmten Zufallsvariablen X diskret

$$S = \{x_1, x_2, \ldots\} \ ,$$

so heißt die Verteilung dieser Zufallsvariablen <u>diskrete Verteilung</u>. Bei einer diskreten Verteilung wird stets angenommen, daß die Zufallswerte $x_1, x_2, \ldots$ der Größe nach numeriert sind.

Die durch die Wahrscheinlichkeiten

$$w_i = W(X = x_i)$$

definierte Abbildung

$$w: S \rightarrow \mathfrak{R}$$

heißt <u>Wahrscheinlichkeitsfunktion</u> der diskreten Verteilung. Für die zugehörige Verteilungsfunktion ergibt sich

$$F(y) = \sum_{i \mid x_i \leq y} w_i \ .$$

$F(y)$ ist eine Treppenfunktion mit den Sprungstellen $x_1, x_2, \ldots$. Die Sprunghöhe an der Stelle x_i ist gleich der Wahrscheinlichkeit w_i des Ereignisses $X = x_i$. Es ist

$$F(\infty) = \sum_{i} w_i = 1 \ .$$

Beispiel 78
============

Die Verteilung in Beispiel 77 ist eine diskrete Verteilung. Die Sprunghöhe der Verteilungsfunktion an
der Stelle

$$y = i \, , \qquad i = 1,2,\ldots,6$$

ist gleich der Wahrscheinlichkeit $w_i = \frac{1}{6}$ des Ereignisses

$$X = i \, , \qquad i = 1,2,\ldots,6.$$

Zum Beispiel ist

$$F(5) = \sum_{i \mid i \leq 5} w_i = \frac{5}{6} \, .$$

Beispiel 79
============

Die Verteilung in Beispiel 65 ist eine diskrete Verteilung. Die Sprunghöhe an der Stelle

$$y = i \, , \qquad i = 1,2,\ldots$$

ist gleich der Wahrscheinlichkeit

$$w_i = \frac{1}{2^i} \, , \qquad i = 1,2,\ldots$$

des Ereignisses

$$X = i \, , \qquad i = 1,2,\ldots \, .$$

Zum Beispiel ist

$$F(3) = \sum_{i \mid i \leq 3} w_i = \sum_{i \mid i \leq 3} \frac{1}{2^i} = \frac{7}{8} \, .$$

Eine Zufallsvariable X mit den Zufallswerten
0,1,2,...,n und der Wahrscheinlichkeitsfunktion

$$w_i = \binom{n}{i} p^i (1-p)^{n-i} \ , \qquad \begin{matrix} i = 0,1,2,\dots,n \\ 0 < p < 1 \end{matrix}$$

heißt __Binomialverteilung__ oder B(n;p)-verteilt. Für die
Summe der Wahrscheinlichkeiten w_i gilt (vgl. Kap. I,
5.2)

$$\sum_{i=o}^{n} w_i = \sum_{i=o}^{n} \binom{n}{i} p^i (1-p)^{n-i} = (p+(1-p))^n = 1 \ .$$

In den Tabellen 2 bis 11 sind die Funktionswerte der
Wahrscheinlichkeitsfunktion und der Verteilungsfunk-
tion der Binomialverteilung B(n;p) für verschiedene
Werte von n und p zusammengestellt.

Beispiel 80
===========
Die Zufallsvariable X sei B(6; 0,3)-verteilt. Zu bestimmen sind

$$W(-\infty < X \leq 5)$$

$$W(X = 4)$$

$$W(X \in \{2,4,6\})$$

$$W(3 < X \leq 5) \ .$$

Mit den Tabellen 6 und 7 ergibt sich

$W(-\infty < X \leq 5) = 0{,}9993$

$W(X = 4) \qquad = 0{,}0595$

$W(X \in \{2,4,6\}) = W(X=2) + W(X=4) + W(X=6)$

$\qquad\qquad\qquad = 0{,}3241 + 0{,}0595 + 0{,}0007$

$\qquad\qquad\qquad = 0{,}3843$

$W(3 < X \leq 5) \ = 0{,}9993 - 0{,}9295 = 0{,}0698 \ .$

Eine Zufallsvariable X mit den Zufallswerten
0,1,2,... und der Wahrscheinlichkeitsfunktion

$$w_i = \frac{\lambda^i}{i!} e^{-\lambda} \ , \qquad i = 0,1,2,\ldots, \ \lambda > 0$$

heißt <u>Poissonverteilung</u> oder <u>P(λ)-verteilt</u>. Für die
Summe der Wahrscheinlichkeiten w_i gilt (vgl. Kap. I,
3.4)

$$\sum_{i=o}^{\infty} w_i = \sum_{i=o}^{\infty} \frac{\lambda^i}{i!} e^{-\lambda} = 1 \ .$$

In den Tabellen 12 und 13 sind die Funktionswerte der
Wahrscheinlichkeitsfunktion und der Verteilungsfunktion der Poissonverteilung P(λ) für verschiedene Werte von λ zusammengestellt.

Beispiel 81
===========
Die Zufallsvariable X sei P(4)-verteilt. Zu bestimmen
sind

$$W(-\infty < X \leq 8)$$

$$W(X = 6)$$

$$W(X \in \{2,4,6\})$$

$$W(2 < X \leq 8) \ .$$

Mit den Tabellen 12 und 13 ergibt sich

$$W(-\infty < X \leq 8) \quad = 0,9786$$

$$W(X = 6) \qquad\quad = 0,1042$$

$$W(X \in \{2,4,6\}) = W(X=2) + W(X=4) + W(X=6)$$

$$= 0,1465 + 0,1954 + 0,1042$$

$$= 0,4461$$

$$W(2 < X \leq 8) \quad = 0,9786 - 0,2381 = 0,7405 \ .$$

3.3 KONTINUIERLICHE VERTEILUNGEN

Ist die Menge S der Zufallswerte einer bestimmten Zufallsvariablen X ein Intervall $S = I \subseteq \mathfrak{R}$ (vgl. Kap. I,
1.2) und läßt sich die Verteilungsfunktion F(y) von X
als uneigentliches Integral der Form

$$F(y) = \int_{-\infty}^{y} f(\eta)d\eta$$

darstellen, dann heißt die Verteilung dieser Zufallsvariablen <u>kontinuierliche Verteilung</u>. Die Funktion
f(y) heißt <u>Dichtefunktion</u> dieser Verteilung. Es gilt

$$\int_{-\infty}^{\infty} f(\eta)d\eta = F(\infty) = 1 .$$

Für die Wahrscheinlichkeit des Ereignisses $(a < X \le b)$
ergibt sich (vgl. Kap. I, 4.5)

$$W(a < X \le b) = \int_{a}^{b} f(\eta)d\eta = F(b) - F(a) .$$

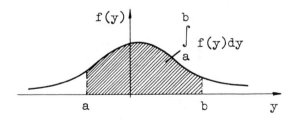

Für kontinuierliche Verteilungen gilt stets

$$W(a < X \leq b) = W(a \leq X \leq b)$$
$$= W(a < X < b)$$
$$= W(a \leq X < b) \ .$$

Eine Zufallsvariable X mit der Menge der Zufallswerte
S = [a;b] und der Dichtefunktion

$$f(y) = \begin{cases} 0 & \text{für} \quad -\infty < y < a \\ \dfrac{1}{b-a} & \text{für} \quad a \leq y \leq b \\ 0 & \text{für} \quad b < y < \infty \end{cases}$$

heißt Rechteck- oder Gleichverteilung im Intervall
[a;b]. Die Verteilungsfunktion ist

$$F(y) = \begin{cases} 0 & \text{für} \quad -\infty < y < a \\ \dfrac{y-a}{b-a} & \text{für} \quad a \leq y \leq b \\ 1 & \text{für} \quad b < y < \infty \ . \end{cases}$$

Beispiel 82
===========

Die Zufallsvariable X sei im Intervall [0;1] gleichverteilt. Dann hat X die Dichtefunktion

$$f(y) = \begin{cases} 0 & \text{für} \quad -\infty < y < 0 \\ 1 & \text{für} \quad 0 \leq y \leq 1 \\ 0 & \text{für} \quad 1 < y < \infty \end{cases}$$

und die Verteilungsfunktion

$$F(y) = \begin{cases} 0 & \text{für} \quad -\infty < y < 0 \\ y & \text{für} \quad 0 \leq y \leq 1 \\ 1 & \text{für} \quad 1 < y < \infty \ . \end{cases}$$

Für die Wahrscheinlichkeit des Ereignisses

$(0,2 \leq X \leq 0,7)$ ergibt sich

$$W(0,2 \leq X \leq 0,7) = F(0,7) - F(0,2)$$
$$= 0,7 - 0,2 = 0,5 .$$

Die Zahl 0,99 ist ein 0,99-Punkt dieser Verteilung, da $F(0,99) = 0,99$ ist.

Eine Zufallsvariable X mit der Menge der Zufallswerte $S = \Re$ und der Dichtefunktion

$$f(y) = \frac{1}{\sigma \sqrt{2\pi}} e^{-\frac{1}{2} \left(\frac{y-\mu}{\sigma}\right)^2} \qquad \mu, \sigma \in \Re, \ \sigma > 0$$

heißt Normalverteilung oder $N(\mu;\sigma)$-verteilt. Ist eine Zufallsvariable $N(0;1)$-verteilt, dann heißt sie standardisierte Normalverteilung. Ihre Dichtefunktion ist

$$f(y) = \frac{1}{\sqrt{2\pi}} e^{-\frac{1}{2} y^2} .$$

In der Tabelle 14 sind Funktionswerte der Verteilungsfunktion einer $N(0;1)$-Verteilung zusammengestellt.

Beispiel 83
============
Die Zufallsvariable X sei $N(0;1)$-verteilt. Zu bestimmen sind

$$W(-1 \leq X \leq 1)$$
$$W(-2 \leq X \leq 2)$$
$$W(-3 \leq X \leq 3)$$

und der 0,9901-Punkt dieser Verteilung.

155

Aus der Tabelle 14 ergibt sich

$$W(-1 \leq X \leq 1) = F(1) - F(-1)$$
$$= 0,8413 - 0,1587 = 0,6826$$
$$W(-2 \leq X \leq 2) = F(2) - F(-2)$$
$$= 0,9772 - 0,0228 = 0,9544$$
$$W(-3 \leq X \leq 3) = F(3) - F(-3)$$
$$= 0,9987 - 0,0013 = 0,9974 \ .$$

Aus der Tabelle ergibt sich für den 0,9901-Punkt der Wert 2,33.

3.4 MEHRDIMENSIONALE VERTEILUNGEN

Gegeben ist ein Wahrscheinlichkeitsfeld $(\Omega, \mathfrak{S}, W)$. Betrachtet werden zwei Abbildungen

$$X_1 : \ \Omega \rightarrow \mathfrak{R}$$
$$X_2 : \ \Omega \rightarrow \mathfrak{R} \ ,$$

die jedem Elementarereignis ω ein Zahlenpaar

$$(x_1, x_2) = (X_1(\omega), X_2(\omega))$$

zuordnen. Die Variable (X_1, X_2) der Menge der Zahlenpaare

$$S = \{(x_1, x_2) \mid (x_1, x_2) = (X_1(\omega), \ X_2(\omega)), \ \omega \in \Omega\}$$

heißt zweidimensionale Zufallsvariable, wenn für jedes Zahlenpaar (y_1, y_2) die Menge von Elementarereignissen

$$I_{y_1 y_2} = \{\omega \mid X_1(\omega) \leq y_1 \ , \ X_2(\omega) \leq y_2 \ , \ \omega \in \Omega\}$$

ein Ereignis aus $\mathfrak{S}$ ist

$$I_{y_1 y_2} \in \mathfrak{S} \ , \quad \text{für alle } (y_1, y_2) \in \mathfrak{R}^2 \ .$$

Die Realisationen (x_1,x_2) der Zufallsvariablen (X_1,X_2) heißen Zufallswerte und S Menge der Zufallswerte der zweidimensionalen Zufallsvariablen (X_1,X_2).

Die für jedes Zahlenpaar (y_1,y_2) durch das Wahrscheinlichkeitsfunktional W definierte reelle Funktion zweier Variablen

$$F(y_1,y_2) = W(I_{y_1y_2})$$

$$= W(\{\omega | X_1(\omega) \leq y_1, \; X_2(\omega) \leq y_2, \; \omega \in \Omega\})$$

$$= W(X_1 \leq y_1, \; X_2 \leq y_2)$$

heißt <u>Verteilungsfunktion der zweidimensionalen Zufallsvariablen</u> (X_1,X_2). Eine durch eine Verteilungsfunktion $F(y_1,y_2)$ beschriebene zweidimensionale Zufallsvariable (X_1,X_2) heißt <u>zweidimensionale Verteilung</u>.

Für ein bestimmtes $(y_1,y_2) \in \mathfrak{R}^2$ ist $F(y_1,y_2)$ die Wahrscheinlichkeit des Ereignisses

$$X_1 \leq y_1, \; X_2 \leq y_2 \; .$$

Für jedes $y_1 \in \mathfrak{R}$ ist die Zahl

$$\lim_{y_2 \to \infty} F(y_1,y_2) = F(y_1,\infty)$$

die Wahrscheinlichkeit des Ereignisses

$$\{\omega | X_1(\omega) \leq y_1, \; X_2(\omega) < \infty\} = \{\omega | X_1(\omega) \leq y_1\} = I_{y_1} \; .$$

Damit ist die Funktion $F(y_1,\infty)$ die Verteilungsfunktion $F_1(y_1)$ der durch die Abbildung X_1 definierten Zufallsvariablen X_1

$$F(y_1,\infty) = F_1(y_1) \; .$$

Entsprechend ist die Funktion $F(\infty,y_2)$ die Verteilungsfunktion $F_2(y_2)$ der durch die Abbildung X_2 definierten

Zufallsvariablen X_2

$$F(\infty, y_2) = F_2(y_2) \ .$$

Das bedeutet aber, daß die zweidimensionale Zufallsvariable (X_1, X_2) als ein Paar von zwei Zufallsvariablen X_1 und X_2 aufgefaßt werden kann. Die Verteilungsfunktion $F(y_1, y_2)$ heißt daher auch gemeinsame Verteilungsfunktion der beiden Zufallsvariablen X_1 und X_2.
Die durch die Verteilungsfunktionen $F_1(y_1)$ und $F_2(y_2)$
beschriebenen Verteilungen heißen Randverteilungen der
gemeinsamen Verteilung.

Ist die Menge S der Zufallswerte einer zweidimensionalen Zufallsvariablen (X_1, X_2) höchstens abzählbar,
so heißt diese Verteilung diskret. Hier werden nur
solche diskrete zweidimensionalen Verteilungen betrachtet, bei denen die Menge S das Produkt der beiden
Mengen S_1 und S_2 der Zufallswerte der beiden diskreten
Zufallsvariablen X_1 und X_2 ist

$$S = S_1 \times S_2 = \{(x_{1i}, x_{2k}) | x_{1i} \in S_1, \ x_{2k} \in S_2\} \ .$$

Die durch die Wahrscheinlichkeiten

$$w_{ik} = W(X_1 = x_{1i}, \ X_2 = x_{2k})$$

definierte Abbildung

$$w\colon S \to \Re$$

heißt gemeinsame Wahrscheinlichkeitsfunktion der beiden diskreten Zufallsvariablen X_1 und X_2. Für die gemeinsame Verteilungsfunktion ergibt sich

$$F(y_1, y_2) = \sum_i \sum_k w_{ik} \ ,$$

wobei über diejenigen i und k zu summieren ist, für

die gilt

$$x_{1i} \leq y_1$$
$$x_{2k} \leq y_2 \; .$$

Die Wahrscheinlichkeitsfunktionen der Randverteilungen sind

$$W(X_1 = x_{1i}) = \sum_k w_{ik} = w_{i*}$$

und

$$W(X_2 = x_{2k}) = \sum_i w_{ik} = w_{*k} \; .$$

Dabei ist über alle i bzw. k zu summieren.

Beispiel 84
===========

Die Menge Ω der Elementarereignisse bestehe aus den möglichen Paaren von Augenzahlen beim Werfen mit einem roten und einem blauen Würfel

$$\Omega = \{(i,k) \mid i,k = 1,\ldots,6\} \; .$$

i sei die Augenzahl des roten und k die Augenzahl des blauen Würfels. $\mathfrak{S}$ sei die Menge aller Teilmengen von Ω, und es sei

$$W(\{(i,k)\}) = \frac{1}{36} \; , \qquad \text{für } i,k = 1,\ldots,6.$$

Durch die Abbildungen

$$X_1((i,k)) = i \; , \qquad\qquad i,k = 1,\ldots,6$$

und

$$X_2((i,k)) = k, \qquad\qquad i,k = 1,\ldots,6$$

ist eine zweidimensionale Zufallsvariable (X_1,X_2) definiert. Es ist

$$S = \{(i,k) \mid i,k = 1,\ldots,6\}$$

und

$$w_{ik} = W(X_1 = i, X_2 = k) = W(\{(i,k)\}) = \frac{1}{36} .$$

Damit ergibt sich für die gemeinsame Verteilungsfunktion

$$F(y_1,y_2) = \sum_{i \leq y_1} \sum_{k \leq y_2} w_{ik} .$$

Für die Randverteilungen ergibt sich

$$F_1(y_1) = \sum_{i \leq y_1} \sum_k w_{ik} = \sum_{i \leq y_1} w_{i*}$$

$$F_2(y_2) = \sum_{k \leq y_2} \sum_i w_{ik} = \sum_{k \leq y_2} w_{*k} .$$

Es ist

$$w_{i*} = W(\{(i,k) \mid k = 1,\ldots,6\})$$

$$= \sum_{k=1}^{6} W(\{(i,k)\}) = 6 \cdot \frac{1}{36} = \frac{1}{6}$$

und entsprechend

$$w_{*k} = \frac{1}{6} .$$

Die Wahrscheinlichkeit des Ereignisses, mit dem roten Würfel eine gerade Zahl und mit dem blauen Würfel eine ungerade Zahl zu werfen, ist

$$W(X_1 \in \{2,4,6\}, X_2 \in \{1,3,5\})$$

$$= W(\{(2,1),(2,3),(2,5),(4,1),(4,3),(4,5),$$
$$(6,1),(6,3),(6,5)\})$$

$$= w_{21} + w_{23} + w_{25} + w_{41} + w_{43} + w_{45} + w_{61}$$
$$+ w_{63} + w_{65}$$

$$= 9 \cdot \frac{1}{36} = \frac{1}{4} \;.$$

Für die Wahrscheinlichkeit des Ereignisses, mit keinem der beiden Würfel mehr als "Zwei" zu werfen, ergibt sich

$$F(2,2) = W(X_1 \leq 2, X_2 \leq 2)$$

$$= W(\{(1,1),(1,2),(2,1),(2,2)\})$$

$$= w_{11} + w_{12} + w_{21} + w_{22}$$

$$= 4 \cdot \frac{1}{36} = \frac{1}{9} \;.$$

Ist die Menge S der Zufallswerte einer zweidimensionalen Zufallsvariablen (X_1,X_2) ein zweidimensionales Intervall und läßt sich die Verteilungsfunktion $F(y_1,y_2)$ von (X_1,X_2) durch ein zweifaches uneigentliches Integral der Form

$$F(y_1,y_2) = \int\limits_{-\infty}^{y_2} \int\limits_{-\infty}^{y_1} f(\eta_1,\eta_2)d\eta_1 d\eta_2$$

darstellen, dann heißt die Verteilung dieser Zufallsvariablen <u>kontinuierliche zweidimensionale Verteilung</u>. Die Funktion $f(y_1,y_2)$ heißt <u>gemeinsame Dichtefunktion</u> der beiden Zufallsvariablen X_1 und X_2. Die Verteilungsfunktionen der zugehörigen Randverteilungen sind

$$F_1(y_1) = \int\limits_{-\infty}^{\infty} \int\limits_{-\infty}^{y_1} f(\eta_1,\eta_2)d\eta_1 d\eta_2$$

und

$$F_2(y_2) = \int\limits_{-\infty}^{y_2} \int\limits_{-\infty}^{\infty} f(\eta_1,\eta_2)d\eta_1 d\eta_2 \ .$$

Entsprechend sind n-dimensionale Zufallsvariablen $(X_1,X_2,\ldots,X_n)$ und die zugehörigen gemeinsamen Verteilungsfunktionen

$$F(y_1,\ldots,y_n) = W(\{\omega|X_i(\omega) \le y_i, \ i = 1,\ldots,n\})$$

definiert. Im Falle einer diskreten Verteilung gibt es eine gemeinsame Wahrscheinlichkeitsfunktion

$$w_{i_1,\ldots,i_n} = W(X_1 = x_{1i_1},\ldots,X_n = x_{ni_n})$$

und im Falle einer kontinuierlichen Verteilung eine gemeinsame Dichtefunktion $f(y_1,y_2,\ldots,y_n)$ mit

$$F(y_1,\ldots,y_n) = \int\limits_{-\infty}^{y_n} \ldots \int\limits_{-\infty}^{y_1} f(\eta_1,\ldots,\eta_n)d\eta_1 \ldots d\eta_n \ .$$

Eine zweidimensionale Zufallsvariable (X,X^*) mit der gemeinsamen Dichtefunktion

$$f(y,y^*) = \frac{1}{2\pi\sigma\sigma^*\sqrt{1-\rho^2}} \ e^{-\frac{1}{2(1-\rho^2)}\left[(\frac{y-\mu}{\sigma})^2 - 2\rho(\frac{y-\mu}{\sigma})(\frac{y^*-\mu^*}{\sigma^*}) + (\frac{y^*-\mu^*}{\sigma^*})^2\right]}$$

heißt zweidimensionale Normalverteilung oder $N(\mu;\mu^*;\sigma;\sigma^*;\rho)$-verteilt.

3.5 UNABHÄNGIGKEIT VON ZUFALLSVARIABLEN

Betrachtet werden ein Wahrscheinlichkeitsfeld $(\Omega, \mathfrak{S}, W)$ und zwei Zufallsvariablen X_1 und X_2 mit der gemeinsamen Verteilungsfunktion $F(y_1, y_2)$. Läßt sich die gemeinsame Verteilungsfunktion in der Form

$$F(y_1, y_2) = F_1(y_1) F_2(y_2)$$

darstellen, dann sind die Ereignisse I_{y_1} und I_{y_2} für alle $(y_1, y_2) \in \mathfrak{R}^2$ unabhängig. Deshalb heißen die beiden Zufallsvariablen unabhängig.

Zwei diskrete Verteilungen sind genau dann unabhängig, wenn gilt

$$w_{ik} = w_{i*} w_{*k} \; .$$

Beispiel 85
===========
Für die beiden Zufallsvariablen X_1 und X_2 der gemeinsamen Verteilung (X_1, X_2) aus Beispiel 84 ist

$$
\begin{aligned}
w_{ik} &= \frac{1}{36} \\
&= \frac{1}{6} \cdot \frac{1}{6} \\
&= w_{i*} w_{*k} \; , \qquad i, k = 1, \ldots, 6 \; .
\end{aligned}
$$

Die beiden Zufallsvariablen X_1 und X_2 sind also unabhängig.

Zwei kontinuierliche Verteilungen sind genau dann unabhängig, wenn sich die gemeinsame Dichtefunktion in der Form

$$f(y_1, y_2) = f_1(y_1) f_2(y_2)$$

darstellen läßt.

Werden n Zufallsvariablen $X_1,\ldots,X_n$ betrachtet, dann ist zwischen Unabhängigkeit und paarweiser Unabhängigkeit zu unterscheiden. Die Zufallsvariablen $X_1,\ldots,X_n$ heißen __paarweise unabhängig__, wenn je zwei von ihnen unabhängig sind. Die Zufallsvariablen heißen __unabhängig__, wenn sich ihre Verteilungsfunktion $F(y_1,\ldots,y_n)$ in der Form

$$F(y_1,\ldots,y_n) = F_1(y_1)F_2(y_2) \ldots F_n(y_n)$$

darstellen läßt. Die Ereignisse $I_{y_1},I_{y_2},\ldots,I_{y_n}$ sind dann für alle $(y_1,\ldots,y_n) \in \mathfrak{R}^n$ unabhängig. Sind die Zufallsvariablen $X_1,\ldots,X_n$ unabhängig, dann ist auch jede Teilmenge dieser Zufallsvariablen unabhängig.

Bei n unabhängigen diskreten Zufallsvariablen ist ihre gemeinsame Wahrscheinlichkeitsfunktion das Produkt der Wahrscheinlichkeitsfunktionen der Randverteilungen und bei n unabhängigen kontinuierlichen Zufallsvariablen ist ihre gemeinsame Dichtefunktion das Produkt der Dichtefunktionen der Randverteilungen.

Beispiel 86
===========

Die Menge Ω bestehe aus den möglichen Ausgängen eines Würfelwurfs $\Omega = \{1,2,\ldots,6\}$. Das Wahrscheinlichkeitsfunktional sei durch

$$W(\{i\}) = \frac{1}{6}, \qquad i = 1,\ldots,6$$

bestimmt. Durch die Abbildungen

$$X_1(i) = i, \qquad i = 1,\ldots,6$$

und

$$X_2(i) = i^2, \qquad i = 1,\ldots,6$$

sind zwei Zufallsvariablen X_1 und X_2 definiert. Diese beiden Zufallsvariablen sind nicht unabhängig. Ist nämlich z.B. $(y_1,y_2) = (3,3)$, dann ergibt sich für die

Ereignisse I_{y_1} und I_{y_2}

$$I_{y_1} = \{i \mid i \leq 3\} = \{1,2,3\}$$

$$I_{y_2} = \{i \mid i^2 \leq 3\} = \{1\} \ .$$

Beide Ereignisse sind nicht unabhängig, denn wegen

$$W(I_{y_1} \cap I_{y_2}) = W(\{1\}) = \frac{1}{6}$$

und

$$W(I_{y_1})W(I_{y_2}) = W(\{1,2,3\})W(\{1\}) = \frac{1}{2} \cdot \frac{1}{6} = \frac{1}{12}$$

ist

$$W(I_{y_1} \cap I_{y_2}) \neq W(I_{y_1})W(I_{y_2}) \ .$$

3.6 FUNKTIONEN VON ZUFALLSVARIABLEN

Es sei $(\Omega, \mathfrak{S}, W)$ ein Wahrscheinlichkeitsfeld und $X_1, X_2, \ldots, X_n$ durch $X_1(\omega), X_2(\omega), \ldots, X_n(\omega)$ definierte Zufallsvariablen. Ist

$$x = h(x_1, \ldots, x_n)$$

eine stetige reelle Funktion von n Variablen, dann ist dadurch eine Abbildung

$$h\colon \Omega \to \mathfrak{R}$$

gegeben, die jedem $\omega \in \Omega$ die Zahl

$$h(\omega) = h(X_1(\omega), \ldots, X_n(\omega))$$

zuordnet, wenn die Funktion $h(x_1, \ldots, x_n)$ für jedes $(X_1(\omega), \ldots, X_n(\omega))$ mit $\omega \in \Omega$ erklärt ist. Die Variable

$$X = h(X_1, \ldots, X_n)$$ der Zahlenmenge

$$S = \{x \mid x = h(\omega), \omega \in \Omega\}$$

ist wieder eine Zufallsvariable, wenn für jedes $y \in \Re$ die Menge von Elementarereignissen

$$\{\omega \mid h(\omega) \leq y\}$$

zu $\mathfrak{S}$ gehört.

Insbesondere sind Summen und Produkte von Zufallsvariablen und der Quotient zweier Zufallsvariablen wieder Zufallsvariablen. Ist X eine Zufallsvariable, dann sind auch

$$a + X , \qquad a \in \Re$$

und

$$bX , \qquad b \in \Re$$

wieder Zufallsvariablen.

Beispiel 87
============
In Beispiel 84 ist

$$X_1 = i$$

das Ereignis, mit dem roten Würfel i und

$$X_2 = k$$

das Ereignis, mit dem blauen Würfel k Augen zu werfen. Dann ist

$$Z = X_1 + X_2 = j$$

das Ereignis, mit beiden Würfeln die Summe j zu werfen. Die Menge der Zufallswerte von Z ist

$$\{2, 3, \ldots, 12\} .$$

Die Wahrscheinlichkeitsfunktion von Z ist

$$w_j = W(Z = j) = \sum_{i+k=j} w_{ik} , \qquad j = 2,3,\ldots,12 .$$

Zum Beispiel ist

$$w_5 = W(Z = 5) = w_{14} + w_{23} + w_{32} + w_{41} = \frac{4}{36} = \frac{1}{9} .$$

Für die Wahrscheinlichkeitsfunktion von Z ergibt sich damit

j	2	3	4	5	6	7	8	9	10	11	12
w_j	$\frac{1}{36}$	$\frac{2}{36}$	$\frac{3}{36}$	$\frac{4}{36}$	$\frac{5}{36}$	$\frac{6}{36}$	$\frac{5}{36}$	$\frac{4}{36}$	$\frac{3}{36}$	$\frac{2}{36}$	$\frac{1}{36}$

Beispiel 88
===========

Die unabhängigen Zufallsvariablen $X_1,\ldots,X_n$ sollen nur die Zufallswerte 1 und 0 annehmen können, und es sei

$$W(X_i = 1) = p , \qquad i = 1,\ldots,n, \; 0 < p < 1$$

und

$$W(X_i = 0) = 1-p, \qquad i = 1,\ldots,n .$$

Die Zufallsvariablen X_i sind also B(1;p)-verteilt. Dann ist die Summe

$$X = X_1 + X_2 + \ldots + X_n$$

dieser Zufallsvariablen B(n;p)-verteilt, und es ist

$$W(X = i) = \binom{n}{i}p^i(1-p)^{n-i} .$$

Bedeutet das Ereignis A ein Zufallsergebnis eines Zufallsvorgangs und ist

$$W(A) = p ,$$

dann beschreibt die durch

$$X(\omega) = \begin{cases} 1 & \text{für} \quad \omega \in A \\ 0 & \text{für} \quad \omega \notin A \end{cases}$$

definierte Zufallsvariable X_1, wie oft bei diesem Zufallsvorgang das Ergebnis A eintreten kann, nämlich
0-mal oder 1-mal. X_1 ist $B(1;p)$-verteilt. Sind die Zufallsvariablen $X_1,\ldots,X_n$ unabhängig und alle $B(1;p)$-
verteilt, dann beschreibt die Zufallsvariable

$$X = X_1 + \ldots + X_n \, ,$$

wie oft das Ergebnis A eintreten kann, wenn der Zufallsvorgang unter unveränderten Bedingungen n-mal
wiederholt wird. X ist $B(n;p)$-verteilt. Damit ergibt
sich für die Wahrscheinlichkeit, daß bei n-maliger
Wiederholung eines solchen Zufallsvorgangs das Zufallsergebnis A genau i-mal eintritt

$$W(\text{"A genau i-mal"}) = \binom{n}{i}p^i(1-p)^{n-i} \, .$$

Beispiel 89
===========
Für eine faire Münze gilt

$$W(\text{"Kopf"}) = W(\text{"Adler"}) = 0,5 \, .$$

Die Wahrscheinlichkeit, mit einer fairen Münze bei
vier Würfen dreimal Adler zu werfen, ergibt sich aus
Tabelle 10

$$W(\text{3-mal Adler bei 4 Würfen}) = \binom{4}{3}(0,5)^3(0,5)^{4-3}$$

$$= 0,25 \, .$$

Für die Wahrscheinlichkeit, mit einer fairen Münze
entweder einmal oder zweimal oder dreimal Adler zu

168

werfen, ergibt sich aus Tabelle 11

$$\sum_{i=1}^{3} \binom{4}{i}(0,5)^i (0,5)^{4-i} = 0,9375 - 0,0625$$
$$= 0,8750 \ .$$

Beispiel 90
===========

Ein Kreditinstitut kennt aus langjähriger Erfahrung
die Wahrscheinlichkeit p dafür, daß Kreditnehmer ihren
Verpflichtungen nicht nachkommen. p ist 0,001. Es ist
die Wahrscheinlichkeit dafür zu bestimmen, daß mehr
als 2 von 2000 Kreditnehmern ihren Verpflichtungen
nicht nachkommen.

Für die gesuchte Wahrscheinlichkeit ergibt sich

$$W(X > 2) = \sum_{i=3}^{2000} \binom{2000}{i}(0,001)^i (0,999)^{2000-i}$$

$$= 1 - \sum_{i=0}^{2} \binom{2000}{i}(0,001)^i (0,999)^{2000-i}$$

$$\approx 0,309 \ .$$

3.7 FUNKTIONEN VON NORMALVERTEILTEN ZUFALLSVARIABLEN

Ist X eine $N(\mu;\sigma)$-verteilte Zufallsvariable, dann ist

$$\frac{X - \mu}{\sigma}$$

$N(0;1)$-verteilt.

Beispiel 91
===========

Ist Z eine $N(\mu;\sigma)$-verteilte Zufallsvariable, dann ist $X = \frac{Z-\mu}{\sigma}$ eine $N(0;1)$-verteilte Zufallsvariable. Damit ist es möglich, zur Bestimmung der Funktionswerte der Verteilungsfunktion F_Z einer $N(\mu;\sigma)$-Verteilung die Tabelle der Funktionswerte der Verteilungsfunktion F_X der $N(0;1)$-Verteilung zu benutzen. Ist etwa $F_Z(y)$ gesucht, so gilt

$$F_Z(y) = F_X(\tfrac{y-\mu}{\sigma}) \; .$$

Eine Zufallsvariable Z sei $N(3;2)$-verteilt. Gesucht ist $W(2 \leq Z \leq 4)$. Es gilt

$$W(2 \leq Z \leq 4) = W(\tfrac{2-3}{2} \leq X \leq \tfrac{4-3}{2})$$

$$= W(-\tfrac{1}{2} \leq X \leq \tfrac{1}{2}) \; .$$

Aus der Tabelle 14 für die Funktionswerte der Verteilungsfunktion der $N(0;1)$-verteilten Zufallsvariablen X ergibt sich

$$W(-\tfrac{1}{2} \leq X \leq \tfrac{1}{2}) = F_X(\tfrac{1}{2}) - F_X(-\tfrac{1}{2})$$

$$= 0,6915 - 0,3085$$

$$= 0,3830 \; .$$

Für $W(|Z| > 1)$ ergibt sich

$$W(|Z| > 1) = W(Z > 1) + W(Z < -1)$$

$$= W(X > \tfrac{1-3}{2}) + W(X < \tfrac{-1-3}{2})$$

$$= W(X > -1) + W(X < -2)$$

$$= 1 - F_X(-1) + F_X(-2)$$

$$= 1 - 0,1587 + 0,0228$$

$$= 0,8641 \; .$$

Die Summe zweier unabhängiger normalverteilter Zufallsvariablen ist wieder normalverteilt. Allgemein
gilt das folgende Additionstheorem für normalverteilte
Zufallsvariablen. Sind $X_1,\ldots,X_n$ unabhängige Zufallsvariablen, die $N(\mu_1;\sigma_1)-,\ldots,N(\mu_n;\sigma_n)$-verteilt sind,
dann ist die Summe

$$X = X_1 + \ldots + X_n$$

$N(\mu;\sigma)$-verteilt mit

$$\mu = \sum_{i=1}^{n} \mu_i$$

und

$$\sigma = \sqrt{\sum_{i=1}^{n} \sigma_i^2} \ .$$

Sind die unabhängigen normalverteilten Zufallsvariablen $X_1,\ldots,X_n$ alle $N(\mu;\sigma)$-verteilt, dann ist ihre
Summe

$$X = X_1 + \ldots + X_n$$

$N(n\mu;\sigma\sqrt{n})$-verteilt. Das arithmetische Mittel

$$\bar{X} = \frac{1}{n} (X_1 + \ldots + X_n)$$

ist $N(\mu;\frac{\sigma}{\sqrt{n}})$-verteilt.

Sind $X_1,\ldots,X_n$ unabhängige $N(0;1)$-verteilte Zufallsvariablen, dann heißt die Verteilung der Zufallsvariablen

$$\chi^2 = \sum_{i=1}^{n} X_i^2$$

χ^2-Verteilung mit n Freiheitsgraden oder $\chi^2(n)$-ver-
teilt.

In der Tabelle 15 sind Funktionswerte der Verteilungs-funktion der $\chi^2(n)$-Verteilung für eine Reihe von Wer-ten von n zusammengestellt.

Beispiel 92
===========
Die Zufallsvariable X sei $\chi^2(20)$-verteilt. Aus der Ta-belle 15 ergibt sich

$$W(X \leq 10) = 0,0318.$$

Die Zahl 43 ist ein 0,9980-Punkt dieser Verteilung, da $F(43) = 0,9980$ ist.

Sind die Zufallsvariablen $X_1,\ldots,X_n$ unabhängig und alle $N(\mu;\sigma)$-verteilt, dann ist die Zufallsvariable

$$\frac{1}{\sigma^2} \sum_{i=1}^{n} (X_i-\mu)^2$$

$\chi^2(n)$-verteilt und die Zufallsvariable

$$\frac{1}{\sigma^2} \sum_{i=1}^{n} (X_i-\bar{X})^2$$

ist $\chi^2(n-1)$-verteilt. Die Zufallsvariable

$$\frac{1}{\sigma^2} \sum_{i=1}^{n} (X_i-\bar{X})^2$$

und die Zufallsvariable

$$\bar{X}$$

sind unabhängig.

Ist Z eine $\chi^2(n)$-verteilte Zufallsvariable und X eine

172

davon unabhängige N(0;1)-verteilte Zufallsvariable, dann heißt die Verteilung der Zufallsvariablen

$$t = \frac{X}{\sqrt{\frac{1}{n} Z}}$$

t-Verteilung mit n Freiheitsgraden oder t(n)-verteilt. In der Tabelle 18 sind Funktionswerte der Verteilungsfunktion der t(n)-Verteilung für eine Reihe von Werten von n zusammengestellt.

Beispiel 93
==========

Die Zufallsvariable X sei t(15)-verteilt. Aus der Tabelle 18 ergibt sich

$$W(-3 \leq X \leq 3) = F(3) - F(-3)$$
$$= 0,9955 - 0,0045$$
$$= 0,9910 \ .$$

Die Zahl 2,6 ist ein 0,9900-Punkt dieser Verteilung, da $F(2,6) = 0,9900$ ist.

Sind $X_1,\ldots,X_n$ unabhängige $N(\mu;\sigma)$-verteilte Zufallsvariablen mit dem arithmetischen Mittel $\bar{X} = \frac{1}{n} (X_1 + \ldots + X_n)$, dann ist die Zufallsvariable

$$\frac{\bar{X} - \mu}{\sqrt{\frac{1}{n-1} \sum_{i=1}^{n} (X_i - \bar{X})^2}} \sqrt{n}$$

t(n-1)-verteilt.

Ist Z_1 eine $\chi^2(m)$-verteilte und Z_2 eine $\chi^2(n)$-verteilte Zufallsvariable, dann heißt die Verteilung der Zufallsvariablen

$$F = \frac{\frac{1}{m} Z_1}{\frac{1}{n} Z_2}$$

F-Verteilung mit den Freiheitsgraden (m;n) oder **F(m;n)-verteilt**. In den Tabellen 16 und 17 sind die 0,95- und 0,99-Punkte der F(m;n)-Verteilung für eine Reihe von Werten von m und n zusammengestellt.

Beispiel 94
===========

Die Zufallsvariable X sei F(3;20)-verteilt. Es ist der 0,95-Punkt dieser Verteilung zu bestimmen.

Aus der Tabelle 16 ergibt sich

$$F(3,099) = 0,95 .$$

Die Zahl 3,099 ist der gesuchte α-Punkt.

3.8 APPROXIMATION VON VERTEILUNGEN

Für das Rechnen ist es oft bequem, eine bestimmte Verteilungsfunktion durch eine andere Verteilungsfunktion zu approximieren. Es haben sich folgende Faustregeln bewährt:

Verteilung	kann approximiert werden durch	unter der Voraussetzung
$B(n;p)$	$N(np;\sqrt{np(1-p)})$	$np \geq 5;\ n(1-p) \geq 5$
$B(n;p)$	$P(np)$	$n \geq 50;\ np \leq 5$
$t(n)$	$N(0;1)$	$n \geq 30$
$\sqrt{2\chi^2}$	$N\left(\sqrt{2n-1};1\right)$	$n \geq 30$

Beispiel 95
=============

Wird die in Beispiel 90 gesuchte Wahrscheinlichkeit
mit Hilfe der korrespondierenden Poissonverteilung gerechnet, so ergibt sich für die gesuchte Wahrscheinlichkeit

$$W(X > 2) = 1 - \sum_{i=0}^{2} \frac{\lambda^i}{i!}\, e^{-\lambda}$$

und mit $\lambda = np = 2000 \cdot 0{,}001 = 2$ aus der Tabelle 13

$$W(X > 2) = 1 - 0{,}6767 = 0{,}3233\ .$$

Mit der Binomialverteilung ergab sich für die gesuchte
Wahrscheinlichkeit (vgl. Beispiel 90)

$$W(X > 2) = 0{,}309.$$

4. ERWARTUNGSWERTE

4.1 DEFINITIONEN

Erwartungswerte sind charakteristische Zahlen für
Verteilungen. Der Erwartungswert einer diskreten Zu-

<u>fallsvariablen</u> ist die Zahl

$$e(X) = \sum_{i \,|\, x_i \in S} x_i w_i \;,$$

und der <u>Erwartungswert einer kontinuierlichen Zufalls-</u><u>variablen</u> X ist die Zahl

$$e(X) = \int_{-\infty}^{\infty} \eta f(\eta) d\eta \;,$$

sofern diese Größen existieren. Der Erwartungswert $e(X)$ wird auch mit μ bezeichnet.

Ist eine Funktion $h(X_1,\ldots,X_n)$ der Zufallsvariablen $X_1,\ldots,X_n$ wieder eine Zufallsvariable, dann ist der Erwartungswert von $X = h(X_1,\ldots,X_n)$ die Zahl

$$e(h(X_1,\ldots,X_n)) = e(X) \;.$$

Insbesondere gilt

$$e(a + bX) = a + b e(X) \;, \qquad a,b \in \mathfrak{R}$$

und

$$e(X_1 + X_2) = e(X_1) + e(X_2) \;.$$

Hat die Zufallsvariable X den Erwartungswert μ, so gilt

$$e(X-\mu) = 0 \;.$$

Der Erwartungswert

$$e((X-c)^k) \;, \qquad c \in \mathfrak{R}$$

heißt das <u>k-te Moment von X um c</u>. Das zweite Moment um den Erwartungswert von X
$$e((X-\mu)^2)$$

heißt <u>Varianz</u> von X. Die Varianz von X wird mit var(X) oder σ^2 bezeichnet. Die positive Quadratwurzel aus der Varianz heißt <u>Streuung</u> und wird mit σ bezeichnet.

176

Sind X_1 und X_2 zwei Zufallsvariablen mit den Erwartungswerten μ_1 und μ_2 und den von Null verschiedenen Streuungen σ_1 und σ_2, dann heißt der Erwartungswert

$$\mathcal{E}((X_1-\mu_1)(X_2-\mu_2))$$

Kovarianz von X_1 und X_2. Die Kovarianz wird mit $cov(X_1,X_2)$ oder σ_{12} bezeichnet.

Sind X_1 und X_2 unabhängige Zufallsvariablen, so gilt

$$cov(X_1,X_2) = 0 \ .$$

Umgekehrt folgt jedoch aus dem Verschwinden der Kovarianz noch nicht, daß die beiden Zufallsvariablen unabhängig sind.

Zwei Zufallsvariablen heißen unkorreliert, wenn ihre Kovarianz verschwindet.

Die Zahl

$$\rho = \frac{\sigma_{12}}{\sigma_1 \sigma_2}$$

heißt Korrelationskoeffizient von X_1 und X_2. Es gilt stets

$$-1 \le \rho \le 1 \ .$$

Eine Zufallsvariable X mit dem Erwartungswert Null und der Streuung Eins heißt standardisiert. Ist X eine Zufallsvariable mit dem Erwartungswert μ und der Streuung σ, dann heißt die Zufallsvariable

$$\frac{X - \mu}{\sigma}$$

standardisierte Form von X.

Beispiel 96
===========
Nach einer Sterbetafel beträgt die Wahrscheinlichkeit

dafür, daß ein verheirateter 25-jähriger innerhalb eines Jahres stirbt, 0,008. Eine Versicherungsgesellschaft bietet einem 25-jährigen eine Lebensversicherung zugunsten seiner Frau mit einjähriger Laufzeit an. Bei einer Versicherungssumme von DM 10 000,- beträgt die Prämie DM 60,-. Der Erwartungswert des Gewinns X der Versicherungsgesellschaft ist

$$\mathcal{E}(X) = 60 \cdot 0{,}992 - 9940 \cdot 0{,}008 \ = -20 \ .$$

Der Erwartungswert des Gewinns Y des Versicherungsnehmers aus diesem Geschäft ist

$$\mathcal{E}(Y) = -60 \cdot 0{,}992 + 9940 \cdot 0{,}008 = 20.$$

Der Erwartungswert der Zahlung Z an seine Frau ist

$$\mathcal{E}(Z) = 0 \cdot 0{,}992 + 10000 \cdot 0{,}008 \ = 80 \ ,$$

während seiner Witwe DM 10 000,- sicher sind.

Beispiel 97

Der Erwartungswert $\mathcal{E}(X)$ für den Gewinn X eines Spielers in dem in Beispiel 75 geschilderten Würfelspiel ist bei einem fairen Würfel

$$\mathcal{E}(X) = 0 \cdot \frac{1}{6} + (-1) \cdot \frac{4}{6} + 5 \cdot \frac{1}{6} = \frac{1}{6} \ .$$

Beispiel 98

Die Zufallsvariable X sei im Intervall [0;2] gleichverteilt. Ihre Dichtefunktion ist

$$f(y) = \begin{cases} 0 & \text{für} \quad -\infty < y < 0 \\ \frac{1}{2} & \text{für} \quad 0 \leq y \leq 2 \\ 0 & \text{für} \quad 2 < y < \infty \ . \end{cases}$$

Damit ergibt sich

$$e(X) = \int_{-\infty}^{\bullet} \eta f(\eta) d\eta = \int_{0}^{2} \eta(\tfrac{1}{2}) d\eta = \int_{0}^{2} \tfrac{1}{2} \eta d\eta = 1$$

und

$$var(X) = \int_{-\infty}^{\infty} (\eta-1)^2 f(\eta) d\eta = \int_{0}^{2} (\eta-1)^2 \tfrac{1}{2} d\eta$$

$$= \tfrac{1}{2} \int_{0}^{2} (\eta^2 - 2\eta + 1) d\eta$$

$$= \tfrac{1}{2} (\tfrac{1}{3} \cdot 2^3 - 2^2 + 2) = \tfrac{1}{3} .$$

4.2 ERWARTUNGSWERT UND VARIANZ

Hat die Zufallsvariable X den Erwartungswert μ und die Varianz σ^2, dann ist

$$\sigma^2 = e((X-\mu)^2)$$

$$= e(X^2 - 2\mu X + \mu^2)$$

$$= e(X^2) - 2\mu \, e(X) + \mu^2$$

$$= e(X^2) - \mu^2 .$$

Sind a und b reelle Zahlen und ist X eine Zufallsvariable mit dem Erwartungswert μ, so gilt

$$var(a + bX) = e((a + bX - a - b\mu)^2)$$

$$= e(b^2(X-\mu)^2)$$

$$= b^2 e((X-\mu)^2)$$

$$= b^2 \, var(X) .$$

Beispiel 99
============

Eine Unternehmung stellt nur ein Gut her und bietet es zum Preis von DM 6,- je Stück an. Die Absatzmenge sei eine Zufallsvariable X mit $\mathcal{E}(X) = 116$ und var(X) = 308. Mit der Kostenfunktion K = 250 + 3X ergibt sich für den Gewinn G = 6X - (250 + 3X). Der Erwartungswert des Gewinns ist

$$\mathcal{E}(G) = \mathcal{E}(6X - 250 - 3X)$$
$$= \mathcal{E}(3X - 250)$$
$$= 3 \cdot \mathcal{E}(X) - 250$$
$$= 3 \cdot 116 - 250 = 98 \ .$$

Für die Varianz des Gewinns ergibt sich

$$\text{var}(G) = \text{var}(3X - 250)$$
$$= 3^2 \, \text{var}(X)$$
$$= 9 \cdot 308 \qquad = 2772 \ .$$

Sind X_1 und X_2 zwei Zufallsvariablen mit den Erwartungswerten μ_1 und μ_2, so gilt

$$\text{var}(X_1 + X_2) = \mathcal{E}((X_1 + X_2 - \mu_1 - \mu_2)^2)$$
$$= \mathcal{E}((X_1 - \mu_1)^2 + 2(X_1 - \mu_1)(X_2 - \mu_2) + (X_2 - \mu_2)^2)$$
$$= \text{var}(X_1) + \text{var}(X_2) + 2 \, \text{cov}(X_1, X_2) \ .$$

Sind die Zufallsvariablen X_1 und X_2 unkorreliert, so gilt

$$\text{var}(X_1 + X_2) = \text{var}(X_1) + \text{var}(X_2) \ .$$

Sind $X_1, \ldots, X_n$ unabhängige Zufallsvariablen mit dem

Erwartungswert μ und der Varianz σ^2, dann ist

$$\mathcal{e}(X_1 + \ldots + X_n) = n\mu$$

und

$$\mathrm{var}(X_1 + \ldots + X_n) = n\sigma^2 \ .$$

Für das arithmetische Mittel $\bar{X}$ dieser Zufallsvariablen gilt

$$\mathcal{e}(\bar{X}) = \mu$$

und

$$\mathrm{var}(\bar{X}) = \frac{\sigma^2}{n}$$

oder

$$\sigma_{\bar{X}} = \frac{\sigma}{\sqrt{n}} \ .$$

Für

$$X = \frac{1}{n} \sum_{i=1}^{n} (X_i - \mu)^2$$

ist

$$\mathcal{e}(X) = \mathcal{e} \left(\frac{1}{n} \sum_{i=1}^{n} X_i^2 - 2\mu \frac{1}{n} \sum_{i=1}^{n} X_i + \mu^2 \right)$$

$$= \frac{1}{n} \mathcal{e} \left(\sum_{i=1}^{n} X_i^2 \right) - 2\mu \ \mathcal{e}(\bar{X}) + \mu^2$$

$$= (\sigma^2 + \mu^2) - 2\mu^2 + \mu^2$$

$$= \sigma^2 \ .$$

Für

$$X = \frac{1}{n} \sum_{i=1}^{n} (X_i - \bar{X})^2$$

ist

$$e(X) = e\left(\frac{1}{n}\sum_{i=1}^{n}X_i^2 - 2\bar{X}\frac{1}{n}\sum_{i=1}^{n}X_i + \frac{1}{n}(n\bar{X}^2)\right)$$

$$= e\left(\frac{1}{n}\sum_{i=1}^{n}X_i^2 - \bar{X}^2\right)$$

$$= \frac{1}{n}\sum_{i=1}^{n}e(X_i^2) - e(\bar{X}^2)$$

$$= \frac{1}{n}n(\sigma^2 + \mu^2) - \left(\sigma_{\bar{X}}^2 + \mu_{\bar{X}}^2\right)$$

$$= \sigma^2 + \mu^2 - \frac{\sigma^2}{n} - \mu^2$$

$$= \frac{n-1}{n}\sigma^2 .$$

Daraus ergibt sich

$$e\left(\frac{1}{n-1}\sum_{i=1}^{n}(X_i - \bar{X})^2\right) = \sigma^2 .$$

Beispiel 100
============
Die Zufallswerte der Zufallsvariablen X_k,
k = 1,...,100, seien die möglichen Augenzahlen beim
Würfelwurf. Mit $W(\{i\}) = \frac{1}{6}$, i = 1,...,6, ergibt sich

$$e(X_k) = 3,5$$

und

$$\text{var}(X_k) = \frac{35}{12} .$$

Das arithmetische Mittel

$$\bar{X} = \frac{1}{100} \sum_{k=1}^{100} X_k$$

hat den Erwartungswert

$$e(\bar{X}) = 3,5$$

und die Varianz

$$var(\bar{X}) = \frac{35}{1200} = \frac{7}{240} \; .$$

Das Mittel der Augenzahlen hat also eine geringere Streuung als die Augenzahl beim einzelnen Wurf.

4.3 ERWARTUNGSWERTE EINIGER SPEZIELLER VERTEILUNGEN

Binomialverteilung: Ist X eine B(n;p)-verteilte Zufallsvariable, dann ist

$$e(X) = np$$

und

$$var(X) = np(1-p) \; .$$

Poissonverteilung: Ist X eine P(λ)-verteilte Zufallsvariable, dann ist

$$e(X) = \lambda$$

und

$$var(X) = \lambda \; .$$

Normalverteilung: Ist X eine N(μ;σ)-verteilte Zufallsvariable, dann ist

$$e(X) = \mu$$

und

$$var(X) = \sigma^2 \; .$$

χ^2-Verteilung: Ist X eine $\chi^2(n)$-verteilte Zufallsvariable, dann ist

$$\mathscr{e}(X) = n$$

und

$$var(X) = 2n .$$

t-Verteilung: Ist X eine $t(n)$-verteilte Zufallsvariable, dann ist

$$\mathscr{e}(X) = 0$$

und

$$var(X) = \frac{n}{n-2} , \qquad n > 2 .$$

F-Verteilung: Ist X eine $F(m;n)$-verteilte Zufallsvariable, dann ist

$$\mathscr{e}(X) = \frac{n}{n-2} , \qquad n > 2$$

und

$$var(X) = \frac{2n^2(m + n -2)}{m(n-2)^2(n-4)} , \qquad n > 4 .$$

5. FOLGEN VON ZUFALLSVARIABLEN

5.1 DIE UNGLEICHUNG VON TSCHEBYSCHEFF

Betrachtet wird eine Zufallsvariable X mit dem Erwartungswert μ und der Varianz σ^2. Die Ungleichung von Tschebyscheff

$$W(|X-\mu| \geq c) \leq \frac{\sigma^2}{c^2} , \qquad c > 0$$

ist eine Abschätzung für die Wahrscheinlichkeit des Ereignisses, daß die Zufallsvariable X um mehr als c von ihrem Erwartungswert abweicht. Die Ableitung dieser Ungleichung ergibt sich aus der Definition der

Varianz. Für eine diskrete Verteilung X ist

$$\sigma^2 = \mathcal{E}((X-\mu)^2)$$

$$= \sum_i (x_i-\mu)^2 w_i$$

$$\geq \sum_{i \in J} (x_i-\mu)^2 w_i \ , \qquad J = \{i \mid c \leq |x_i-\mu|\}$$

$$\geq \sum_{i \in J} c^2 w_i$$

$$= c^2 \sum_{i \in J} w_i$$

$$= c^2 \, W(|X-\mu| \geq c)$$

und für eine kontinuierliche Verteilung gilt

$$\sigma^2 = \int_{-\infty}^{\infty} (\eta-\mu)^2 f(\eta) d\eta$$

$$\geq \int_{-\infty}^{\mu-c} (\eta-\mu)^2 f(\eta) d\eta + \int_{\mu+c}^{\infty} (\eta-\mu)^2 f(\eta) d\eta$$

$$\geq \int_{-\infty}^{\mu-c} c^2 f(\eta) d\eta + \int_{\mu+c}^{\infty} c^2 f(\eta) d\eta$$

$$= c^2 \left(\int_{-\infty}^{\mu-c} f(\eta) d\eta + \int_{\mu+c}^{\infty} f(\eta) d\eta \right)$$

$$= c^2 \, W(|X-\mu| \geq c) \ .$$

Für die Abschätzung mit der Ungleichung von Tschebyscheff muß also nur die Varianz der Zufallsvariablen
X bekannt sein.

Beispiel 101
============

Die Brenndauer einer bestimmten Sorte von Glühbirnen
sei eine Zufallsvariable X mit μ = 150 Tage und
σ = 10 Tage. Die Wahrscheinlichkeit dafür, daß eine
Glühbirne weniger als oder genau 12o oder mehr als oder
genau 18o Tage brennt, ist nach der Ungleichung von
Tschebyscheff höchstens $\frac{1}{9}$,

$$W(|X-150| \geq 30) \leq \frac{100}{900} = \frac{1}{9} .$$

5.2 GESETZ DER GROSSEN ZAHL

Es sei $X_1, X_2, \ldots$ eine Folge von paarweise unkorrelier-
ten Zufallsvariablen mit dem gleichen Erwartungswert
μ und der gleichen Varianz σ^2 und

$$\bar{X}_n = \frac{1}{n} \sum_{i=1}^{n} X_i , \qquad n = 1, 2, \ldots$$

das arithmetische Mittel der ersten n dieser Zufallsvariablen. Dann folgt aus der Ungleichung von Tschebyscheff für jedes $\epsilon > 0$

$$W(|\bar{X}_n - \mu| \geq \epsilon) \leq \frac{1}{\epsilon^2 n} \sigma^2 .$$

Daraus ergibt sich das Gesetz der großen Zahl in der
Form von Tschebyscheff

$$\lim_{n \to \infty} W(|\bar{X}_n - \mu| < \epsilon) = 1 , \qquad \epsilon > 0 .$$

Sind die Zufallsvariablen $X_1, X_2, \ldots$ alle B(1;p)-ver-
teilt, dann folgt daraus das Gesetz der großen Zahl
in der Form von Bernoulli

$$\lim_{n \to \infty} W(|\bar{X}_n - p| < \epsilon) = 1 , \qquad \epsilon > 0 .$$

5.3 DER ZENTRALE GRENZWERTSATZ

Eine Folge von Zufallsvariablen $X_1, X_2, \ldots$ heißt <u>unabhängig</u>, wenn für jedes $n \in \mathfrak{N}$ die Zufallsvariablen $X_1, X_2, \ldots, X_n$ unabhängig sind. Es sei $Z_1, Z_2, \ldots$ eine Folge von Zufallsvariablen mit den Verteilungsfunktionen $F_1(y), F_2(y), \ldots$. Ist $F^*(y)$ eine Verteilungsfunktion und gilt für jedes $y \in \mathfrak{R}$

$$\lim_{n \to \infty} F_n(y) = F^*(y) \ ,$$

dann heißt die Folge der Zufallsvariablen $Z_1, Z_2, \ldots$ <u>asymptotisch verteilt</u> mit der Verteilungsfunktion $F^*(y)$.

Eine Folge von Zufallsvariablen $Z_1, Z_2, \ldots$ mit den Verteilungsfunktionen $F_1(y)$, $F_2(y), \ldots$ heißt **asymptotisch standardisiert normalverteilt**, wenn für jedes $y \in \mathfrak{R}$ gilt

$$\lim_{n \to \infty} F_n(y) = \frac{1}{\sqrt{2\pi}} \int_{-\infty}^{y} e^{-\frac{1}{2}\eta^2} \, d\eta \ .$$

Eine Folge von Zufallsvariablen ist also asymptotisch standardisiert normalverteilt, wenn ihre Verteilungsfunktionen gegen die Verteilungsfunktion der standardisierten Normalverteilung konvergieren.

Ist $F^*(y)$ die **Verteilungsfunktion einer** $\chi^2(n)$**-Verteilung** und gilt

$$\lim_{n \to \infty} F_n(y) = F^*(y) \ ,$$

dann heißt die Folge $Z_1, Z_2, \ldots$ <u>asymptotisch $\chi^2(n)$-verteilt</u>.

Der <u>zentrale Grenzwertsatz</u> besagt, daß unter gewissen Bedingungen die Folge der standardisierten Teilsummen einer Folge von unabhängigen Zufallsvariablen asymptotisch normalverteilt ist.

Ist $X_1, X_2, \ldots$ eine Folge von unabhängigen Zufallsvariablen mit den Erwartungswerten $\mu_1, \mu_2, \ldots$ und den Varianzen $\sigma_1^2, \sigma_2^2, \ldots$, so ist nach dem <u>Grenzwertsatz von Ljapunoff</u> die Folge der Zufallsvariablen

$$Z_n = \frac{\displaystyle\sum_{i=1}^{n} X_i - \sum_{i=1}^{n} \mu_i}{\sqrt{\displaystyle\sum_{i=1}^{n} \sigma_i^2}} \, , \qquad n = 1, 2, \ldots$$

unter der Bedingung

$$\lim_{n \to \infty} \frac{\sqrt[3]{\displaystyle\sum_{i=1}^{n} e(X_i - \mu_i)^3}}{\sqrt{\displaystyle\sum_{i=1}^{n} e(X_i - \mu_i)^2}} = 0$$

asymptotisch normalverteilt, d.h. die Verteilungsfunktionen $F_n(y)$ der Zufallsvariablen Z_n konvergieren gegen die Verteilungsfunktion der standardisierten Normalverteilung.

Nach dem <u>Grenzwertsatz von Lindeberg-Lévy</u> ist die Folge $Z_1, Z_2, \ldots$ asymptotisch normalverteilt, wenn die Zufallsvariablen $X_1, X_2, \ldots$ alle die gleiche Verteilung, denselben endlichen Erwartungswert und dieselbe endliche Varianz haben.

In diesem Fall ist

$$Z_n = \frac{\displaystyle\sum_{i=1}^{n} X_i - n\mu}{\sigma \sqrt{n}}$$

oder nach Division des Zählers und des Nenners durch n

$$Z_n = \frac{\bar{X}_n - \mu}{\sigma} \sqrt{n} \, .$$

IV. ANALYTISCHE STATISTIK

1. STICHPROBEN

1.1 GRUNDGESAMTHEITEN UND ZUFALLSAUSWAHLEN

Werden n Elemente aus einer Menge G ausgewählt, so
bilden diese eine <u>Stichprobe vom Umfang n</u> aus G. Die
Menge G, aus der die Stichprobe ausgewählt wird, heißt
<u>Grundgesamtheit</u>. Eine Grundgesamtheit kann endlich
oder nicht endlich sein. Eine Grundgesamtheit kann
konkret oder hypothetisch sein.

Beispiel 102
============
Die Menge aller Badegäste im Bochumer Nordbad, die
sich am 22.2.1969 um 14.32 Uhr im Schwimmbecken befun-
den hat, ist eine endliche Grundgesamtheit. Die Menge
aller Stellen, an denen in diesem Schwimmbecken die
Wassertemperatur gemessen werden kann, ist eine unendliche Grundgesamtheit.

Beispiel 103
============
Die Menge aller 1968 geernteten Getreidekörner ist
eine endliche, konkrete Grundgesamtheit. Die Menge
aller möglichen Würfelwürfe und die Menge aller möglichen Konsumausgaben einer Volkswirtschaft im Jahre
1969 sind hypothetische Grundgesamtheiten.

Die Auswahl der Elemente einer Stichprobe kann zufällig oder bewußt erfolgen. Bei einer bewußten Auswahl
werden bestimmte Elemente ausgesucht. Bei einer uneingeschränkten Zufallsauswahl hat jedes Element aus G
dieselbe Chance, ausgewählt zu werden. Die Realisie-
rung einer uneingeschränkten Zufallsauswahl ist ein
von Fall zu Fall zu lösendes technisches Problem.

Uneingeschränkte Zufallsauswahlen aus endlichen Grundgesamtheiten lassen sich z.B. durch Zufallszahlen realisieren. Zufallszahlen können aus einer Folge von zufällig ausgewählten Ziffern gewonnen werden. Eine Folge von zufällig ausgewählten Ziffern aus den Ziffern
von 1 bis 6 ergibt sich z.B. beim sukzessiven Würfeln
mit einem fairen Würfel. Auf ähnliche Weise lassen
sich zufällig ausgewählte Ziffern aus sämtlichen Ziffern erzeugen.

Beispiel 104
============

Mit einem fairen Würfel kann auf folgende Weise eine
Folge von zufälligen Ziffern, die aus sämtlichen Ziffern besteht, gewonnen werden. Zur Erzeugung einer
solchen zufälligen Ziffer wird nacheinander zweimal
gewürfelt. Erscheint beim ersten Wurf die Augenzahl 6,
so wird der Wurf wiederholt. In den anderen Fällen
wird die Augenzahl i beim ersten Wurf als zufällige
Ziffer genommen, wenn beim zweiten Wurf eine gerade
Augenzahl gewürfelt wird. Ergibt sich beim zweiten
Wurf eine ungerade Augenzahl, so wird als zufällige
Ziffer die Zahl i+5 genommen. Ergibt sich die Zahl 10,
so wird dafür die Ziffer 0 genommen. Bei diesem Vorgehen ist für jede Ziffer die Wahrscheinlichkeit, ausgewählt zu werden, gleich.

Uneingeschränkte Zufallsauswahlen aus unendlichen
Grundgesamtheiten lassen sich zuweilen auf mechanische
Weise realisieren.

Beispiel 105

In einem Gärbottich einer Brauerei befinden sich 3000
Liter einer als homogen betrachteten Flüssigkeit. Mit
einer Schöpfkelle wird ein Liter Flüssigkeit entnom-
men. Die Schöpfkelle enthält dann als Stichprobe eine
der unendlich vielen Teilmengen gleichen Volumens aus
diesem Gärbottich.

Bei einer hypothetischen Grundgesamtheit kann kein
Auswahlverfahren angegeben werden, da sich die Elemente einer hypothetischen Grundgesamtheit erst durch die
Auswahl konkretisieren. Es bleibt also nur die Möglichkeit, die jeweils vorliegende Auswahl, z.B. fünf
ausgeführte Würfelwürfe, als uneingeschränkte Zufallsauswahl aus der Menge aller möglichen Würfelwürfe zu
interpretieren.

Beispiel 106

Die Höhe der gesamten Konsumausgaben in der Bundesrepublik im Jahre 1969 ist eine uneingeschränkte Zufallsauswahl aus der hypothetischen Grundgesamtheit aller
möglichen Konsumausgaben dieser Volkswirtschaft im
Jahre 1969.

1.2 VERTEILUNGEN VON GRUNDGESAMTHEITEN

Betrachtet wird eine Grundgesamtheit G, deren Elemente ein bestimmtes Merkmal $\mathfrak{A}$ gemeinsam haben. Durch die Abbildung

$$X : G \to \mathfrak{R}$$

sei jedem Element aus G seine Merkmalsausprägung zugeordnet. Ein durch eine uneingeschänkte Zufallsauswahl aus G ausgewähltes Element g heißt <u>Zufallsstichprobe vom Umfang Eins</u>, und x = X(g) heißt <u>Wert</u> dieser Zufallsstichprobe.

Die analytische Statistik beruht auf der Hypothese, daß für jede reelle Zahl y das Zufallsergebnis

$$X(g) \leq y$$

eine statistische Wahrscheinlichkeit

$$W_s(X(g) \leq y)$$

hat.

Unter dieser Voraussetzung läßt sich die Abbildung $\mathbf{X(g)}$ als Zufallsvariable mit der Verteilungsfunktion

$$W(X \leq y) = W_s(X(g) \leq y) = F(y)$$

definieren.

Die Menge $S = \{x \mid x = X(g),\ g \in G\}$ ist die Menge aller möglichen Merkmalsausprägungen der Zufallsstichproben vom Umfang Eins. $F(y)$ ist die

Wahrscheinlichkeit dafür, daß die Merkmalsausprägung
eines uneingeschränkt zufällig ausgewählten Elementes g_i höchstens gleich y ist. Aufgrund der genann-
ten Hypothese ist dem Merkmal 𝔄 in einer Grundgesamtheit G eindeutig eine Verteilungsfunktion F(y) zugeordnet. Dieser Zusammenhang gestattet es, Aussagen
über Grundgesamtheiten durch Untersuchungen von Verteilungen zu gewinnen und damit die Wahrscheinlichkeitsrechnung auf statistische Probleme anzuwenden.

Es ist üblich, die Verteilungsfunktion F(y) von X
als Verteilung der Grundgesamtheit zu bezeichnen.
Die Verteilung der Grundgesamtheit ist also die Verteilungsfunktion der Stichprobe vom Umfang Eins.
Bei mehreren Merkmalen ergibt sich entsprechend
eine gemeinsame Verteilung der Grundgesamtheit.

Die Menge S der Zufallswerte der Zufallsvariablen X
heißt Stichprobenraum der Stichproben vom Umfang
Eins. Die Zufallswerte von X heißen auch Stichprobenwerte und die Zufallsvariable X Stichprobenvariable.

Haben die Elemente einer Grundgesamtheit G zwei
Merkmale gemeinsam, so ist durch die entsprechen-
den Abbildungen X und X* eine zweidimensionale
Stichprobenvariable (X,X*) mit dem zugehörigen
Stichprobenraum

$$S = \{(x,x^*)\,|\,x = X(g), x^* = X^*(g), g \in G\}$$

definiert.

1.3 EINFACHE ZUFALLSSTICHPROBEN VOM UMFANG n

Die Zusammenfassung von n Zufallsstichproben vom Umfang Eins bildet eine Zufallsstichprobe vom Umfang n.
Die Bildung einer solchen Zufallsstichprobe erfolgt
schrittweise. Zuerst wird ein Element g_1 durch eine
uneingeschränkte Zufallsauswahl aus der Grundgesamtheit G ausgewählt. Der Stichprobenwert $x_1 = \mathbf{X}(g_1)$ ist
eine Realisation der Stichprobenvariable X_1. Die
Stichprobenvariable X_1 hat die Verteilungsfunktion
F(y) der Grundgesamtheit G. Das ausgewählte Element
wird bei dieser Auswahl in der Grundgesamtheit belas-
sen. In einem zweiten Schritt wird wiederum ein Element g_2 durch eine uneingeschränkte Zufallsauswahl
aus der Grundgesamtheit G ausgewählt. Dabei ist es
möglich, daß das im ersten Schritt ausgewählte Element
erneut ausgewählt wird. Der Stichprobenwert $x_2 = \mathbf{X}(g_2)$
ist eine Realisation der Stichprobenvariable X_2. Die
Stichprobenvariable X_2 hat ebenfalls die Verteilungsfunktion F(y) der Grundgesamtheit G. Offenbar hat bei
diesem Vorgehen das Ergebnis der ersten Zufallsstichprobe keinen Einfluß auf das Ergebnis der zweiten Zufallsstichprobe. D.h., daß die durch ein Ereignis
$(X_1 \leq y_1)$ bedingte Wahrscheinlichkeit des Ereignisses
$(X_2 \leq y_2)$ gleich der Wahrscheinlichkeit des Ereignisses $(X_2 \leq y_2)$ ist

$$W(X_2 \leq y_2 | X_1 \leq y_1) = W(X_2 \leq y_2) .$$

Daraus folgt für jedes $(y_1, y_2) \in \mathfrak{R}^2$ (vgl. Kap. III,
2.4)

$$W(X_1 \leq y_1, X_2 \leq y_2) = W(X_1 \leq y_1) W(X_2 \leq y_2) .$$

Wegen

$$W(X_1 \leq y_1) = F(y_1)$$

und

$$W(X_2 \leq y_2) = F(y_2)$$

ergibt sich für die gemeinsame Verteilungsfunktion $F(y_1,y_2)$ der beiden Stichprobenvariablen X_1 und X_2

$$F(y_1,y_2) = W(X_1 \leq y_1, X_2 \leq y_2)$$

$$= F(y_1)F(y_2) \; .$$

Die beiden Stichprobenvariablen X_1 und X_2 sind also unabhängig.

Ganz entsprechend werden die (n-2) weiteren Elemente aus der Grundgesamtheit ausgewählt. Die sich ergebenden Stichprobenwerte

$$x_1,x_2,\ldots,x_n$$

sind Realisationen der n unabhängigen Stichprobenvariablen

$$X_1,X_2,\ldots,X_n \; .$$

Die so definierte Zufallsstichprobe vom Umfang n heißt einfache Zufallsstichprobe vom Umfang n. Sie wird durch die n-dimensionale Stichprobenvariable

$$(X_1,X_2,\ldots,X_n)$$

beschrieben. Die Menge S^n der Stichprobenwerte der Stichprobenvariablen $(X_1,X_2,\ldots,X_n)$ heißt Stichprobenraum der einfachen Zufallsstichprobe vom Umfang n. Ist die Stichprobenvariable der Stichprobe vom Umfang Eins zweidimensional, dann ist

$$((X_1,X_1^*),\ldots,(X_n,X_n^*))$$

die zugehörige n-dimensionale Stichprobenvariable.

Im folgenden werden unter Stichproben immer einfache Zufallsstichproben verstanden.

Beispiel 107
=============

Die 147 Teilnehmer eines Kongresses erhielten nach
Eingang ihrer Anmeldung vom Tagungsbüro eine der Nummern von 1 bis 147 zugeteilt. Für eine Befragung sollen 5 Teilnehmer uneingeschränkt zufällig ausgewählt
werden. Mit den Zufallszahlen aus Tabelle 19 kann diese Auswahl realisiert werden. Dazu wird die Tabelle
z.B. in dreiziffrige Spalten eingeteilt. Die in den
Spalten stehenden dreistelligen Zahlen werden nacheinander gelesen und nur diejenigen betrachtet, die kleiner oder gleich 147 sind. Wird links oben begonnen, so
ergibt sich, daß die Tagungsteilnehmer mit den Nummern
86, 12, 102, 23 und 55 eine uneingeschränkte Zufallsauswahl bilden.

1.4 STICHPROBENVERTEILUNGEN UND PARAMETER

Sind $X_1, X_2, \ldots, X_n$ die Variablen einer Stichprobe vom
Umfang n und ist

$$Z = h(X_1, X_2, \ldots, X_n)$$

wieder eine Zufallsvariable (vgl. Kap. III, 3.6), dann
heißt Z Stichprobenfunktion. Die Verteilung von Z
heißt Stichprobenverteilung.

Beispiel 108
=============

Eine Grundgesamtheit G sei N(3;4)-verteilt und
(X_1, X_2, X_3, X_4) die 4-dimensionale Stichprobenvariable.

196

Die Stichprobenfunktion

$$h(X_1,X_2,X_3,X_4) = \frac{1}{4} \sum_{i=1}^{4} X_i = \frac{1}{4}(X_1 + X_2 + X_3 + X_4)$$

ist N(3;2)-verteilt (vgl. Kap. III, 4.2).

Größen, die die Verteilung einer Grundgesamtheit charakterisieren, heißen Parameter der Verteilung dieser Grundgesamtheit. Wichtige Parameter sind z.B. der Erwartungswert, die Varianz, die Kovarianz oder der Korrelationskoeffizient.

2. SCHÄTZEN VON PARAMETERN

2.1 SCHÄTZFUNKTIONEN

Die Bestimmung eines Schätzwertes $\hat{\theta}$ für einen unbekannten Parameter θ der Verteilung einer Grundgesamtheit G aus den Werten $x_1,\ldots,x_n$ einer Stichprobe aus G heißt Punktschätzung für θ. Ist

$$\hat{\theta} = h(x_1,\ldots,x_n)$$

und ist

$$\Theta = h(X_1,\ldots,X_n)$$

eine Stichprobenfunktion, dann heißt die Zufallsvariable Θ Schätzfunktion für θ.

Die Schätzfunktion Θ heißt unverzerrt oder erwartungstreu, wenn der Erwartungswert von Θ gleich dem zu schätzenden Parameter θ ist

$$\mathcal{E}(\Theta) = \theta .$$

Bei einer unverzerrten Schätzfunktion Θ für den Parameter θ ist die Varianz von Θ

$$\text{var}(\Theta) = \mathcal{E}((\Theta-\theta)^2)$$

ein Kriterium für die Güte der Schätzung. Sind

$$\Theta = h(X_1, \ldots, X_n)$$

und

$$\Theta^* = h^*(X_1, \ldots, X_n)$$

zwei erwartungstreue Schätzfunktionen für den Parameter θ und gilt

$$\text{var}(\Theta) < \text{var}(\Theta^*) \ ,$$

dann heißt Θ _wirksamer_ als Θ^*.

Eine erwartungstreue Schätzfunktion

$$\Theta = h(X_1, \ldots, X_n)$$

für den Parameter θ heißt _effizient_, wenn es keine erwartungstreue Schätzfunktion für θ gibt, die eine kleinere Varianz als Θ hat.

Beispiel 109
=============

Die Stichprobenfunktionen

$$\bar{X}_n = \frac{1}{n} \sum_{i=1}^{n} X_i \ , \qquad n = 1, 2, \ldots$$

sind erwartungstreue Schätzfunktionen für μ, denn

es ist

$$e(\bar{X}_n) = e \left(\frac{1}{n} \sum_{i=1}^{n} X_i \right)$$

$$= \frac{1}{n} \sum_{i=1}^{n} e(X_i) = \mu .$$

Beispiel 110
============

Die Stichprobenfunktionen

$$Z_n = \frac{1}{n} \sum_{i=1}^{n} (X_i - \bar{X})^2 , \qquad n = 1, 2, \ldots$$

sind nicht erwartungstreue Schätzfunktionen für σ^2,
denn es gilt (vgl. Kap. III, 4.2)

$$e(Z_n) = \frac{n-1}{n} \sigma^2 .$$

Eine Folge von Schätzfunktionen für den Parameter θ

$$\Theta_1 = h(X_1)$$
$$\Theta_2 = h(X_1, X_2)$$
$$\vdots$$
$$\Theta_n = h(X_1, \ldots, X_n)$$
$$\vdots$$

heißt <u>konsistent</u>, wenn für jedes $\epsilon > 0$ gilt

$$\lim_{n \to \infty} W(|\Theta_n - \theta| \le \epsilon) = 1 .$$

Ist eine Folge von Schätzfunktionen für θ konsistent, so nimmt die Wahrscheinlichkeit für das Abweichen des Schätzwertes $\hat{\theta}$ vom Parameter θ um mehr als ein bestimmtes ε > O mit steigendem Stichprobenumfang n ab.

Eine Folge $\Theta_1, \Theta_2, \ldots$ von Schätzfunktionen für den Parameter θ heißt <u>asymptotisch erwartungstreu</u>, wenn gilt

$$\lim_{n \to \infty} \mathcal{E}(\Theta_n) = \theta \ .$$

Eine Folge $\Theta_1, \Theta_2, \ldots$ von Schätzfunktionen für den Parameter θ heißt <u>asymptotisch normal</u>, wenn die Zufallsvariablen $\Theta_1, \Theta_2, \ldots$ asymptotisch normalverteilt sind (vgl. Kap. III, 5.3).

Beispiel 111
============
Die Folge $\bar{X}_1, \bar{X}_2, \ldots$ von Schätzfunktionen für μ mit

$$\bar{X}_n = \frac{1}{n} \sum_{i=1}^{n} X_i \ , \qquad n = 1, 2, \ldots$$

ist konsistent, denn für jedes ε > O gilt (vgl. Kap. III, 5.2)

$$\lim_{n \to \infty} W(|\bar{X}_n - \mu| \le \epsilon) = 1 \ .$$

Beispiel 112
============
Die Folge $Z_1, Z_2, \ldots$ von Schätzfunktionen für σ^2 mit

$$Z_n = \frac{1}{n} \sum_{i=1}^{n} (X_i - \bar{X})^2 \ , \qquad n = 1, 2, \ldots$$

ist asymptotisch erwartungstreu, denn es gilt

$$\lim_{n \to \infty} \mathcal{E}(Z_n) = \lim_{n \to \infty} (\frac{n-1}{n} \sigma^2)$$

$$= \sigma^2 \lim_{n \to \infty} (1 - \frac{1}{n}) = \sigma^2 .$$

Beispiel 113
============

Die Folge $\bar{X}_1, \bar{X}_2, \ldots$ von Schätzfunktionen für μ ist asymptotisch normal (vgl. Kap. III, 5.3).

2.2 SPEZIELLE SCHÄTZFUNKTIONEN

Betrachtet wird eine n-dimensionale Stichprobenvariable $(X_1, \ldots, X_n)$ der Grundgesamtheit G. Dann sind die Stichprobenfunktionen

$$\bar{X}_n = \frac{1}{n} \sum_{i=1}^{n} X_i , \qquad n = 1, 2, \ldots$$

erwartungstreue und effiziente Schätzfunktionen für den Erwartungswert μ der Verteilung der Grundgesamtheit G. Die Folge $\bar{X}_1, \bar{X}_2, \ldots$ von Schätzfunktionen für μ ist konsistent und asymptotisch normal. Ist die Grundgesamtheit B(1;p)-verteilt, so ist die Stichprobenfunktion $\bar{X}_n$ eine Schätzfunktion für p. Es ergibt sich der Schätzwert

$$\hat{p} = \bar{x} .$$

Beispiel 114
============

Aus einer Sendung verchromter Schrauben wurden 20 zufällig herausgegriffen und festgestellt, daß nur eine
von ihnen schlecht verchromt war. Bei der Verwendung
der Schrauben zeigte sich jedoch, daß von den insgesamt 6324 Schrauben 841 schlecht verchromt waren. Als
Schätzwert $\hat{p}$ der $B(1;p)$-verteilten Grundgesamtheit
hatte sich

$$\hat{p} = \frac{1}{20} = 0,05$$

ergeben. Der Parameter p der Grundgesamtheit hat jedoch den Wert

$$p = \frac{841}{6324} = 0,1329 \ .$$

Die Stichprobenfunktionen

$$S_n^2 = \frac{1}{n-1} \sum_{i=1}^{n} (X_i - \bar{X})^2 \ , \qquad n = 1, 2, \ldots$$

sind erwartungstreue Schätzfunktionen für die Varianz
σ^2 der Verteilung der Grundgesamtheit G. Die Folge
$S_1^2, S_2^2, \ldots$ von Schätzfunktionen für σ^2 ist konsistent.
Die Stichprobenfunktionen

$$Z_n = \frac{1}{n} \sum_{i=1}^{n} (X_i - \mu)^2 \ , \qquad n = 1, 2, \ldots$$

sind erwartungstreue Schätzfunktionen für σ^2, und die
Folge $Z_1, Z_2, \ldots$ von Schätzfunktionen für σ^2 ist konsistent. Um mit diesen Schätzfunktionen Schätzwerte
für σ^2 zu ermitteln, muß jedoch der Parameter μ bekannt sein.

Beispiel 115

Eine Stichprobe vom Umfang 5 hat die Werte

$$1{,}57 \quad 1{,}43 \quad 1{,}72 \quad 1{,}49 \quad 1{,}34$$

ergeben. Als Schätzwert für σ^2 ergibt sich daraus

$$\hat{\sigma}^2 = \frac{1}{5-1} \sum_{i=1}^{5} \left(x_i - \frac{1}{5} \sum_{j=1}^{5} x_j\right)^2$$

$$= \frac{1}{4} \sum_{i=1}^{5} (x_i - 1{,}51)^2 = \frac{0{,}0834}{4} = 0{,}02085 \; .$$

Die Stichprobenfunktion

$$R = \frac{\displaystyle\sum_{i=1}^{n} (X_i - \bar{X})(X_i^* - \bar{X}^*)}{\sqrt{\displaystyle\sum_{i=1}^{n} (X_i - \bar{X})^2 \; \sum_{i=1}^{n} (X_i^* - \bar{X}^*)^2}}$$

ist eine erwartungstreue Schätzfunktion für den Korrelationskoeffizienten ρ einer zweidimensionalen Verteilung der Grundgesamtheit G.

Beispiel 116

Es soll der Korrelationskoeffizient zwischen Lebensalter und Bruttoeinkommen der lohnsteuerpflichtigen Einwohner Bochums geschätzt werden. Eine Stichprobe vom Umfang 20 ergab

i	Lebensalter in Jahren x_i	Bruttoeinkommen in DM/Monat x_i^*
1	23	534
2	47	948
3	58	653
4	32	844
5	31	903
6	24	1405
7	56	1763
8	64	1224
9	28	723
10	38	1327
11	50	1546
12	43	1325
13	27	625
14	32	846
15	33	758
16	51	1713
17	20	568
18	18	350
19	27	959
20	46	1698

Daraus ergibt sich

$$\hat{\rho} = \frac{\sum\limits_{i=1}^{20} (x_i - 37,4)(x_i^* - 1035,60)}{\sqrt{\sum\limits_{i=1}^{20} (x_i - 37,4)^2 \sum\limits_{i=1}^{20} (x_i^* - 1035,60)^2}} \approx 0,2079$$

als Schätzwert für den Korrelationskoeffizienten ρ.

2.3 KLEINST-QUADRATE-SCHÄTZUNGEN

Sind $G_1, G_2, \ldots, G_n$ Grundgesamtheiten und ist

$$X_i \,, \qquad i = 1, \ldots, n$$

die Stichprobenvariable einer Stichprobe vom Umfang Eins aus G_i, dann heißt

$$(X_1, \ldots, X_n)$$

n-dimensionale Stichprobenvariable der <u>einfachen verbundenen Zufallsstichprobe vom Umfang n</u>, wenn die Zufallsvariablen X_i unabhängig sind. Es sei θ ein gemeinsamer Parameter der Verteilungen der Grundgesamtheiten G_i, für den ein Schätzwert $\hat\theta$ aus den Werten $x_1, \ldots, x_n$ einer einfachen verbundenen Zufallsstichprobe bestimmt werden soll. Ist

$$\hat\theta = h(x_1, \ldots, x_n)$$

und ist

$$\Theta = h(X_1, \ldots, X_n)$$

eine Zufallsvariable, dann heißt Θ ebenfalls Schätzfunktion für den Parameter θ.

Sind $(x_1, y_1), \ldots, (x_n, y_n)$ Paare von Beobachtungswerten und wird angenommen, daß die Zahlen $y_1, \ldots, y_n$ Realisationen von n unabhängigen Zufallsvariablen $Y_1, \ldots, Y_n$ mit den Erwartungswerten

$$\mathcal{E}(Y_i) = \alpha + \beta x_i \,, \qquad i = 1, \ldots, n, \; \alpha, \beta \in \Re$$

sind, dann kann $(y_1, \ldots, y_n)$ als Realisation einer einfachen verbundenen Zufallsstichprobe aufgefaßt werden.

Nach der Methode der kleinsten Quadrate werden als Schätzwerte für α und β diejenigen Zahlen $\hat\alpha$ und $\hat\beta$

bestimmt, für die die Summe der Quadrate

$$\sum_{i=1}^{n} (y_i - \alpha - \beta x_i)^2$$

ihr Minimum annimmt. Für den Schätzwert $\hat{\beta}$ von β ergibt sich (vgl. Kap. I, 4.6)

$$\hat{\beta} = \frac{\sum\limits_{i=1}^{n} (x_i - \bar{x})(y_i - \bar{y})}{\sum\limits_{i=1}^{n} (x_i - \bar{x})^2}$$

mit

$$\bar{y} = \frac{1}{n} \sum_{i=1}^{n} y_i \quad \text{und} \quad \bar{x} = \frac{1}{n} \sum_{i=1}^{n} x_i \; .$$

Daraus ergibt sich als Schätzfunktion B für β die Zufallsvariable

$$B = \frac{\sum\limits_{i=1}^{n} (x_i - \bar{x})(Y_i - \bar{Y})}{\sum\limits_{i=1}^{n} (x_i - \bar{x})^2} \; .$$

Der Schätzwert $\hat{\alpha}$ von α ist

$$\hat{\alpha} = \bar{y} - \hat{\beta}\bar{x} \; .$$

Die Schätzfunktion A für α ist die Zufallsvariable

$$A = \bar{Y} - B\bar{x} \; .$$

Da Y_i eine Zufallsvariable mit dem Erwartungswert $\alpha + \beta x_i$ ist, haben die Zufallsvariablen

$$U_i = Y_i - \alpha - \beta x_i \; , \qquad i = 1, \ldots, n$$

und die Zufallsvariable

$$\bar{U} = \frac{1}{n} \sum_{i=1}^{n} U_i$$

den Erwartungswert Null. Für die Schätzfunktion B ergibt sich damit

$$B = \frac{\displaystyle\sum_{i=1}^{n} (x_i - \bar{x})(U_i + \alpha + \beta x_i - \bar{U} - \alpha - \beta\bar{x})}{\displaystyle\sum_{i=1}^{n} (x_i - \bar{x})^2}$$

$$= \frac{\displaystyle\sum_{i=1}^{n} (\beta x_i - \beta\bar{x})(x_i - \bar{x})}{\displaystyle\sum_{i=1}^{n} (x_i - \bar{x})^2} + \frac{\displaystyle\sum_{i=1}^{n} (U_i - \bar{U})(x_i - \bar{x})}{\displaystyle\sum_{i=1}^{n} (x_i - \bar{x})^2}$$

$$= \beta + \frac{\displaystyle\sum_{i=1}^{n} (U_i - \bar{U})(x_i - \bar{x})}{\displaystyle\sum_{i=1}^{n} (x_i - \bar{x})^2} .$$

Wegen

$$\mathcal{E}(U_i - \bar{U}) = 0$$

gilt

$$\mathcal{E}(B) = \beta ,$$

d.h. die Schätzfunktion B für β ist erwartungstreu.

Für die Schätzfunktion A für α ergibt sich

$$\mathcal{E}(A) = \mathcal{E}(\bar{Y} - B\bar{x})$$

$$= \mathcal{E}\left(\frac{1}{n}\sum_{i=1}^{n} Y_i - B\bar{x}\right)$$

$$= \frac{1}{n}\sum_{i=1}^{n}\mathcal{E}(Y_i) - \bar{x}\,\mathcal{E}(B)$$

$$= \frac{1}{n}\sum_{i=1}^{n}(\alpha + \beta x_i) - \bar{x}\beta = \alpha \ .$$

Die Schätzfunktion A für α ist also ebenfalls erwartungstreu.

Die Gerade

$$y = \alpha + \beta x$$

heißt Regressionsgerade, sie ordnet jedem Beobachtungswert x_i den Erwartungswert von Y_i zu. $\hat{\beta}$ ist ein Schätzwert für den Regressionskoeffizienten β (vgl. Kap. II, 6.1).

Beispiel 117
============
Für die Bundesrepublik (ohne Saarland und West-Berlin) ergab sich

Jahr	Verfügbares Einkommen in 10 Mrd. DM y_i	Privater Konsum in 10 Mrd. DM c_i
1950	6,4	6,2
1951	7,5	7,2
1952	8,4	7,9
1953	9,3	8,6
1954	10,1	9,2
1955	11,0	10,2
1956	12,3	11,5
1957	13,5	12,3
1958	14,4	13,0

Ist G_i die hypothetische Grundgesamtheit der möglichen Werte des privaten Konsums im Jahre i, so können die Zahlen c_i als Realisationen einer einfachen verbundenen Zufallsstichprobe vom Umfang n = 9 aufgefaßt werden. Für die Koeffizienten α und β der Regressionsgeraden

$$c = \alpha + \beta y$$

ergeben sich die Schätzwerte

$$\hat{\beta} = \frac{\sum_{i=1}^{9} (y_i - 10{,}3222)(c_i - 9{,}5666)}{\sum_{i=1}^{9} (y_i - 10{,}3222)^2} \approx 0{,}8626$$

und

$$\hat{\alpha} = 9{,}5666 - 10{,}3222 \, \hat{\beta} \approx 0{,}6627 \ .$$

2.4 KONFIDENZINTERVALLE

Zwei Stichprobenfunktionen

$$\underline{\Gamma} = \underline{h}(X_1, \ldots, X_n)$$

und

$$\overline{\Gamma} = \overline{h}(X_1, \ldots, X_n) \; ,$$

für die für alle Realisationen gilt

$$\underline{h}(x_1, \ldots, x_n) \leq \overline{h}(x_1, \ldots, x_n) \; ,$$

bilden ein Zufallsintervall $[\underline{\Gamma}; \overline{\Gamma}]$. Ist a eine reelle Zahl, dann ist

$$\underline{\Gamma} \leq a \leq \overline{\Gamma}$$

ein Ereignis. Gilt für das Zufallsintervall $[\underline{\Gamma}; \overline{\Gamma}]$ und einen bestimmten Parameter θ

$$W(\underline{\Gamma} \leq \theta \leq \overline{\Gamma}) = \alpha \; ,$$

dann heißt $[\underline{\Gamma}; \overline{\Gamma}]$ ein Konfidenzintervall für θ und die Wahrscheinlichkeit α Vertrauenswahrscheinlichkeit.
Die Zahl $(1-\alpha)$ heißt Konfidenzniveau. Sind die Zufallsvariablen $\underline{\Gamma}$ und $\overline{\Gamma}$ diskret, so existiert nicht für jedes α ein Konfidenzintervall.

Ist

$$W(\theta < \underline{\Gamma}) = W(\theta > \overline{\Gamma}) = \frac{1-\alpha}{2} \; ,$$

dann heißt das Konfidenzintervall symmetrisch. Im folgenden werden nur symmetrische Konfidenzintervalle betrachtet.

Eine Intervallschätzung ist die Berechnung der Realisation eines Konfidenzintervalls aus den Werten $x_1, \ldots, x_n$ einer Stichprobe. Die sich so ergebenden Intervallgrenzen γ_1 und γ_2 heißen Vertrauensgrenzen.

2.5 SPEZIELLE KONFIDENZINTERVALLE

Sind für die Verteilung einer Stichprobenfunktion Φ, die den unbekannten Parameter θ enthält, der $(\frac{1-\alpha}{2})$- und der $(\frac{1+\alpha}{2})$-Punkt bekannt, so läßt sich in vielen Fällen mit diesen Werten ein Konfidenzintervall für θ mit der Vertrauenswahrscheinlichkeit α konstruieren. Im folgenden werden der $(\frac{1-\alpha}{2})$-Punkt mit c_1 und der $(\frac{1+\alpha}{2})$-Punkt mit c_2 bezeichnet.

Ist z.B. die Grundgesamtheit G normalverteilt, dann ist die Stichprobenfunktion

$$\frac{\bar{X} - \mu}{\sigma} \sqrt{n}$$

$N(0;1)$-verteilt. Mit den Punkten c_1 und c_2 aus der $N(0;1)$-Verteilung ergibt sich bei bekanntem σ das Konfidenzintervall für μ

$$\left[\bar{X} + c_1 \frac{\sigma}{\sqrt{n}} \; ; \; \bar{X} + c_2 \frac{\sigma}{\sqrt{n}}\right] .$$

Beispiel 118

Die Grundgesamtheit sei normalverteilt mit $\sigma^2 = 16$. Eine Stichprobe vom Umfang n = 400 ergab als Schätzwert für den Parameter μ

$$\hat{\mu} = \bar{x} = 7 .$$

Für eine Vertrauenswahrscheinlichkeit von $\alpha = 0,95$ ergibt sich aus der Tabelle der $N(0;1)$-Verteilung

$$c_1 = -1,96$$
$$c_2 = -c_1 = 1,96 .$$

Für das Konfidenzintervall von μ ergibt sich damit

$$\left[\bar{X} - 1,96 \frac{4}{20} \; ; \; \bar{X} + 1,96 \frac{4}{20}\right]$$

oder

$$\left[\bar{X} - 0{,}392; \ \bar{X} + 0{,}392\right] .$$

Die Vertrauensgrenzen für μ sind $\gamma_1 = 6{,}608$ und $\gamma_2 = 7{,}392$.

Für eine normalverteilte Grundgesamtheit G ist die Stichprobenfunktion

$$\frac{\bar{X} - \mu}{S} \sqrt{n}$$

$t(n-1)$-verteilt (vgl. Kap. III, 3.7). Mit den Punkten c_1 und c_2 aus der $t(n-1)$-Verteilung ergibt sich das Konfidenzintervall für μ

$$\left[\bar{X} + c_1 \frac{S}{\sqrt{n}} \ ; \ \bar{X} + c_2 \frac{S}{\sqrt{n}}\right] .$$

Beispiel 119
============
Die Grundgesamtheit sei normalverteilt. Eine Stichprobe vom Umfang n = 18 ergab als Schätzwerte für μ und σ^2

$$\hat{\mu} = \bar{x} = \frac{1}{18} \sum_{i=1}^{18} x_i = 12{,}63$$

und

$$\hat{\sigma}^2 = \frac{1}{17} \sum_{i=1}^{18} (x_i - 12{,}63)^2 = 10{,}14 .$$

Für eine Vertrauenswahrscheinlichkeit von $\alpha = 0{,}9$ ergibt sich aus der Tabelle der $t(18-1)$-Verteilung

$$c_1 = -1,74$$
$$c_2 = -c_1 = 1,74 .$$

Für das Konfidenzintervall für μ ergibt sich damit

$$\left[\bar{X} - 1,74 \, \frac{S}{\sqrt{18}} \; ; \; \bar{X} + 1,74 \, \frac{S}{\sqrt{18}} \right] .$$

Die Vertrauensgrenzen für μ sind

$$Y_1 = \bar{x} - 1,74 \, \frac{\hat{\sigma}}{\sqrt{18}} = 12,63 - 1,74 \sqrt{\frac{10,14}{18}} \approx 11,324$$

und

$$Y_2 = \bar{x} + 1,74 \, \frac{\hat{\sigma}}{\sqrt{18}} = 12,63 + 1,74 \sqrt{\frac{10,14}{18}} \approx 13,936 .$$

Die Stichprobenfunktion

$$\frac{\bar{X} - \mu}{\sigma} \sqrt{n}$$

ist für eine beliebig verteilte Grundgesamtheit G asymptotisch $N(0;1)$-verteilt. Für einen Stichproben-umfang $n > 30$ ist in der Regel die Annäherung an die $N(0;1)$-Verteilung so gut, daß es für die Bestimmung der Vertrauensgrenzen für μ ausreicht, die Punkte c_1 und c_2 der $N(0;1)$-Verteilung zu benutzen. Das Konfidenzintervall für μ ist dann bei bekanntem σ

$$\left[\bar{X} + c_1 \, \frac{\sigma}{\sqrt{n}} \; ; \; \bar{X} + c_2 \, \frac{\sigma}{\sqrt{n}} \right] .$$

Beispiel 120
============

Eine Stichprobe vom Umfang $n = 47$ ergab als Schätzwert
für μ

$$\hat{\mu} = \bar{x} = 25,31 \ .$$

Die Varianz σ^2 der Verteilung der Grundgesamtheit ist
bekannt

$$\sigma^2 = 37,74 \ .$$

Für eine Vertrauenswahrscheinlichkeit von $\alpha = 0,99$ ergibt sich aus der Tabelle der N(0;1)-Verteilung

$$c_1 = - 2,58$$

$$c_2 = - c_1 = 2,58 \ .$$

Für das Konfidenzintervall für μ ergibt sich damit

$$\left[\bar{X} - 2,58 \, \frac{\sqrt{37,74}}{\sqrt{47}} \ ; \ \bar{X} + 2,58 \, \frac{\sqrt{37,74}}{\sqrt{47}} \right] \ .$$

Die Vertrauensgrenzen für μ sind

$$\gamma_1 = \bar{x} - 2,58 \, \frac{\sqrt{37,74}}{\sqrt{47}} \approx 25,31 - 2,31 = 23,00$$

und

$$\gamma_2 = \bar{x} + 2,58 \, \frac{\sqrt{37,74}}{\sqrt{47}} \approx 25,31 + 2,31 = 27,62 \ .$$

Ist die Grundgesamtheit G normalverteilt, dann ist die
Stichprobenfunktion

$$\frac{(n-1)s^2}{\sigma^2}$$

$\chi^2(n-1)$-verteilt (vgl. Kap. III, 3.7). Mit den Punkten

c_1 und c_2 der $\chi^2(n-1)$-Verteilung ergibt sich

$$c_1 \leq \frac{(n-1)S^2}{\sigma^2} \leq c_2$$

oder

$$\frac{(n-1)S^2}{c_2} \leq \sigma^2 \leq \frac{(n-1)S^2}{c_1}$$

und damit für σ^2 das Konfidenzintervall

$$\left[\frac{(n-1)S^2}{c_2} ; \frac{(n-1)S^2}{c_1}\right] .$$

Beispiel 121
============

Die Grundgesamtheit sei normalverteilt. Eine Stichprobe vom Umfang n = 27 ergab als Schätzwert für σ^2

$$\hat{\sigma}^2 = 53,3 .$$

Für eine Vertrauenswahrscheinlichkeit von $\alpha = 0,95$ ergibt sich aus der Tabelle der $\chi^2(27-1)$-Verteilung

$$c_1 = 13,82$$
$$c_2 = 41,92 .$$

Für das Konfidenzintervall für σ^2 ergibt sich damit

$$\left[\frac{26\,S^2}{41,92} ; \frac{26\,S^2}{13,82}\right] .$$

Die Vertrauensgrenzen für σ^2 sind

$$\gamma_1 = \frac{26\,\hat{\sigma}^2}{41,92} = \frac{26 \cdot 53,3}{41,92} \approx 33,06$$

und

$$\gamma_2 = \frac{26\,\hat{\sigma}^2}{13,82} = \frac{26 \cdot 53,3}{13,82} \approx 100,27 .$$

Enthält die Stichprobenfunktion Φ außer θ noch einen weiteren unbekannten Parameter θ_1, dann tritt dieser Parameter auch in den Vertrauensgrenzen für θ auf. Bei der Berechnung dieser Vertrauensgrenzen muß θ_1 durch einen Schätzwert $\hat{\theta}_1$ ersetzt werden. D.h. aber, daß sich jetzt nur noch Schätzungen für die Vertrauensgrenzen von θ ergeben.

Ist die Streuung σ einer beliebig verteilten Grundgesamtheit G nicht bekannt und soll ein Konfidenzintervall für μ bestimmt werden, dann ist bei der Berechnung der Vertrauensgrenzen σ durch einen Schätzwert $\hat{\sigma}$ zu ersetzen. Für einen Stichprobenumfang $n > 30$ ergibt sich mit den Punkten c_1 und c_2 der $N(0;1)$-Verteilung als Schätzung für das Konfidenzintervall für μ

$$\left[\bar{X} + c_1 \frac{\hat{\sigma}}{\sqrt{n}} \; ; \; \bar{X} + c_2 \frac{\hat{\sigma}}{\sqrt{n}} \right] .$$

Beispiel 122
============

Aus der Tagesproduktion eines großen Automobilwerkes wurden 100 Pkw eines bestimmten Typs zufällig ausgewählt und ihre Höchstgeschwindigkeit gemessen. Mit den Werten dieser Stichproben ergaben sich die Schätzwerte

$$\hat{\mu} = \bar{x} = 117,83$$

und

$$\hat{\sigma}^2 = 137,4236 .$$

Für eine Vertrauenswahrscheinlichkeit von $\alpha = 0,9$ ergibt sich aus der Tabelle der $N(0;1)$-Verteilung

$$c_1 = -1,65$$
$$c_2 = -c_1 = 1,65 .$$

Als Schätzung für die Vertrauensgrenzen von μ ergibt

sich

$$Y_1 = \bar{x} - 1{,}65 \frac{\sqrt{137{,}4236}}{\sqrt{100}} \approx 117{,}83 - 1{,}93 = 115{,}90$$

und

$$Y_2 = \bar{x} + 1{,}65 \frac{\sqrt{137{,}4236}}{\sqrt{100}} \approx 117{,}83 + 1{,}93 = 119{,}76 \ .$$

Ist die Grundgesamtheit G speziell B(1;p)-verteilt, dann ergibt sich als Schätzung für das Konfidenzintervall für p

$$\left[\bar{X} + c_1 \sqrt{\frac{\hat{p}(1-\hat{p})}{n}} \ ; \ \bar{X} + c_2 \sqrt{\frac{\hat{p}(1-\hat{p})}{n}} \right] \ .$$

Beispiel 123
============

Bei 18 der 100 zufällig ausgewählten Pkw in Beispiel 122 wurden Mängel festgestellt. Wird jedem Pkw ohne Mängel die Zahl 0 und jedem Pkw mit Mängel die 1 zugeordnet, dann ist die Grundgesamtheit B(1;p)-verteilt. p ist die Wahrscheinlichkeit dafür, daß ein Pkw Mängel aufweist. $\hat{\mu} = \bar{x}$ ist ein Schätzwert $\hat{p}$ für p. Für eine Vertrauenswahrscheinlichkeit von $\alpha = 0{,}9$ ergibt sich aus der Tabelle der N(0;1)-Verteilung

$$c_1 = -1{,}65$$

$$c_2 = -c_1 = 1{,}65 \ .$$

Als Schätzung für die Vertrauensgrenzen von p ergibt sich

$$Y_1 = 0{,}18 - 1{,}65 \sqrt{\frac{0{,}18 \cdot 0{,}82}{100}} \approx 0{,}12$$

und

$$\gamma_2 = 0,18 + 1,65 \sqrt{\frac{0,18 \cdot 0,82}{100}} \approx 0,24 \ .$$

3. SIGNIFIKANZTESTS

3.1 GRUNDBEGRIFFE

Ein <u>statistischer Test</u> ist ein Prüfverfahren für eine
Hypothese über die Verteilung einer Grundgesamtheit
aufgrund der Ergebnisse einer Stichprobe. Die Wahrscheinlichkeit, bei einem bestimmten Test eine zutref-
fende Hypothese abzulehnen, heißt <u>Signifikanzniveau</u>
dieses Tests.

Ein Test, der nur zur Entscheidung über Ablehnung oder
Nichtablehnung einer einzigen Hypothese dient, heißt
<u>Signifikanztest</u>. Kann eine Hypothese aufgrund eines
Signifikanztests nicht abgelehnt werden, so darf daraus nicht gefolgert werden, daß diese Hypothese zutrifft. Hier werden nur Signifikanztests betrachtet.

Es sei H eine Hypothese über die Verteilung einer
Grundgesamtheit, α ein vorgegebenes Signifikanzniveau,
$V = h(X_1,\ldots,X_n)$ eine Stichprobenfunktion, und es sei
unter der Hypothese H eine Zahl c_α so bestimmt, daß
gilt

$$W(|V| \geq c_\alpha) = \alpha \ .$$

Ist die Verteilung der Stichprobenfunktion V diskret,
so gibt es nicht zu jedem Signifikanzniveau α eine
solche Zahl c_α.

Wird die Hypothese H abgelehnt, wenn für die Realisation $v = h(x_1,\ldots,x_n)$ von V gilt,

$$|v| \geq c_\alpha \ ,$$

dann ist die Wahrscheinlichkeit dafür, daß eine zu-
treffende Hypothese abgelehnt wird, gerade gleich α.
Die Stichprobenfunktion V heißt <u>Testfunktion</u> für die
Hypothese H. Die Zahl c_α heißt <u>kritischer Wert</u> der
Testfunktion V für das Signifikanzniveau α. Die mit
den Stichprobenwerten $x_1,\ldots,x_n$ bestimmte Realisation

$$v = h(x_1,\ldots,x_n)$$

der Testfunktion V heißt <u>Testwert</u>.

Die <u>Entscheidungsregel</u> bei einem Signifikanztest lautet: Die Hypothese H ist abzulehnen, wenn der Betrag
des Testwertes v größer oder gleich dem kritischen
Wert c_α der Testfunktion V ist

$$|v| \geq c_\alpha \; .$$

3.2 t-TESTS

Betrachtet wird eine $N(\mu;\sigma)$-verteilte Grundgesamtheit.
Die Hypothese H sei, daß μ einen bestimmten Wert μ_o
hat. Unter dieser Hypothese ist die Testfunktion

$$V = \frac{\bar{X} - \mu_o}{S} \sqrt{n}$$

$t(n-1)$-verteilt. Für ein Signifikanzniveau α ist der
kritische Wert c_α der $(1 - \frac{\alpha}{2})$-Punkt der $t(n-1)$-Vertei-
lung. Die Hypothese H wird abgelehnt, wenn für den
Testwert v gilt

$$|v| \geq c_\alpha \; .$$

Beispiel 124
============

Die Grundgesamtheit G sei normalverteilt. Die Hypothese

$$\mu = 500$$

soll auf dem Signifikanzniveau $\alpha = 0,01$ getestet werden. Eine Stichprobe vom Umfang $n = 8$ ergab die Werte $x_1 = 492$, $x_2 = 501$, $x_3 = 487$, $x_4 = 496$, $x_5 = 503$, $x_6 = 498$, $x_7 = 503$ und $x_8 = 498$. Mit

$$\bar{x} = \frac{1}{8}(492+501+487+496+503+498+503+498) = 497,25 \ ,$$

$$\hat{\sigma}^2 = \frac{1}{7}((492-497,25)^2 + \ldots + (498-497,25)^2) = 30,7857 \ ,$$

$$\hat{\sigma} = 5,5485$$

ergibt sich der Testwert

$$v = \frac{497,25 - 500}{5,5485} \sqrt{8} = -1,4019 \ .$$

Der kritische Wert $c_{0,01}$ ergibt sich aus der Tabelle der $t(8-1)$-Verteilung. Es ist

$$c_{0,01} = 3,5 \ .$$

Da

$$|v| < c_{0,01}$$

ist, kann die Hypothese auf diesem Signifikanzniveau nicht abgelehnt werden.

Eine Grundgesamtheit sei zweidimensional normalverteilt, d.h. die zweidimensionale Stichprobenvariable (X,X^*) der Stichprobe vom Umfang Eins ist $N(\mu;\mu^*;\sigma;\sigma^*;\rho)$-verteilt und die Hypothese H sei

$$\rho = 0 \ .$$

Unter dieser Hypothese ist die Stichprobenfunktion

$$V = \frac{R}{\sqrt{1-R^2}} \sqrt{n-2}$$

mit

$$R = \frac{\sum\limits_{i=1}^{n} (X_i - \bar{X})(X_i^* - \bar{X}^*)}{\sqrt{\sum\limits_{i=1}^{n} (X_i - \bar{X})^2 \sum\limits_{i=1}^{n} (X_i^* - \bar{X}^*)^2}}$$

eine $t(n-2)$-verteilte Testfunktion für H. Der kritische Wert c_α ist der $(1 - \frac{\alpha}{2})$-Punkt der $t(n-2)$-Verteilung. Die Hypothese H wird abgelehnt, wenn für den Testwert v gilt

$$|v| \geq c_\alpha \; .$$

Beispiel 125
============

Die Grundgesamtheit G sei zweidimensional normalverteilt. Eine Stichprobe vom Umfang $n = 20$ ergab $\hat{\rho} = 0,2079$ als Schätzwert für den Korrelationskoeffizienten ρ (vgl. Beispiel 116). Es soll auf dem Signifikanzniveau $\alpha = 0,05$ die Hypothese

$$\rho = 0$$

getestet werden. Als Testwert ergibt sich

$$v = \frac{0,2079}{\sqrt{1 - 0,2079^2}} \sqrt{20-2} = 0,9911 \; .$$

Der kritische Wert $c_{0,05}$ ergibt sich aus der Tabelle der $t(20-2)$-Verteilung. Es ist

$$c_{0,05} = 2,1 \; .$$

Da

$$|v| < c_{0,05}$$

ist, kann die Hypothese auf diesem Signifikanzniveau nicht abgelehnt werden.

Betrachtet werden zwei Grundgesamtheiten G_1 und G_2, die $N(\mu_1;\sigma)$- und $N(\mu_2;\sigma)$-verteilt sind. $(X_1,\ldots,X_n)$ sei die n-dimensionale Stichprobenvariable von G_1 und $(Y_1,\ldots,Y_m)$ die m-dimensionale Stichprobenvariable von G_2. Die Hypothese H sei

$$\mu_1 = \mu_2 \; .$$

Unter dieser Hypothese ist die Stichprobenfunktion

$$V = \frac{\bar{X} - \bar{Y}}{\sqrt{(n-1)S_1^2 + (m-1)S_2^2}} \sqrt{\frac{nm}{n+m}(m+n-2)}$$

eine $t(m+n-2)$-verteilte Testfunktion für H. Der kritische Wert c_α ist der $(1 - \frac{\alpha}{2})$-Punkt der $t(m+n-2)$-Verteilung. Die Hypothese H wird abgelehnt, wenn für den Testwert v gilt

$$|v| \geq c_\alpha \; .$$

Beispiel 126
=============
Eine Stichprobe vom Umfang n = 12 aus einer normalverteilten Grundgesamtheit G_1 ergab die Werte $\bar{x} = 1,90$ und $\hat{\sigma}_1^2 = 0,25$. Eine Stichprobe vom Umfang m = 16 aus einer normalverteilten Grundgesamtheit G_2 ergab die Werte $\bar{y} = 1,65$ und $\hat{\sigma}_2^2 = 0,6$. Die Hypothese

$$\mu_1 = \mu_2$$

soll auf dem Signifikanzniveau $\alpha = 0,1$ getestet werden. Als Testwert ergibt sich

$$v = \frac{1,90 - 1,65}{\sqrt{0,25(12-1) + 0,60(16-1)}} \sqrt{\frac{12 \cdot 16}{12+16}(12+16-2)}$$

$$= 0,9738 \; .$$

Der kritische Wert $c_{0,1}$ ergibt sich aus der Tabelle

222

der t(12+16-2)-Verteilung. Es ist

$$c_{0,1} = 1,7 \; .$$

Da

$$|v| < c_{0,1}$$

ist, kann die Hypothese auf diesem Signifikanzniveau nicht abgelehnt werden.

3.3 ASYMPTOTISCH NORMALVERTEILTE TESTFUNKTIONEN

Es sei von einer Grundgesamtheit nur die Varianz σ^2 bekannt, und die Hypothese H sei

$$\mu = \mu_o \; .$$

Unter dieser Hypothese ist die Stichprobenfunktion

$$V = \frac{\overline{X} - \mu_o}{\sigma} \sqrt{n}$$

eine asymptotisch N(0;1)-verteilte Testfunktion für H. Für einen Stichprobenumfang n > 30 kann in der Regel für den kritischen Wert c_α der $(1 - \frac{\alpha}{2})$-Punkt der N(0;1)-Verteilung genommen werden. Ist σ nicht bekannt, so wird für σ der Schätzwert $\hat{\sigma}$ benutzt. Es ergibt sich so für den Testwert v die Schätzung

$$\hat{v} = \frac{\overline{x} - \mu_o}{\hat{\sigma}} \sqrt{n} \; .$$

Die Hypothese H wird abgelehnt, wenn gilt

$$|\hat{v}| \geq c_\alpha \; .$$

Ist die Grundgesamtheit speziell B(1;p)-verteilt und lautet die Hypothese

$$p = p_o \; ,$$

dann ist

$$\hat{v} = \frac{\hat{p} - p_0}{\sqrt{\hat{p}(1-\hat{p})}} \sqrt{n}$$

eine Schätzung für die Realisation der Testfunktion

$$V = \frac{\bar{X} - p_0}{\sqrt{p(1-p)}} \sqrt{n} \ .$$

Für $np \geq 5$ und $n(1-p) \geq 5$ kann die Verteilungsfunktion dieser Zufallsvariablen durch die Verteilungsfunktion der $N(0;1)$-Verteilung approximiert werden (vgl. Kap. III, 3.8).

Beispiel 127
============

Eine Brauerei behauptet, daß jede ihrer Spezialflaschen nach der Abfüllung 0,7 l Bockbier enthält. Eine Stichprobe vom Umfang $n = 60$ ergab die Werte $\bar{x} = 0,68$ und $\hat{\sigma}^2 = 0,0064$. Die Behauptung der Brauerei ist auf dem Signifikanzniveau $\alpha = 0,1$ zu testen. Als Schätzung für den Testwert ergibt sich

$$\hat{v} = \frac{0,68-0,70}{0,08} \sqrt{60} = 1,9365 \ .$$

Der kritische Wert $c_{0,1}$ ergibt sich aus der Tabelle der $N(0;1)$-Verteilung. Es ist

$$c_{0,1} = 1,65 \ .$$

Da

$$|\hat{v}| > c_{0,1}$$

ist, wird die Hypothese auf diesem Signifikanzniveau abgelehnt.

Beispiel 128
==============

Bei 200 Münzwürfen wurde 87-mal "Kopf" geworfen. Auf
dem Signifikanzniveau α = 0,01 ist die Hypothese zu
testen, daß mit einer fairen Münze geworfen wurde. Als
Schätzung für den Testwert ergibt sich

$$\hat{v} = \frac{\frac{87}{200} - \frac{1}{2}}{\sqrt{\frac{87}{200}\left(1 - \frac{87}{200}\right)}} \sqrt{200} = -1,8542 \; .$$

Der kritische Wert $c_{0,01}$ ergibt sich aus der Tabelle
der $N(0;1)$-Verteilung. Es ist

$$c_{0,01} = 2,575 \; .$$

Da

$$|\hat{v}| < c_{0,01}$$

ist, kann die Hypothese auf diesem Signifikanzniveau
nicht abgelehnt werden.

Betrachtet werden zwei Grundgesamtheiten G_1 und G_2
mit der gleichen Varianz σ^2. $(X_1,\ldots,X_n)$ sei die
n-dimensionale Stichprobenvariable von G_1 und
$(Y_1,\ldots,Y_m)$ die m-dimensionale Stichprobenvariable von
G_2, dann ist die Stichprobenfunktion

$$V = \frac{\bar{X} - \bar{Y}}{\sigma\sqrt{\frac{1}{n} + \frac{1}{m}}}$$

unter der Hypothese H

$$\mu_1 = \mu_2$$

eine asymptotisch $N(0;1)$-verteilte Testfunktion für H.
Gilt für die Stichprobenumfänge m > 30 und n > 30, so
kann in der Regel für den kritischen Wert c_α der

$(1 - \frac{\alpha}{2})$-Punkt der $N(0;1)$-Verteilung genommen werden. Ist σ^2 nicht bekannt, so wird dafür der Schätzwert

$$\hat{\sigma}^2 = \frac{(n-1)\hat{\sigma}_1^2 + (m-1)\hat{\sigma}_2^2}{n + m - 2}$$

genommen. Dabei sind $\hat{\sigma}_1$ und $\hat{\sigma}_2$ die aus den Stichprobenwerten bestimmten Schätzwerte für σ. Dann ist

$$\hat{v} = \frac{\bar{x} - \bar{y}}{\hat{\sigma}\sqrt{\frac{1}{n} + \frac{1}{m}}}$$

eine Schätzung für die Realisation der Testfunktion V. Die Hypothese H wird abgelehnt, wenn gilt

$$|\hat{v}| \geq c_\alpha .$$

Beispiel 129
============

Auf den beiden Anlagen A und B werden Konserven abgefüllt. Es wurde jeweils eine Stichprobe vom Umfang $n = 100$ ausgewählt und das Füllgewicht gemessen. Es ergaben sich die Werte $\bar{x}_A = 478$, $\hat{\sigma}_A = 25$, $\bar{x}_B = 485$ und $\hat{\sigma}_B = 27$. Es ist auf dem Signifikanzniveau $\alpha = 0,01$ die Hypothese

$$\mu_A = \mu_B$$

zu testen. Mit

$$\hat{\sigma} = \sqrt{\frac{(100-1)25^2 + (100-1)27^2}{100 + 100 - 2}} = 26,0192$$

ergibt sich als Schätzung für den Testwert

$$\hat{v} = \frac{478 - 485}{26,0192 \sqrt{\frac{1}{100} + \frac{1}{100}}} = -1,9\text{o}7$$

Der kritische Wert $c_{0,01}$ ergibt sich aus der Tabelle

der N(0;1)-Verteilung. Es ist

$$c_{0,01} = 2,575 \ .$$

Da

$$|\hat{v}| > c_{0,01}$$

ist, wird die Hypothese auf diesem Signifikanzniveau
nicht abgelehnt.

Betrachtet werden zwei Grundgesamtheiten G_1 und G_2,
die $B(1;p_1)$- und $B(1;p_2)$-verteilt sind. $(X_1,\ldots,X_n)$
sei die n-dimensionale Stichprobenvariable von G_1 und
$(Y_1,\ldots,Y_m)$ die m-dimensionale Stichprobenvariable
von G_2. Die Hypothese H sei

$$p_1 = p_2 = p \ .$$

Unter dieser Hypothese kann die Verteilungsfunktion
der Testfunktion für H

$$V = \frac{\bar{X} - \bar{Y}}{\sqrt{p(1-p)(\frac{1}{n} + \frac{1}{m})}}$$

für $np \geq 5$, $mp \geq 5$, $n(1-p) \geq 5$ und $m(1-p) \geq 5$ durch
die Verteilungsfunktion der N(0;1)-Verteilung approximiert werden. Der kritische Wert c_α ergibt sich
dann als $(1 - \frac{\alpha}{2})$-Punkt der N(0;1)-Verteilung. Da p
nicht bekannt ist, wird dafür der Schätzwert

$$\hat{p} = \frac{n\hat{p}_1 + m\hat{p}_2}{n + m}$$

genommen. Es ergibt sich dann ein Schätzwert $\hat{v}$ für die
Realisation von V. Die Hypothese H wird abgelehnt,
wenn gilt

$$|\hat{v}| \geq c_\alpha \ .$$

Beispiel 130
============

Auf den beiden Fließbändern A und B werden Motoren
montiert. Aus der Produktion der beiden Fließbänder
wird je eine Stichprobe ausgewählt. Die Stichprobenumfänge sind $n_A = 160$ und $n_B = 200$. In der aus der
Produktion von A ausgewählten Stichprobe mußten 8 Motoren nachgearbeitet werden, in der aus B ausgewählten
Stichprobe 12 Motoren. Auf dem Signifikanzniveau
$\alpha = 0,05$ soll die Hypothese getestet werden, daß die
Quoten p_A und p_B der nachzuarbeitenden Motoren gleich
sind

$$p_A = p_B \; .$$

Mit

$$\hat{p} = \frac{160 \cdot \frac{8}{160} + 200 \cdot \frac{12}{200}}{160 + 200} = 0,0555$$

ergibt sich als Schätzung für den Testwert

$$\hat{v} = \frac{\frac{8}{160} - \frac{12}{200}}{\sqrt{0,0555(1-0,0555)\left(\frac{1}{160} + \frac{1}{200}\right)}} = -0,4116 \; .$$

Der kritische Wert $c_{0,05}$ ergibt sich aus der Tabelle
der $N(0;1)$-Verteilung. Es ist

$$c_{0,05} = 1,96 \; .$$

Da

$$|\hat{v}| < c_{0,05}$$

ist, kann die Hypothese auf diesem Signifikanzniveau
nicht abgelehnt werden.

3.4 EINFACHE VARIANZANALYSE

Bei der einfachen Varianzanalyse werden r normalverteilte Grundgesamtheiten G_i ($i = 1, \ldots, r$) mit den Erwartungswerten μ_i und der gleichen Varianz σ^2 betrachtet. Ist

$$(X_{i1}, \ldots, X_{in_i}) \,, \qquad i = 1, \ldots, r$$

die n_i-dimensionale Stichprobenvariable von G_i, dann soll mit den Stichprobenwerten die Hypothese H

$$\mu_1 = \mu_2 = \ldots = \mu_r$$

getestet werden.

Der Grundgedanke der Varianzanalyse ist die Zerlegung der Summe von quadratischen Abweichungen der Stichprobenvariablen von $\bar{X}$

$$Q = \sum_{i=1}^{r} \sum_{k=1}^{n_i} (X_{ik} - \bar{X})^2$$

in eine Summe von quadratischen Abweichungen zwischen den verschiedenen Stichproben

$$Q_1 = \sum_{i=1}^{r} n_i (\bar{X}_i - \bar{X})^2$$

und in eine Summe von quadratischen Abweichungen innerhalb der einzelnen Stichproben

$$Q_2 = \sum_{i=1}^{r} \sum_{k=1}^{n_i} (X_{ik} - \bar{X}_i)^2 \,.$$

Dabei ist

$$\bar{X} = \frac{1}{n} \sum_{i=1}^{r} \sum_{k=1}^{n_i} X_{ik} \,, \qquad n = \sum_{i=1}^{r} n_i$$

und

$$\bar{X}_i = \frac{1}{n_i} \sum_{k=1}^{n_i} X_{ik} \ .$$

Es gilt

$$Q = Q_1 + Q_2 \ .$$

Betrachtet wird die Testfunktion

$$V = \frac{\frac{1}{r-1} Q_1}{\frac{1}{n-r} Q_2} \ ,$$

die unter der Hypothese H $F(r-1;n-r)$-verteilt ist. Es gilt

$$\mathcal{E}(\frac{1}{r-1} Q_1) = \sigma^2 + \frac{1}{r-1} \sum_{i=1}^{r} n_i (\mu_i - \bar{\mu})^2$$

und

$$\mathcal{E}(\frac{1}{n-r} Q_2) = \sigma^2 \ .$$

Demnach ist zu erwarten, daß bei Nichtzutreffen der Hypothese H der Testwert v der Tendenz nach größer ausfallen wird als bei Zutreffen der Hypothese H. Auf dieser Überlegung beruht die Entscheidungsregel bei der einfachen Varianzanalyse. Ist c_α der $(1-\alpha)$-Punkt der $F(r-1;n-r)$-Verteilung, dann wird die Hypothese H abgelehnt, wenn für den Testwert v gilt

$$v \geq c_\alpha \ .$$

α ist das Signifikanzniveau dieses Tests.

Beispiel 131
============

In einer kleinen Automobilfabrik bauen die 3 Gruppen

von Mechanikern A, B und C Motoren zusammen. Jeweils
bei 4 der von den 3 Gruppen montierten Motoren wird
die Leistung gemessen. Es ergaben sich die folgenden
PS-Werte

Gruppe	Meßwerte			
A	137	142	128	137
B	140	139	117	137
C	142	140	133	141

Auf dem Signifikanzniveau $\alpha = 0,05$ soll die Hypothese
getestet werden, daß die Leistung der von den 3 Gruppen montierten Motoren gleich ist

$$\mu_A = \mu_B = \mu_C \, .$$

Es ist üblich, die für den Test benötigten Werte in
folgender Form anzuordnen

Abweichungen	Freiheits-grade	Quadrat-summen	
zwischen den Gruppen	$r-1$	q_1	$\dfrac{q_1}{r-1}$
innerhalb der Gruppen	$n-r$	q_2	$\dfrac{q_2}{n-r}$
insgesamt	$n-1$	q	$v = \dfrac{(n-r)q_1}{(r-1)q_2}$

Hier ergibt sich mit

$$\bar{x}_A = 136,00$$
$$\bar{x}_B = 133,25$$
$$\bar{x}_C = 139,00$$

und

$$\bar{x} = 136,08$$

231

Abweichungen	Freiheits-grade	Quadrat-summen	
zwischen den Gruppen	3-1	66,167	$\frac{1}{(3-1)}$ 66,167
innerhalb der Gruppen	12-3	508,750	$\frac{1}{(12-3)}$ 508,750
insgesamt	12-1	574,917	$v = 0,585$

Der kritische Wert $c_{0,05}$ ist der 0,95-Punkt der $F(3-1;12-3)$-Verteilung

$$c_{0,05} = 4,26 \ .$$

Da

$$v < c_{0,05}$$

ist, kann die Hypothese auf diesem Signifikanzniveau nicht abgelehnt werden. Bei diesem Test wurde vorausgesetzt, daß die 3 Grundgesamtheiten normalverteilt sind.

3.5 χ^2-TEST

Es sei $F(y)$ die Verteilungsfunktion der Verteilung einer Grundgesamtheit G. Betrachtet wird eine Zerlegung von $\Re$ in aneinander anschließende links offene Intervalle

$$I_1,\dots,I_m$$

mit

$$W(X \in I_k) = p_k > 0 \ , \qquad k = 1,\dots,m \ .$$

Es sei $(X_1,\dots,X_n)$ die n-dimensionale Stichprobenvariable von G und n_k die Anzahl der Stichprobenwerte

x_i aus $(x_1, \ldots, x_n)$, für die gilt

$$x_i \in I_k , \qquad\qquad k = 1, \ldots, m .$$

Dann ist N_k eine Zufallsvariable mit

$$\mathcal{e}(N_k) = np_k ,$$

und die Folge von Stichprobenfunktionen

$$V_n = \sum_{k=1}^{m} \frac{(N_k - np_k)^2}{np_k} , \qquad n = 1, 2, \ldots$$

ist asymptotisch $\chi^2(m-1)$-verteilt. Hat die Grundgesamtheit G eine von $F(y)$ abweichende Verteilung, so ergeben sich andere Werte p_k. Die Realisation v_n der Stichprobenfunktion V_n wird dann der Tendenz nach größer ausfallen. Auf dieser Überlegung beruht die Verwendung dieser Stichprobenfunktion als Testfunktion für die Hypothese H, daß eine Grundgesamtheit G eine bestimmte Verteilungsfunktion $F(y)$ besitzt. Ist c_α der $(1-\alpha)$-Punkt der $\chi^2(m-1)$-Verteilung, dann wird die Hypothese H abgelehnt, wenn für den Testwert v_n gilt

$$v_n \geq c_\alpha .$$

α ist das Signifikanzniveau dieses Tests. Die Bestimmung des kritischen Wertes c_α aus der $\chi^2(m-1)$-Verteilung ist in der Regel zulässig, wenn gilt

$$np_k \geq 5 , \qquad k = 1, \ldots, m .$$

Beispiel 132
============
Bei 200 Münzwürfen wurde 87-mal "Kopf" geworfen. Auf dem Signifikanzniveau $\alpha = 0,01$ ist die Hypothese zu testen, daß die Grundgesamtheit $B(1; 0,5)$-verteilt

ist. Für den Testwert ergibt sich

$$v_{200} = \frac{(113-100)^2}{100} + \frac{(87-100)^2}{100} = 3,38 .$$

Der kritische Wert $c_{0,01}$ ergibt sich aus der Tabelle der $\chi^2(2-1)$-Verteilung

$$c_{0,01} = 6,63 .$$

Da

$$v_{200} < c_{0,01}$$

ist, kann die Hypothese auf diesem Signifikanzniveau nicht abgelehnt werden (vgl. Beispiel 128).

3.6 KONTINGENZTABELLEN

Es sei $F(y,y^*)$ die zweidimensionale Verteilungsfunktion der Grundgesamtheit G. Die beiden Stichprobenvariablen X und X^* seien unabhängig. Es seien

$$I_1, \ldots, I_r$$

und

$$I_1^*, \ldots, I_s^*$$

Zerlegungen von $\mathfrak{R}$ in aufeinanderfolgende Intervalle, und es sei

$$W(X \in I_i) = p_{i*} , \qquad i = 1, \ldots, r$$

und

$$W(X^* \in I_k^*) = p_{*k} , \qquad k = 1, \ldots, s .$$

Dann ist wegen der Unabhängigkeit von X und X^*

$$W((X,X^*) \in I_i \times I_k^*) = p_{i*} p_{*k} .$$

Es sei $((X_1, X_1^*), \ldots, (X_n, X_n^*))$ die n-dimensionale Stichprobenvariable von G und n_{ik} die Anzahl der Stichprobenwerte (x_j, x_j^*) aus $((x_1, x_1^*), \ldots, (x_n, x_n^*))$, für die gilt

$$(x_j, x_j^*) \in I_i \times I_k^* .$$

Dann ist N_{ik} eine Zufallsvariable mit

$$\mathcal{e}(N_{ik}) = np_{i*}p_{*k} ,$$

und die Folge von Stichprobenfunktionen

$$W_n = \sum_{i=1}^{r} \sum_{k=1}^{s} \frac{(N_{ik} - np_{i*}p_{*k})^2}{np_{i*}p_{*k}}$$

ist asymptotisch $\chi^2(rs-1)$-verteilt. Sind die Wahrscheinlichkeiten p_{i*} und p_{*k} unbekannt, so müssen für sie Schätzwerte $\hat{p}_{i*}$ und $\hat{p}_{*k}$ bestimmt werden. Für p_{i*} ist die relative Häufigkeit

$$\frac{n_{i*}}{n}$$

der Stichprobenwerte (x_j, x_j^*) mit $x_j \in I_i$ ein Schätzwert und für p_{*k} die relative Häufigkeit

$$\frac{n_{*k}}{n}$$

der Stichprobenwerte (x_j, x_j^*) mit $x_j^* \in I_k^*$.
Die Folge der sich dann ergebenden Stichprobenfunktionen

$$V_n = \sum_{i=1}^{r} \sum_{k=1}^{s} \frac{(N_{ik} - n\hat{p}_{i*}\hat{p}_{*k})^2}{n\hat{p}_{i*}\hat{p}_{*k}}$$

ist asymptotisch $\chi^2((r-1)(s-1))$-verteilt. Aus ähnlichen Überlegungen wie in Kap. IV, 3.6 folgt, daß diese Stichprobenfunktionen als Testfunktionen für die Hypothese H, daß X und X^* unabhängig sind, benutzt werden kann. Ist c_α der $(1-\alpha)$-Punkt der $\chi^2((r-1)(s-1))$-Verteilung, dann wird die Hypothese H abgelehnt, wenn für den Testwert v_n gilt

$$v_n \geq c_\alpha \; .$$

α ist das Signifikanzniveau dieses Tests. Die Bestimmung des kritischen Wertes c_α aus der $\chi^2((r-1)(s-1))$-Verteilung ist in der Regel zulässig, wenn gilt

$$n_{ik} > 5 \; , \qquad i = 1,\ldots,r; \; k = 1,\ldots,s \; .$$

Beispiel 133
============
Mit den Stichprobenwerten

Familieneinkommen in DM	Zahl der Kinder				Summe
	0	1	2	mehr als 2	
unter 6000	60	80	140	120	400
6000 bis unter 12000	20	40	60	80	200
12000 und mehr	20	80	100	200	400
Summe	100	200	300	400	1000

soll auf dem Signifikanzniveau $\alpha = 0,01$ die Hypothese getestet werden, daß die Zufallsvariablen Familieneinkommen und Kinderzahl unabhängig sind. Unter der Hypothese der Unabhängigkeit ergeben sich als Schätzwerte für

$$np_{ik} = np_{i*}p_{*k}$$

$\dfrac{400\cdot100}{1000}$ = 40	$\dfrac{400\cdot200}{1000}$ = 80	$\dfrac{400\cdot300}{1000}$ = 120	$\dfrac{400\cdot400}{1000}$ = 160	400
$\dfrac{200\cdot100}{1000}$ = 20	$\dfrac{200\cdot200}{1000}$ = 40	$\dfrac{200\cdot300}{1000}$ = 60	$\dfrac{200\cdot400}{1000}$ = 80	200
$\dfrac{400\cdot100}{1000}$ = 40	$\dfrac{400\cdot200}{1000}$ = 80	$\dfrac{400\cdot300}{1000}$ = 120	$\dfrac{400\cdot400}{1000}$ = 160	400
100	200	300	400	1000

Für den Testwert ergibt sich damit

$$v_{1000} = \frac{(60-40)^2}{40} + \frac{(140-120)^2}{120} + \frac{(120-160)^2}{160}$$

$$+ \frac{(20-40)^2}{40} + \frac{(100-120)^2}{120} + \frac{(200-160)^2}{160}$$

$$= 46,6 \; .$$

Der kritische Wert $c_{0,01}$ ergibt sich aus der Tabelle der $\chi^2((4-1)(3-1))$-Verteilung. Es ist

$$c_{0,01} = 16,8 \; .$$

Da

$$v_{1000} > c_{0,01}$$

ist, wird die Hypothese auf diesem Signifikanzniveau abgelehnt.

3.7   VERTEILUNGSFREIE TESTS

Den bisher besprochenen Tests liegen jeweils Annahmen über die Verteilung von Grundgesamtheiten zugrunde. Tests ohne solche Annahmen heißen verteilungsfrei oder parameterfrei. Im folgenden wird der Vorzeichentest

als Beispiel für einen verteilungsfreien Test dargestellt.

Betrachtet werden zwei Grundgesamtheiten G und G^*. Die
Hypothese H lautet, daß die beiden Grundgesamtheiten
gleich verteilt sind. $(X_1,...,X_n)$ und $(X_1^*,...,X_n^*)$
seien die n-dimensionalen Stichprobenvariablen von G
bzw. G^*, und es sei

$$Y_i = X_i - X_i^* , \qquad i = 1,...,n .$$

Dann wird die folgende Stichprobenfunktion der Vorzeichen betrachtet

$$Z_i = \begin{cases} 1 & \text{für } Y_i > 0 \\ 0 & \text{für } Y_i < 0 . \end{cases}$$

Unter der Hypothese H ist Z_i eine B(1; 0,5)-verteilte
Zufallsvariable. Damit ist

$$V = \sum_{i=1}^{n} Z_i$$

B(n; 0,5)-verteilt. Sind

$$\varsigma_{\frac{\alpha}{2}} \quad \text{und} \quad \varsigma_{1-\frac{\alpha}{2}}$$

die $\frac{\alpha}{2}$ - bzw. $(1 - \frac{\alpha}{2})$-Punkte der B(n; 0,5)-Verteilung,
dann lautet die Entscheidungsregel des Vorzeichen-
tests: Die Hypothese H ist abzulehnen, wenn gilt

$$v \notin \left(\varsigma_{\frac{\alpha}{2}} ; \varsigma_{1-\frac{\alpha}{2}} \right) .$$

Da die Binomialverteilung eine diskrete Verteilung
ist, existieren nicht für jedes Signifikanzniveau α
solche Punkte

$$\varsigma_{\frac{\alpha}{2}} \quad \text{und} \quad \varsigma_{1-\frac{\alpha}{2}} .$$

In solchen Fällen wurden hier die Punkte

$$\xi_{\frac{\alpha'}{2}} \qquad \text{und} \qquad \xi_{1-\frac{\alpha'}{2}}$$

des nächst größeren Signifikanzniveaus α' genommen, für das solche Punkte existieren. Die Entscheidung für das nächst größere Signifikanzniveau stellt nur eine Konvention dar, um in diesem Buch den Testvorgang eindeutig zu gestalten. α' ist also ein Ersatzsignifikanzniveau für α, und damit das Signifikanzniveau, auf dem der Test tatsächlich durchgeführt wird.

Für $\alpha = 0,05$ und $\alpha = 0,01$ sind die Punkte $\xi_{\frac{\alpha'}{2}}$ und $\xi_{1-\frac{\alpha'}{2}}$ des tatsächlichen Signifikanzniveaus α' für verschiedene Werte von n in folgender Tabelle zusammengestellt.

n	$\alpha = 0,05$			$\alpha = 0,01$		
	$\xi_{\frac{\alpha'}{2}}$	$\xi_{1-\frac{\alpha'}{2}}$	α'	$\xi_{\frac{\alpha'}{2}}$	$\xi_{1-\frac{\alpha'}{2}}$	α'
5	0	5	0,0626	0	5	0,0626
6	1	5	0,2188	0	6	0,0312
7	1	6	0,1250	0	7	0,0156
8	1	7	0,0704	1	7	0,0704
9	2	7	0,1796	1	8	0,0390
10	2	8	0,1094	1	9	0,0214
11	2	9	0,0654	1	10	0,0118
12	3	9	0,1460	2	10	0,0386
13	3	10	0,0922	2	11	0,0224
14	3	11	0,0574	2	12	0,0130
15	4	11	0,1184	3	12	0,0352
16	4	12	0,0768	3	13	0,0212
17	5	12	0,1434	3	14	0,0128
18	5	13	0,0962	4	14	0,0308
19	5	14	0,0636	4	15	0,0192
20	6	14	0,1154	4	16	0,0118

Sind m der Differenzen $x_i - x_i^*$ gleich Null, so werden sie bei der Berechnung von v weggelassen, und es wird mit der $B(n-m; 0,5)$-Verteilung gerechnet.

Beispiel 134
=============

Bei 8 zufällig aus der laufenden Produktion eines
Automobilwerkes ausgewählten Pkw wurden mit Normal-
kraftstoff Verbrauchsmessungen durchgeführt, bei 8
anderen wurden Verbrauchsmessungen mit Superkraftstoff
durchgeführt. Es ergaben sich die Werte

Verbrauch								
Super-kraft-stoff	10,3	11,2	8,4	9,7	12,6	9,5	13,7	10,6
Normal-kraft-stoff	9,6	12,1	14,2	9,4	10,1	11,2	11,5	11,1
Diffe-renz	0,7	−0,9	−5,8	0,3	2,5	−1,7	2,2	−0,5

Auf dem Signifikanzniveau $\alpha = 0,05$ soll die Hypothese
getestet werden, daß die Grundgesamtheiten gleich verteilt sind. Für die Realisation v der Zufallsvariablen
V ergibt sich

$$v = 4 .$$

Aus der Tabelle ergibt sich

$$\xi_{0,025} = 1 \quad \text{und} \quad \xi_{0,975} = 7 .$$

Da

$$4 \in (1;7)$$

ist, kann die Hypothese auf diesem Signifikanzniveau
nicht abgelehnt werden.

4. STICHPROBEN AUS ENDLICHEN GRUNDGESAMTHEITEN

4.1 STICHPROBEN OHNE ZURÜCKLEGEN

Es seien $X_1, \ldots, X_n$ die Variablen einer Stichprobe vom
Umfang n aus einer Grundgesamtheit G mit dem Umfang N.
Es sei m das arithmetische Mittel und s die Standardabweichung eines gemeinsamen Merkmals 𝔘 der Elemente
von G. Bei der Auswahl der Stichprobe sollen die einmal ausgewählten Elemente nun aber nicht wieder in die
Grundgesamtheit zurückgegeben werden. Ein bestimmtes
Element einer Grundgesamtheit kann also höchstens einmal in der Stichprobe auftreten. Die Stichprobenvariablen $X_1, \ldots, X_n$ sind dann nicht mehr unabhängig.
Auch jetzt ist die Stichprobenfunktion

$$\bar{X} = \frac{1}{n} \sum_{i=1}^{n} X_i$$

eine erwartungstreue Schätzfunktion für m

$$\mathcal{E}(\bar{X}) = m .$$

Eine erwartungstreue Schätzfunktion für die mittlere
quadratische Abweichung s^2 ist

$$\frac{N-1}{N} S^2 ,$$

denn es gilt

$$\mathcal{E}\left(\frac{N-1}{N} S^2\right) = s^2 .$$

Für die Varianz von $\bar{X}$ ergibt sich

$$\mathrm{var}(\bar{X}) = \frac{s^2}{n} \frac{N-n}{N-1} .$$

Dieser Ausdruck konvergiert für $\frac{n}{N} \to 0$ gegen $\frac{s^2}{n}$.

4.2 GESCHICHTETE STICHPROBEN

Es sei $G_1,\ldots,G_r$ eine Zerlegung der Grundgesamtheit G. Wird eine Stichprobe vom Umfang n aus G so gebildet, daß sie aus r Stichproben aus $G_1,\ldots,G_r$ mit den Umfängen $n_1,\ldots,n_r$ besteht, wobei die Zahlen n_i vorgegeben sind, dann heißt sie geschichtete Stichprobe, und die Teilmengen G_i heißen Schichten.

N sei der Umfang von G und N_i der Umfang von G_i. Es sei X_{ik} die k-te Stichprobenvariable aus der i-ten Schicht, dann gilt

$$\bar{X}_i = \frac{1}{n_i} \sum_{k=1}^{n_i} X_{ik}$$

und

$$\bar{X} = \frac{1}{N} \sum_{i=1}^{r} N_i \bar{X}_i \; .$$

Ist μ der Erwartungswert der Verteilung von G und μ_i der Erwartungswert der Verteilung von G_i, dann ist

$$\mathcal{E}(\bar{X}) = \mu \; ,$$
$$\mathcal{E}(\bar{X}_i) = \mu_i \; ,$$

und es gilt

$$\mu = \frac{1}{N} \sum_{i=1}^{r} N_i \mu_i \; .$$

Wegen der Unabhängigkeit der Zufallsvariablen $\bar{X}_i$ ist

$$\mathrm{var}(\bar{X}) = \frac{1}{N^2} \sum_{i=1}^{r} N_i^2 \, \mathrm{var}(\bar{X}_i) \; .$$

Bei Stichproben ohne Zurücklegen ergibt sich mit den mittleren quadratischen Abweichungen s_i^2 der Ausprägungen des betrachteten Merkmals wegen

$$\mathrm{var}(\bar{X}_i) = \frac{s_i^2}{n_i} \frac{N_i - n_i}{N_i - 1}$$

für die Varianz $\bar{X}$

$$\mathrm{var}(\bar{X}) = \frac{1}{N^2} \sum_{i=1}^{r} N_i^2 \frac{s_i^2}{n_i} \frac{N_i - n_i}{N_i - 1} \ .$$

Mit geschichteten Stichproben soll für μ bzw. für das
arithmetische Mittel m eine wirksamere Schätzfunktion
gewonnen werden, als es das Stichprobenmittel einer
ungeschichteten Stichprobe ist. Je kleiner die Streuungen σ_i bzw. Standardabweichungen s_i in den einzelnen Schichten sind, desto kleiner ist die Streuung in
der geschichteten Stichprobe. Sind die Schichten fest-
gelegt, dann ist die Streuung von $\bar{X}$ nur noch von der
Aufteilung der gesamten Stichprobe auf die einzelnen
Schichten abhängig. Eine optimale Aufteilung liegt
vor, wenn die Varianz von $\bar{X}$ den kleinstmöglichen Wert
hat. Die Zahlen

$$n_i^* = \frac{n N_i s_i}{\sum_{i=1}^{n} N_i s_i}$$

sind Näherungswerte für die optimalen Umfänge n_i. In
der Regel sind die mittleren quadratischen Abweichungen s_i^2 unbekannt und werden durch

$$\hat{\sigma}_i^2 = \frac{1}{n_i - 1} \sum_{k=1}^{n_i} (x_{ik} - \bar{x}_i)^2$$

geschätzt.

Sind die Standardabweichungen s_i alle gleich, dann
ergeben sich für die optimalen Umfänge n_i die Nähe-

rungswerte

$$n_i^* = \frac{nN_i}{\sum\limits_{k=1}^{r} N_k} = \frac{nN_i}{N} \ , \qquad i = 1, \ldots, r \ .$$

Die so bestimmte Aufteilung heißt proportionale Aufteilung.

4.3 KLUMPENSTICHPROBEN

Es sei $G_1, \ldots, G_r$ eine Zerlegung einer Grundgesamtheit G. m sei das arithmetische Mittel und s^2 die mittlere quadratische Abweichung der Ausprägungen eines gemeinsamen Merkmals $\mathfrak{A}$ der Elemente von G.

Werden die Teilmengen

$$G_{i_1}, \ldots, G_{i_k} \ , \qquad k < r$$

aus der Menge $\{G_1, \ldots, G_r\}$ zufällig ohne Zurücklegen ausgewählt, dann heißt $(G_{i_1}, \ldots, G_{i_k})$ eine Klumpenstichprobe und $G_1, \ldots, G_r$ Klumpen. Es seien $m_1, \ldots, m_r$ die arithmetischen Mittel der Ausprägungen des Merkmals $\mathfrak{A}$ in G_i, und es soll aus den Stichprobenwerten

$$m_{i_1}, \ldots, m_{i_k}$$

ein Schätzwert $\hat{m}$ für m bestimmt werden. Offenbar ist das arithmetische Mittel im j-ten Klumpen einer Klumpenstichprobe eine Zufallsvariable $\bar{X}_j$. Die Stichprobenfunktion

$$\bar{X} = \frac{1}{N} \frac{r}{k} \sum_{j=1}^{k} n_j \bar{X}_j \quad \text{mit} \quad n_j = n\left[G_{i_j}\right]$$

ist eine erwartungstreue Schätzfunktion für m. Für die

Varianz von $\bar{X}$ ergibt sich

$$\text{var}(\bar{X}) = \frac{s^2}{n} \frac{r-k}{r-1} \, .$$

In der Regel ist die Streuung bei einer Klumpenstichprobe größer als bei einer einfachen Stichprobe.

4.4 HOCHRECHNUNG

Die Summe aller Ausprägungen eines Merkmals $\mathfrak{A}$ in einer
Grundgesamtheit G heißt <u>Totalwert</u>. Bei der <u>Hochrech-</u>
<u>nung</u> soll aufgrund der Ergebnisse $x_1, \ldots, x_n$ einer
Stichprobe der Totalwert ξ geschätzt werden. Ist μ der
Erwartungswert der Verteilung der Grundgesamtheit G
und N der Umfang von G, dann ist der Totalwert $\xi = N\mu$.
Ist $\bar{X}$ eine erwartungstreue Schätzfunktion für μ, dann
ist $N\bar{X}$ eine erwartungstreue Schätzfunktion für den Totalwert ξ. Eine Schätzung für den Totalwert, in die
nur die Ergebnisse einer Stichprobe eingehen, heißt
<u>freie Hochrechnung</u>.

Werden weitere Informationen benutzt, so handelt es
sich um eine <u>gebundene Hochrechnung</u>. Hier wird nur die
sogenannte <u>Differenzenschätzung</u> betrachtet. Es liege
für die gleiche Grundgesamtheit der Totalwert ζ eines
zweiten Merkmals mit den Stichprobenvariablen
$Z_1, \ldots, Z_n$ vor. Sind die Stichprobenvariablen X und Z
stark positiv korreliert, dann ist zu erwarten, daß
die Varianz von $(\bar{X} - \bar{Z})$ kleiner ist als die Varianz
von $\bar{X}$. Da

$$N(\bar{X} - \bar{Z})$$

eine erwartungstreue Schätzfunktion für $(\xi - \zeta)$ ist,
ergibt sich als erwartungstreue Schätzfunktion für ξ

$$\zeta + N(\bar{X} - \bar{Z}).$$

Diese Schätzfunktion ist in der Regel wirksamer als

die Schätzfunktion $N\overline{X}$. Ihre Varianz ist

$$\frac{N^2}{n} \frac{N-n}{N-1} \left(\text{var}(X) + \text{var}(Z) - 2 \, \text{cov}(X,Z) \right) .$$

Diese Varianz ist um so kleiner, je stärker die Korrelation von X und Z ist.

TABELLENANHANG

Tabelle 1: Binomialkoeffizienten $\binom{n}{k}$

n\k	0	1	2	3	4	5	6	7	8	9	10	11	12	13	14	15	16	17	18	19	20
1	1	1																			
2	1	2	1																		
3	1	3	3	1																	
4	1	4	6	4	1																
5	1	5	10	10	5	1															
6	1	6	15	20	15	6	1														
7	1	7	21	35	35	21	7	1													
8	1	8	28	56	70	56	28	8	1												
9	1	9	36	84	126	126	84	36	9	1											
10	1	10	45	120	210	252	210	120	45	10	1										
11	1	11	55	165	330	462	462	330	165	55	11	1									
12	1	12	66	220	495	792	924	792	495	220	66	12	1								
13	1	13	78	286	715	1287	1716	1716	1287	715	286	78	13	1							
14	1	14	91	364	1001	2002	3003	3432	3003	2002	1001	364	91	14	1						
15	1	15	105	455	1365	3003	5005	6435	6435	5005	3003	1365	455	105	15	1					
16	1	16	120	560	1820	4368	8008	11440	12870	11440	8008	4368	1820	560	120	16	1				
17	1	17	136	680	2380	6188	12376	19448	24310	24310	19448	12376	6188	2380	680	136	17	1			
18	1	18	153	816	3060	8568	18564	31824	43758	48620	43758	31824	18564	8568	3060	816	153	18	1		
19	1	19	171	969	3876	11628	27132	50388	75582	92378	92378	75582	50388	27132	11628	3876	969	171	19	1	
20	1	20	190	1140	4845	15504	38760	77520	125970	167960	184756	167960	125970	77520	38760	15504	4845	1140	190	20	1

Tabelle 2: Wahrscheinlichkeitsfunktion der Binomialverteilung $\binom{n}{i}p^i(1-p)^{n-i}$ für p = 0,1

n \ i	0	1	2	3	4	5	6	7	8	9	10	11	12	13	14	15	16	17	18	19	20
1	.9000	.1000																			
2	.8100	.1800	.0100																		
3	.7290	.2430	.0270	.0010																	
4	.6561	.2916	.0486	.0036	.0001																
5	.5905	.3280	.0729	.0081	.0004																
6	.5314	.3543	.0984	.0146	.0012	.0001															
7	.4783	.3720	.1240	.0230	.0026	.0002															
8	.4305	.3826	.1488	.0331	.0046	.0004															
9	.3874	.3874	.1722	.0446	.0074	.0008	.0001														
10	.3487	.3874	.1937	.0574	.0112	.0015	.0001														
11	.3138	.3835	.2131	.0710	.0158	.0025	.0003														
12	.2824	.3766	.2301	.0852	.0213	.0038	.0005														
13	.2542	.3672	.2448	.0997	.0277	.0055	.0008	.0001													
14	.2288	.3559	.2570	.1142	.0349	.0078	.0013	.0002													
15	.2059	.3432	.2669	.1285	.0428	.0105	.0019	.0003													
16	.1853	.3294	.2745	.1423	.0514	.0137	.0028	.0004	.0001												
17	.1668	.3153	.2800	.1556	.0605	.0175	.0039	.0007	.0001												
18	.1501	.3002	.2835	.1680	.0700	.0218	.0052	.0010	.0002												
19	.1351	.2852	.2852	.1796	.0798	.0266	.0069	.0014	.0002												
20	.1216	.2702	.2852	.1901	.0898	.0319	.0089	.0020	.0004	.0001											

Tabelle 3: Verteilungsfunktion der Binomialverteilung $\sum_{k=0}^{i}\binom{n}{k}p^k(1-p)^{n-k}$ für p = 0,1

n \ i	0	1	2	3	4	5	6	7	8	9	10	11	12	13	14	15	16	17	18	19	20
1	.9000	1.0000																			
2	.8100	.9900																			
3	.7290	.9720	.9990																		
4	.6561	.9477	.9963	.9999																	
5	.5905	.9185	.9914	.9995	.9999																
6	.5314	.8857	.9842	.9987	.9999																
7	.4783	.8503	.9743	.9973	.9998																
8	.4305	.8131	.9619	.9950	.9996																
9	.3874	.7748	.9470	.9917	.9991	.9999															
10	.3487	.7361	.9298	.9872	.9984	.9999															
11	.3138	.6974	.9104	.9815	.9972	.9997															
12	.2824	.6590	.8891	.9744	.9957	.9995	.9999														
13	.2542	.6213	.8661	.9658	.9935	.9991	.9999														
14	.2288	.5846	.8416	.9559	.9908	.9985	.9998														
15	.2059	.5490	.8159	.9444	.9873	.9978	.9997														
16	.1853	.5147	.7892	.9316	.9830	.9967	.9995	.9999													
17	.1668	.4818	.7618	.9174	.9779	.9953	.9992	.9999													
18	.1501	.4503	.7338	.9018	.9718	.9936	.9988	.9998													
19	.1351	.4203	.7054	.8850	.9648	.9914	.9983	.9997	.9999												
20	.1216	.3917	.6769	.8670	.9568	.9887	.9976	.9996	.9999												

249

Tabelle 4: Wahrscheinlichkeitsfunktion der Binomialverteilung $\binom{n}{i}p^i(1-p)^{n-i}$ für p = 0,2

n\i	0	1	2	3	4	5	6	7	8	9	10	11	12
1	.8000	.2000											
2	.6400	.3200	.0400										
3	.5120	.3840	.0960	.0080									
4	.4096	.4096	.1536	.0256	.0016								
5	.3277	.4096	.2048	.0512	.0064	.0003							
6	.2621	.3932	.2458	.0819	.0154	.0015	.0001						
7	.2097	.3670	.2753	.1147	.0287	.0043	.0004	.0001					
8	.1678	.3355	.2936	.1468	.0459	.0092	.0011	.0001	.0001				
9	.1342	.3020	.3020	.1762	.0661	.0165	.0028	.0003	.0002				
10	.1074	.2684	.3020	.2013	.0881	.0264	.0055	.0008	.0001				
11	.0859	.2362	.2953	.2215	.1107	.0388	.0097	.0017	.0002	.0001			
12	.0687	.2062	.2835	.2362	.1329	.0532	.0155	.0033	.0005	.0001			
13	.0550	.1787	.2680	.2457	.1535	.0691	.0230	.0058	.0011	.0001			
14	.0440	.1539	.2501	.2501	.1720	.0860	.0322	.0092	.0020	.0003	.0001		
15	.0352	.1319	.2309	.2501	.1876	.1032	.0430	.0138	.0035	.0007	.0001		
16	.0281	.1126	.2111	.2463	.2001	.1201	.0550	.0197	.0055	.0012	.0002		
17	.0225	.0957	.1914	.2393	.2093	.1361	.0680	.0267	.0084	.0021	.0004	.0001	
18	.0180	.0811	.1723	.2297	.2153	.1507	.0816	.0350	.0120	.0033	.0008	.0001	
19	.0144	.0685	.1540	.2182	.2182	.1636	.0955	.0443	.0166	.0051	.0013	.0003	
20	.0115	.0576	.1369	.2054	.2182	.1746	.1091	.0545	.0222	.0074	.0020	.0005	.0001

Tabelle 5: Verteilungsfunktion der Binomialverteilung $\sum_{k=0}^{i}\binom{n}{k}p^k(1-p)^{n-k}$ für p = 0,2

n\i	0	1	2	3	4	5	6	7	8	9	10	11
1	.8000	1.0000										
2	.6400	.9600	1.0000									
3	.5120	.8960	.9920	.9984								
4	.4096	.8192	.9728	.9984								
5	.3277	.7373	.9421	.9933	.9997	.9984						
6	.2621	.6554	.9011	.9830	.9984	.9999						
7	.2097	.5767	.8520	.9667	.9953	.9996	.9999					
8	.1678	.5033	.7969	.9437	.9896	.9988	.9999	.9998				
9	.1342	.4362	.7382	.9144	.9804	.9969	.9997	.9999				
10	.1074	.3758	.6778	.8791	.9672	.9936	.9991	.9999	.9999			
11	.0859	.3221	.6174	.8389	.9496	.9883	.9980	.9998	.9998			
12	.0687	.2749	.5583	.7946	.9274	.9806	.9961	.9994	.9999			
13	.0550	.2336	.5017	.7473	.9009	.9700	.9930	.9988	.9998			
14	.0440	.1979	.4481	.6982	.8702	.9561	.9884	.9976	.9996			
15	.0352	.1671	.3980	.6482	.8358	.9389	.9819	.9958	.9992	.9999		
16	.0281	.1407	.3518	.5981	.7982	.9183	.9733	.9930	.9985	.9998		
17	.0225	.1182	.3096	.5489	.7582	.8943	.9623	.9891	.9974	.9995	.9999	
18	.0180	.0991	.2713	.5010	.7164	.8671	.9487	.9837	.9957	.9991	.9998	
19	.0144	.0829	.2369	.4551	.6733	.8369	.9324	.9767	.9933	.9984	.9997	.9998
20	.0115	.0692	.2061	.4114	.6296	.8042	.9133	.9679	.9900	.9974	.9994	.9999

Tabelle 6: Wahrscheinlichkeitsfunktion der Binomialverteilung $\binom{n}{i}p^i(1-p)^{n-i}$ für p = 0,3

n \ i	0	1	2	3	4	5	6	7	8	9	10	11	12	13	14	15	16	17	18	19	20
1	.7000	.3000																			
2	.4900	.4200	.0900																		
3	.3430	.4413	.1890	.0270																	
4	.2401	.4116	.2646	.0756	.0081																
5	.1681	.3601	.3087	.1323	.0283	.0024															
6	.1176	.3025	.3241	.1852	.0595	.0102	.0007														
7	.0824	.2471	.3177	.2269	.0972	.0250	.0036	.0002													
8	.0576	.1977	.2965	.2541	.1361	.0467	.0100	.0012	.0001												
9	.0404	.1556	.2668	.2668	.1715	.0735	.0210	.0039	.0004												
10	.0282	.1211	.2335	.2668	.2001	.1029	.0368	.0090	.0014	.0001											
11	.0198	.0932	.1998	.2568	.2201	.1321	.0566	.0173	.0037	.0005											
12	.0138	.0712	.1678	.2397	.2311	.1585	.0792	.0291	.0078	.0015	.0002										
13	.0097	.0540	.1388	.2181	.2337	.1803	.1030	.0442	.0142	.0034	.0006	.0001									
14	.0068	.0407	.1134	.1943	.2290	.1963	.1262	.0618	.0232	.0066	.0014	.0002									
15	.0047	.0305	.0916	.1700	.2186	.2061	.1472	.0811	.0348	.0116	.0030	.0006	.0001								
16	.0033	.0228	.0732	.1465	.2040	.2099	.1649	.1010	.0487	.0185	.0056	.0013	.0002								
17	.0023	.0169	.0581	.1245	.1868	.2081	.1784	.1201	.0644	.0276	.0095	.0026	.0006	.0001							
18	.0016	.0126	.0458	.1046	.1681	.2017	.1873	.1376	.0811	.0386	.0149	.0046	.0012	.0002							
19	.0011	.0093	.0358	.0869	.1491	.1916	.1916	.1525	.0981	.0514	.0220	.0077	.0022	.0005	.0001						
20	.0008	.0068	.0278	.0716	.1304	.1789	.1916	.1643	.1144	.0654	.0308	.0120	.0039	.0010	.0002						

für p = 0,3

Tabelle 7: Verteilungsfunktion der Binomialverteilung $\sum_{k=0}^{i}\binom{n}{k}p^k(1-p)^{n-k}$

n \ i	0	1	2	3	4	5	6	7	8	9	10	11	12	13	14	15	16	17	18	19	20
1	.7000	1.0000																			
2	.4900	.9100																			
3	.3430	.7840	.9730																		
4	.2401	.6517	.9163	.9919																	
5	.1681	.5282	.8369	.9692	.9976																
6	.1176	.4202	.7443	.9295	.9891	.9993	.9999														
7	.0824	.3294	.6471	.8740	.9712	.9962	.9998	.9999													
8	.0576	.2553	.5518	.8059	.9420	.9887	.9987	.9999													
9	.0404	.1960	.4628	.7297	.9012	.9747	.9957	.9996	.9999												
10	.0282	.1493	.3828	.6496	.8497	.9527	.9894	.9984	.9999												
11	.0198	.1130	.3127	.5696	.7897	.9218	.9784	.9957	.9994	.9999											
12	.0138	.0850	.2528	.4925	.7237	.8822	.9614	.9905	.9983	.9998	.9999										
13	.0097	.0637	.2025	.4206	.6543	.8346	.9376	.9818	.9960	.9993	.9999										
14	.0068	.0475	.1608	.3552	.5842	.7805	.9067	.9685	.9917	.9983	.9998	.9999									
15	.0047	.0353	.1268	.2969	.5155	.7216	.8689	.9500	.9848	.9963	.9993	.9999									
16	.0033	.0261	.0994	.2459	.4499	.6598	.8247	.9256	.9743	.9929	.9984	.9997	.9999								
17	.0023	.0193	.0774	.2019	.3887	.5968	.7752	.8954	.9597	.9873	.9968	.9993	.9999								
18	.0016	.0142	.0600	.1646	.3327	.5344	.7217	.8593	.9404	.9790	.9939	.9986	.9997	.9999							
19	.0011	.0104	.0462	.1332	.2822	.4739	.6655	.8180	.9161	.9674	.9895	.9972	.9994	.9999							
20	.0008	.0076	.0355	.1071	.2375	.4164	.6080	.7723	.8867	.9520	.9829	.9949	.9987	.9997	.9999						

für p = 0,3

Tabelle 8: Wahrscheinlichkeitsfunktion der Binomialverteilung $\binom{n}{i}p^i(1-p)^{n-i}$ $\qquad$ für p = 0,4

$n\backslash i$	0	1	2	3	4	5	6	7	8	9	10	11	12	13	14	15	16
1	.6000	.4000															
2	.3600	.4800	.1600														
3	.2160	.4320	.2880	.0640													
4	.1296	.3456	.3456	.1536	.0256												
5	.0778	.2592	.3456	.2304	.0768	.0102											
6	.0467	.1866	.3110	.2765	.1382	.0369	.0041										
7	.0280	.1306	.2613	.2903	.1935	.0774	.0172	.0016									
8	.0168	.0896	.2090	.2787	.2322	.1239	.0413	.0079	.0007								
9	.0101	.0605	.1612	.2508	.2508	.1672	.0743	.0212	.0035	.0003							
10	.0060	.0403	.1209	.2150	.2508	.2007	.1115	.0425	.0106	.0016	.0001						
11	.0036	.0266	.0887	.1774	.2365	.2207	.1471	.0701	.0234	.0052	.0007						
12	.0022	.0174	.0639	.1419	.2128	.2270	.1766	.1009	.0420	.0125	.0025	.0003					
13	.0013	.0113	.0453	.1107	.1845	.2214	.1968	.1312	.0656	.0243	.0065	.0012	.0001				
14	.0008	.0073	.0317	.0845	.1549	.2066	.2066	.1574	.0918	.0408	.0136	.0033	.0005	.0001			
15	.0005	.0047	.0219	.0634	.1268	.1859	.2066	.1771	.1181	.0612	.0245	.0074	.0016	.0003			
16	.0003	.0030	.0150	.0468	.1014	.1623	.1983	.1889	.1417	.0840	.0392	.0142	.0040	.0008	.0001		
17	.0002	.0019	.0102	.0341	.0796	.1379	.1839	.1927	.1606	.1070	.0571	.0242	.0081	.0021	.0004	.0001	
18	.0001	.0012	.0069	.0246	.0614	.1146	.1655	.1892	.1734	.1284	.0771	.0374	.0145	.0045	.0011	.0002	
19	.0001	.0008	.0046	.0175	.0467	.0933	.1451	.1797	.1797	.1464	.0976	.0532	.0237	.0085	.0024	.0005	.0001
20	.0000	.0005	.0031	.0123	.0350	.0746	.1244	.1659	.1797	.1597	.1171	.0710	.0355	.0146	.0049	.0013	.0003

Tabelle 9: Verteilungsfunktion der Binomialverteilung $\sum_{k=0}^{i}\binom{n}{k}p^k(1-p)^{n-k}$ $\qquad$ für p = 0,4

$n\backslash i$	0	1	2	3	4	5	6	7	8	9	10	11	12	13	14	15	16	17
1	.6000	1.0000																
2	.3600	.8400	1.0000															
3	.2160	.6480	.9360	1.0000														
4	.1296	.4752	.8208	.9744	1.0000													
5	.0778	.3370	.6826	.9130	.9898	1.0000												
6	.0467	.2333	.5443	.8208	.9590	.9959	1.0000											
7	.0280	.1586	.4199	.7102	.9037	.9812	.9984	1.0000										
8	.0168	.1064	.3154	.5941	.8263	.9502	.9915	.9993	1.0000									
9	.0101	.0705	.2318	.4826	.7334	.9006	.9750	.9962	.9997	1.0000								
10	.0060	.0464	.1673	.3823	.6331	.8338	.9452	.9877	.9983	.9999	1.0000							
11	.0036	.0302	.1189	.2963	.5328	.7535	.9006	.9707	.9941	.9993	1.0000							
12	.0022	.0196	.0834	.2253	.4382	.6652	.8418	.9427	.9847	.9972	.9997	1.0000						
13	.0013	.0125	.0579	.1686	.3530	.5744	.7712	.9023	.9679	.9922	.9987	.9999	1.0000					
14	.0008	.0081	.0398	.1243	.2793	.4859	.6925	.8499	.9417	.9825	.9961	.9994	.9999	1.0000				
15	.0005	.0052	.0271	.0905	.2173	.4032	.6098	.7869	.9050	.9662	.9907	.9981	.9997	1.0000				
16	.0003	.0033	.0183	.0651	.1666	.3288	.5272	.7161	.8577	.9417	.9809	.9951	.9991	.9999	1.0000			
17	.0002	.0021	.0123	.0464	.1260	.2639	.4478	.6405	.8011	.9081	.9652	.9894	.9975	.9995	.9999	1.0000		
18	.0001	.0013	.0082	.0328	.0942	.2088	.3743	.5634	.7368	.8653	.9424	.9797	.9942	.9987	.9998	1.0000		
19	.0001	.0009	.0055	.0230	.0696	.1629	.3081	.4878	.6675	.8139	.9115	.9648	.9884	.9969	.9994	.9999	1.0000	
20	.0000	.0005	.0036	.0160	.0510	.1256	.2500	.4159	.5956	.7553	.8725	.9435	.9790	.9935	.9984	.9997	.9999	1.0000

Tabelle 10: Wahrscheinlichkeitsfunktion der Binomialverteilung $\binom{n}{i}p^i(1-p)^{n-i}$ für p = 0,5

i \ n	0	1	2	3	4	5	6	7	8	9	10	11	12	13	14	15	16	17	18	19	20
1	.5000	.5000																			
2	.2500	.5000	.2500																		
3	.1250	.3750	.3750	.1250																	
4	.0625	.2500	.3750	.2500	.0625																
5	.0313	.1563	.3125	.3125	.1563	.0313															
6	.0156	.0938	.2344	.3125	.2344	.0938	.0156														
7	.0078	.0547	.1641	.2734	.2734	.1641	.0547	.0078													
8	.0039	.0313	.1094	.2188	.2734	.2188	.1094	.0313	.0039												
9	.0020	.0176	.0703	.1641	.2461	.2461	.1641	.0703	.0176	.0020											
10	.0010	.0098	.0439	.1172	.2051	.2461	.2051	.1172	.0439	.0098	.0010										
11	.0005	.0054	.0269	.0806	.1611	.2256	.2256	.1611	.0806	.0269	.0054	.0005									
12	.0002	.0029	.0161	.0537	.1208	.1934	.2256	.1934	.1208	.0537	.0161	.0029	.0002								
13	.0001	.0016	.0095	.0349	.0873	.1571	.2095	.2095	.1571	.0873	.0349	.0095	.0016	.0001							
14	.0001	.0009	.0056	.0222	.0611	.1222	.1833	.2095	.1833	.1222	.0611	.0222	.0056	.0009	.0001						
15	.0000	.0005	.0032	.0139	.0417	.0916	.1527	.1964	.1964	.1527	.0916	.0417	.0139	.0032	.0005	.0000					
16	.0000	.0002	.0018	.0085	.0278	.0667	.1222	.1746	.1964	.1746	.1222	.0667	.0278	.0085	.0018	.0002	.0000				
17	.0000	.0001	.0010	.0052	.0182	.0472	.0944	.1484	.1855	.1855	.1484	.0944	.0472	.0182	.0052	.0010	.0001	.0000			
18	.0000	.0001	.0006	.0031	.0117	.0327	.0708	.1214	.1669	.1855	.1669	.1214	.0708	.0327	.0117	.0031	.0006	.0001	.0000		
19	.0000	.0000	.0003	.0018	.0074	.0222	.0518	.0961	.1442	.1762	.1762	.1442	.0961	.0518	.0222	.0074	.0018	.0003	.0000	.0000	
20	.0000	.0000	.0002	.0011	.0046	.0148	.0370	.0739	.1201	.1602	.1762	.1602	.1201	.0739	.0370	.0148	.0046	.0011	.0002	.0000	.0000

Tabelle 11: Verteilungsfunktion der Binomialverteilung $\sum_{k=0}^{i}\binom{n}{k}p^k(1-p)^{n-k}$ für p = 0,5

i \ n	0	1	2	3	4	5	6	7	8	9	10	11	12	13	14	15	16	17	18	19	20
1	.5000	1.0000																			
2	.2500	.7500	1.0000																		
3	.1250	.5000	.8750	1.0000																	
4	.0625	.3125	.6875	.9375	1.0000																
5	.0313	.1875	.5000	.8125	.9688	1.0000															
6	.0156	.1094	.3438	.6563	.8906	.9844	1.0000														
7	.0078	.0625	.2266	.5000	.7734	.9375	.9922	1.0000													
8	.0039	.0352	.1445	.3633	.6367	.8555	.9648	.9961	1.0000												
9	.0020	.0195	.0898	.2539	.5000	.7461	.9102	.9805	.9980	1.0000											
10	.0010	.0107	.0547	.1719	.3770	.6230	.8281	.9453	.9893	.9990	1.0000										
11	.0005	.0059	.0327	.1133	.2744	.5000	.7256	.8867	.9673	.9941	.9995	1.0000									
12	.0002	.0032	.0193	.0730	.1938	.3872	.6128	.8062	.9270	.9807	.9968	.9998	1.0000								
13	.0001	.0017	.0112	.0461	.1334	.2905	.5000	.7095	.8666	.9539	.9888	.9983	.9999	1.0000							
14	.0001	.0009	.0065	.0287	.0898	.2120	.3953	.6047	.7880	.9102	.9713	.9935	.9991	.9999	1.0000						
15	.0000	.0005	.0037	.0176	.0592	.1509	.3036	.5000	.6964	.8491	.9408	.9824	.9963	.9995	1.0000	1.0000					
16	.0000	.0003	.0021	.0106	.0384	.1051	.2272	.4018	.5982	.7728	.8949	.9616	.9894	.9979	.9997	1.0000	1.0000				
17	.0000	.0001	.0012	.0064	.0245	.0717	.1662	.3145	.5000	.6855	.8338	.9283	.9755	.9936	.9988	.9999	1.0000	1.0000			
18	.0000	.0001	.0007	.0038	.0154	.0481	.1189	.2403	.4073	.5927	.7597	.8811	.9519	.9846	.9962	.9993	.9999	1.0000	1.0000		
19	.0000	.0000	.0004	.0022	.0096	.0318	.0835	.1796	.3238	.5000	.6762	.8204	.9165	.9682	.9904	.9978	.9996	.9999	1.0000	1.0000	
20	.0000	.0000	.0002	.0013	.0059	.0207	.0577	.1316	.2517	.4119	.5881	.7483	.8684	.9423	.9793	.9941	.9987	.9998	1.0000	1.0000	1.0000

Tabelle 12: Wahrscheinlichkeitsfunktion der Poissonverteilung $\frac{\lambda^i}{i!}\, e^{-\lambda}$

λ \ i	0	1	2	3	4	5	6	7	8	9	10	11	12	13	14	15	16
5.0	.0067	.0337	.0842	.1404	.1755	.1755	.1462	.1044	.0653	.0363	.0181	.0082	.0034	.0013	.0005	.0002	.0000
4.9	.0074	.0365	.0894	.1460	.1789	.1753	.1432	.1002	.0614	.0334	.0164	.0073	.0030	.0011	.0004	.0001	.0000
4.8	.0082	.0395	.0948	.1517	.1820	.1747	.1398	.0959	.0575	.0307	.0147	.0064	.0026	.0009	.0003	.0001	.0000
4.7	.0091	.0427	.1005	.1574	.1849	.1738	.1362	.0914	.0537	.0281	.0132	.0056	.0022	.0008	.0003	.0001	
4.6	.0101	.0462	.1063	.1631	.1875	.1725	.1323	.0869	.0500	.0255	.0118	.0049	.0019	.0007	.0002	.0001	
4.5	.0111	.0500	.1125	.1687	.1898	.1708	.1281	.0824	.0463	.0232	.0104	.0043	.0016	.0006	.0002	.0001	
4.4	.0123	.0540	.1188	.1743	.1917	.1687	.1237	.0778	.0428	.0209	.0092	.0037	.0014	.0005	.0001	.0000	
4.3	.0136	.0583	.1254	.1798	.1933	.1662	.1191	.0732	.0393	.0188	.0081	.0032	.0011	.0004	.0001	.0000	
4.2	.0150	.0630	.1323	.1852	.1944	.1633	.1143	.0686	.0360	.0168	.0071	.0027	.0009	.0003	.0001		
4.1	.0166	.0679	.1393	.1904	.1952	.1600	.1094	.0641	.0328	.0150	.0061	.0023	.0008	.0002	.0001		
4.0	.0183	.0733	.1465	.1954	.1954	.1563	.1042	.0595	.0298	.0132	.0053	.0019	.0006	.0002	.0001		
3.9	.0202	.0789	.1539	.2001	.1951	.1522	.0989	.0551	.0269	.0116	.0045	.0016	.0005	.0002	.0000		
3.8	.0224	.0850	.1615	.2046	.1944	.1477	.0936	.0508	.0241	.0102	.0039	.0013	.0004	.0001			
3.7	.0247	.0915	.1692	.2087	.1931	.1429	.0881	.0466	.0215	.0089	.0033	.0011	.0003	.0001			
3.6	.0273	.0984	.1771	.2125	.1912	.1377	.0826	.0425	.0191	.0076	.0028	.0009	.0003	.0001			
3.5	.0302	.1057	.1850	.2158	.1888	.1322	.0771	.0385	.0169	.0066	.0023	.0007	.0002	.0001			
3.4	.0334	.1135	.1929	.2186	.1858	.1264	.0716	.0348	.0148	.0056	.0019	.0006	.0002	.0000			
3.3	.0369	.1217	.2008	.2209	.1823	.1203	.0662	.0312	.0129	.0047	.0016	.0005	.0001	.0000			
3.2	.0408	.1304	.2087	.2226	.1781	.1140	.0608	.0278	.0111	.0040	.0013	.0004	.0001				
3.1	.0450	.1397	.2165	.2237	.1733	.1075	.0555	.0246	.0095	.0033	.0010	.0003	.0001				
3.0	.0498	.1494	.2240	.2240	.1680	.1008	.0504	.0216	.0081	.0027	.0008	.0002	.0001				
2.9	.0550	.1596	.2314	.2237	.1622	.0940	.0455	.0188	.0068	.0022	.0006	.0002	.0000				
2.8	.0608	.1703	.2384	.2225	.1557	.0872	.0407	.0163	.0057	.0018	.0005	.0001	.0000				
2.7	.0672	.1815	.2450	.2205	.1488	.0804	.0362	.0139	.0047	.0014	.0004	.0001					
2.6	.0743	.1931	.2510	.2176	.1414	.0735	.0319	.0118	.0038	.0011	.0003	.0001					
2.5	.0821	.2052	.2565	.2138	.1336	.0668	.0278	.0099	.0031	.0009	.0002	.0000					
2.4	.0907	.2177	.2613	.2090	.1254	.0602	.0241	.0083	.0025	.0007	.0002	.0000					
2.3	.1003	.2306	.2652	.2033	.1169	.0538	.0206	.0068	.0019	.0005	.0001						
2.2	.1108	.2438	.2681	.1966	.1082	.0476	.0174	.0055	.0015	.0004	.0001						
2.1	.1225	.2572	.2700	.1890	.0992	.0417	.0146	.0044	.0011	.0003	.0001						
2.0	.1353	.2707	.2707	.1804	.0902	.0361	.0120	.0034	.0009	.0002	.0000						
1.9	.1496	.2842	.2700	.1710	.0812	.0309	.0098	.0027	.0006	.0001	.0000						
1.8	.1653	.2975	.2678	.1607	.0723	.0260	.0078	.0020	.0005	.0001							
1.7	.1827	.3106	.2640	.1496	.0636	.0216	.0061	.0015	.0003	.0001							
1.6	.2019	.3230	.2584	.1378	.0551	.0176	.0047	.0011	.0002	.0000							
1.5	.2231	.3347	.2510	.1255	.0471	.0141	.0035	.0008	.0001	.0000							
1.4	.2466	.3452	.2417	.1128	.0395	.0111	.0026	.0005	.0001								
1.3	.2725	.3543	.2303	.0998	.0324	.0084	.0018	.0003	.0001								
1.2	.3012	.3614	.2169	.0867	.0260	.0062	.0012	.0002	.0000								
1.1	.3329	.3662	.2014	.0738	.0203	.0045	.0008	.0001									
1.0	.3679	.3679	.1839	.0613	.0153	.0031	.0005	.0001									
0.9	.4066	.3659	.1647	.0494	.0111	.0020	.0003	.0000									
0.8	.4493	.3595	.1438	.0383	.0077	.0012	.0002	.0000									
0.7	.4966	.3476	.1217	.0284	.0050	.0007	.0001										
0.6	.5488	.3293	.0988	.0198	.0030	.0004	.0000										
0.5	.6065	.3033	.0758	.0126	.0016	.0002	.0000										
0.4	.6703	.2681	.0536	.0072	.0007	.0001											
0.3	.7408	.2222	.0333	.0033	.0003	.0000											
0.2	.8187	.1637	.0164	.0011	.0001												
0.1	.9048	.0905	.0045	.0002	.0000												

254

Tabelle 13: Verteilungsfunktion der Poissonverteilung $\sum_{k=0}^{i} \dfrac{\lambda^k}{k!}\, e^{-\lambda}$

λ \ i	0	1	2	3	4	5	6	7	8	9	10	11	12	13	14	15	16
5.0	.0067	.0404	.1247	.2650	.4405	.6160	.7622	.8666	.9319	.9682	.9863	.9945	.9980	.9993	.9998	.9999	
4.9	.0074	.0439	.1333	.2793	.4582	.6335	.7767	.8769	.9382	.9717	.9880	.9953	.9983	.9994	.9998	.9999	
4.8	.0082	.0477	.1425	.2942	.4763	.6510	.7908	.8867	.9442	.9749	.9896	.9960	.9986	.9995	.9999		
4.7	.0091	.0518	.1523	.3097	.4946	.6684	.8046	.8960	.9497	.9778	.9910	.9966	.9988	.9996	.9999		
4.6	.0101	.0563	.1626	.3257	.5132	.6858	.8180	.9049	.9549	.9805	.9922	.9971	.9990	.9997	.9999		
4.5	.0111	.0611	.1736	.3423	.5321	.7029	.8311	.9134	.9597	.9829	.9933	.9976	.9992	.9997	.9999		
4.4	.0123	.0663	.1851	.3594	.5512	.7199	.8436	.9214	.9642	.9851	.9943	.9980	.9993	.9998	.9999		
4.3	.0136	.0719	.1974	.3772	.5704	.7367	.8558	.9290	.9683	.9871	.9952	.9983	.9995	.9998	.9999		
4.2	.0150	.0780	.2102	.3954	.5898	.7531	.8675	.9361	.9721	.9889	.9959	.9986	.9996	.9999			
4.1	.0166	.0845	.2238	.4142	.6093	.7693	.8786	.9427	.9755	.9905	.9966	.9989	.9997	.9999			
4.0	.0183	.0916	.2381	.4335	.6288	.7851	.8893	.9489	.9786	.9919	.9972	.9991	.9997	.9999			
3.9	.0202	.0992	.2531	.4532	.6484	.8006	.8995	.9546	.9815	.9931	.9977	.9993	.9998	.9999			
3.8	.0224	.1074	.2689	.4735	.6678	.8156	.9091	.9599	.9840	.9942	.9981	.9994	.9998				
3.7	.0247	.1162	.2854	.4942	.6872	.8301	.9182	.9648	.9863	.9952	.9984	.9995	.9999				
3.6	.0273	.1257	.3027	.5152	.7064	.8441	.9267	.9692	.9883	.9960	.9987	.9996	.9999				
3.5	.0302	.1359	.3208	.5366	.7254	.8576	.9347	.9733	.9901	.9967	.9990	.9997	.9999				
3.4	.0334	.1468	.3397	.5584	.7442	.8705	.9421	.9769	.9917	.9973	.9992	.9998	.9999				
3.3	.0369	.1586	.3594	.5803	.7626	.8829	.9490	.9802	.9931	.9978	.9994	.9998	.9999				
3.2	.0408	.1712	.3799	.6025	.7806	.8946	.9554	.9832	.9943	.9982	.9995	.9999					
3.1	.0450	.1847	.4012	.6248	.7982	.9057	.9612	.9858	.9953	.9986	.9996	.9999					
3.0	.0498	.1991	.4232	.6472	.8153	.9161	.9665	.9881	.9962	.9989	.9997	.9999					
2.9	.0550	.2146	.4460	.6696	.8318	.9258	.9713	.9901	.9969	.9991	.9998	.9999					
2.8	.0608	.2311	.4695	.6919	.8477	.9349	.9756	.9919	.9976	.9993	.9998	.9999					
2.7	.0672	.2487	.4936	.7141	.8629	.9433	.9794	.9934	.9981	.9995	.9999						
2.6	.0743	.2674	.5184	.7360	.8774	.9510	.9828	.9947	.9985	.9996	.9999						
2.5	.0821	.2873	.5438	.7576	.8912	.9580	.9858	.9958	.9989	.9997	.9999						
2.4	.0907	.3084	.5697	.7787	.9041	.9643	.9884	.9967	.9991	.9998	.9999						
2.3	.1003	.3309	.5960	.7993	.9162	.9700	.9906	.9974	.9994	.9999							
2.2	.1108	.3546	.6227	.8194	.9275	.9751	.9925	.9980	.9995	.9999							
2.1	.1225	.3796	.6496	.8386	.9379	.9796	.9941	.9985	.9997	.9999							
2.0	.1353	.4060	.6767	.8571	.9473	.9834	.9955	.9989	.9998	.9999							
1.9	.1496	.4337	.7037	.8747	.9559	.9868	.9966	.9992	.9998	.9999							
1.8	.1653	.4628	.7306	.8913	.9636	.9896	.9974	.9994	.9999								
1.7	.1827	.4932	.7572	.9068	.9704	.9920	.9981	.9996	.9999								
1.6	.2019	.5249	.7834	.9212	.9763	.9940	.9987	.9997	.9999								
1.5	.2231	.5578	.8088	.9344	.9814	.9955	.9991	.9998									
1.4	.2466	.5918	.8335	.9463	.9857	.9968	.9994	.9999									
1.3	.2725	.6268	.8571	.9569	.9893	.9978	.9996	.9999									
1.2	.3012	.6626	.8795	.9662	.9923	.9985	.9997	.9999									
1.1	.3329	.6990	.9004	.9743	.9946	.9990	.9999										
1.0	.3679	.7358	.9197	.9810	.9963	.9994	.9999										
0.9	.4066	.7725	.9371	.9865	.9977	.9997	.9999										
0.8	.4493	.8088	.9526	.9909	.9986	.9998											
0.7	.4966	.8442	.9659	.9942	.9992	.9999											
0.6	.5488	.8781	.9769	.9966	.9996	.9999											
0.5	.6065	.9098	.9856	.9982	.9998												
0.4	.6703	.9384	.9921	.9992	.9999												
0.3	.7408	.9631	.9964	.9997													
0.2	.8187	.9825	.9989	.9999													
0.1	.9048	.9953	.9998														

Anleitung zum Gebrauch der Tabelle 14

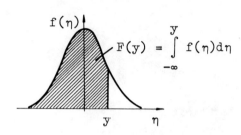

$$F(-y) = 1 - F(y)$$

Beispiele:

$$W(0,545 \leq X \leq 3,55) = F(3,55) - F(0,545)$$
$$= 0,9998 - 0,7071$$
$$= 0,2927 ,$$
$$F(-2) = 1 - F(2) = 1 - 0,9772$$
$$= 0,0228 .$$

Der 0,95-Punkt ist

$$y_{0,95} = 1,645 .$$

Tabelle 14: Verteilungsfunktion der Normalverteilung N(0;1)

z	0	1	2	3	4	5	6	7	8	9
0.0	0.5000	0.5040	0.5080	0.5120	0.5160	0.5199	0.5239	0.5279	0.5319	0.5359
0.1	0.5398	0.5438	0.5478	0.5517	0.5557	0.5596	0.5636	0.5675	0.5714	0.5753
0.2	0.5793	0.5832	0.5871	0.5910	0.5948	0.5987	0.6026	0.6064	0.6103	0.6141
0.3	0.6179	0.6217	0.6255	0.6293	0.6331	0.6368	0.6406	0.6443	0.6480	0.6517
0.4	0.6554	0.6591	0.6628	0.6664	0.6700	0.6736	0.6772	0.6808	0.6844	0.6879
0.5	0.6915	0.6950	0.6985	0.7019	0.7054	0.7088	0.7123	0.7157	0.7190	0.7224
0.6	0.7257	0.7291	0.7324	0.7357	0.7389	0.7422	0.7454	0.7486	0.7517	0.7549
0.7	0.7580	0.7611	0.7642	0.7673	0.7703	0.7734	0.7764	0.7794	0.7823	0.7852
0.8	0.7881	0.7910	0.7939	0.7967	0.7995	0.8023	0.8051	0.8078	0.8106	0.8133
0.9	0.8159	0.8186	0.8212	0.8238	0.8264	0.8289	0.8315	0.8340	0.8365	0.8389
1.0	0.8413	0.8438	0.8461	0.8485	0.8508	0.8531	0.8554	0.8577	0.8599	0.8621
1.1	0.8643	0.8665	0.8686	0.8708	0.8729	0.8749	0.8770	0.8790	0.8810	0.8830
1.2	0.8849	0.8869	0.8888	0.8907	0.8925	0.8944	0.8962	0.8980	0.8997	0.9015
1.3	0.9032	0.9049	0.9066	0.9082	0.9099	0.9115	0.9131	0.9147	0.9162	0.9177
1.4	0.9192	0.9207	0.9222	0.9236	0.9251	0.9265	0.9279	0.9292	0.9306	0.9319
1.5	0.9332	0.9345	0.9357	0.9370	0.9382	0.9394	0.9406	0.9418	0.9429	0.9441
1.6	0.9452	0.9463	0.9474	0.9484	0.9495	0.9505	0.9515	0.9525	0.9535	0.9545
1.7	0.9554	0.9564	0.9573	0.9582	0.9591	0.9599	0.9608	0.9616	0.9625	0.9633
1.8	0.9641	0.9649	0.9656	0.9664	0.9671	0.9678	0.9686	0.9693	0.9699	0.9706
1.9	0.9713	0.9719	0.9726	0.9732	0.9738	0.9744	0.9750	0.9756	0.9761	0.9767
2.0	0.9772	0.9778	0.9783	0.9788	0.9793	0.9798	0.9803	0.9808	0.9812	0.9817
2.1	0.9821	0.9826	0.9830	0.9834	0.9838	0.9842	0.9846	0.9850	0.9854	0.9857
2.2	0.9861	0.9864	0.9868	0.9871	0.9875	0.9878	0.9881	0.9884	0.9887	0.9890
2.3	0.9893	0.9896	0.9898	0.9901	0.9904	0.9906	0.9909	0.9911	0.9913	0.9916
2.4	0.9918	0.9920	0.9922	0.9925	0.9927	0.9929	0.9931	0.9932	0.9934	0.9936
2.5	0.9938	0.9940	0.9941	0.9943	0.9945	0.9946	0.9948	0.9949	0.9951	0.9952
2.6	0.9953	0.9955	0.9956	0.9957	0.9959	0.9960	0.9961	0.9962	0.9963	0.9964
2.7	0.9965	0.9966	0.9967	0.9968	0.9969	0.9970	0.9971	0.9972	0.9973	0.9974
2.8	0.9974	0.9975	0.9976	0.9977	0.9977	0.9978	0.9979	0.9979	0.9980	0.9981
2.9	0.9981	0.9982	0.9982	0.9983	0.9984	0.9984	0.9985	0.9985	0.9986	0.9986
3.0	0.9987	0.9987	0.9987	0.9988	0.9988	0.9989	0.9989	0.9989	0.9990	0.9990
3.1	0.9990	0.9991	0.9991	0.9991	0.9992	0.9992	0.9992	0.9992	0.9993	0.9993
3.2	0.9993	0.9993	0.9994	0.9994	0.9994	0.9994	0.9994	0.9995	0.9995	0.9995
3.3	0.9995	0.9995	0.9995	0.9996	0.9996	0.9996	0.9996	0.9996	0.9996	0.9997
3.4	0.9997	0.9997	0.9997	0.9997	0.9997	0.9997	0.9997	0.9997	0.9997	0.9998
3.5	0.9998	0.9998	0.9998	0.9998	0.9998	0.9998	0.9998	0.9998	0.9998	0.9998
3.6	0.9998	0.9998	0.9999	0.9999	0.9999	0.9999	0.9999	0.9999	0.9999	0.9999
3.7	0.9999	0.9999	0.9999	0.9999	0.9999	0.9999	0.9999	0.9999	0.9999	0.9999
3.8	0.9999	0.9999	0.9999	0.9999	0.9999	0.9999	0.9999	0.9999	0.9999	0.9999
3.9	1.0000	1.0000	1.0000	1.0000	1.0000	1.0000	1.0000	1.0000	1.0000	1.0000

Anleitung zum Gebrauch der Tabelle 15

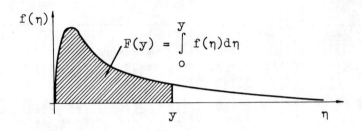

$$F(y) = \int\limits_{o}^{y} f(\eta)d\eta$$

Beispiele:

Für n = 10 ergibt sich

$$W(7,5 \leq X \leq 30) = F(30) - F(7,5)$$
$$= 0,9991 - 0,3229$$
$$= 0,6762 \ .$$

Der 0,98-Punkt ist

$$y_{0,98} = 21,18 \ .$$

Tabelle 15: Verteilungsfunktion der $\chi^2(n)$-Verteilung

y \ n	15	14	13	12	11	10	9	8	7	6	5	4	3	2	1
1.	0.0000	0.0000	0.0000	0.0000	0.0001	0.0002	0.0006	0.0018	0.0052	0.0144	0.0374	0.0902	0.1987	0.3535	0.6827
2.	0.0000	0.0001	0.0002	0.0006	0.0015	0.0037	0.0085	0.0190	0.0402	0.0803	0.1509	0.2642	0.4275	0.6321	0.8427
3.	0.0004	0.0009	0.0021	0.0045	0.0093	0.0186	0.0357	0.0656	0.1150	0.1912	0.3000	0.4422	0.6083	0.7769	0.9167
4.	0.0023	0.0045	0.0088	0.0166	0.0301	0.0527	0.0886	0.1429	0.2202	0.3233	0.4506	0.5940	0.7386	0.8647	0.9545
5.	0.0079	0.0142	0.0248	0.0420	0.0688	0.1088	0.1657	0.2424	0.3400	0.4562	0.5841	0.7127	0.8282	0.9179	0.9747
6.	0.0203	0.0335	0.0538	0.0839	0.1266	0.1847	0.2601	0.3528	0.4603	0.5768	0.6938	0.8009	0.8884	0.9502	0.9857
7.	0.0424	0.0653	0.0978	0.1424	0.2009	0.2746	0.3629	0.4634	0.5711	0.6792	0.7794	0.8641	0.9281	0.9698	0.9918
8.	0.0762	0.1107	0.1564	0.2149	0.2867	0.3712	0.4659	0.5665	0.6674	0.7619	0.8438	0.9084	0.9540	0.9817	0.9953
9.	0.1225	0.1689	0.2271	0.2971	0.3781	0.4679	0.5627	0.6577	0.7473	0.8264	0.8909	0.9389	0.9707	0.9889	0.9973
10.	0.1803	0.2378	0.3061	0.3840	0.4696	0.5595	0.6495	0.7350	0.8114	0.8753	0.9248	0.9596	0.9814	0.9933	0.9984
11.	0.2474	0.3140	0.3892	0.4711	0.5567	0.6425	0.7243	0.7983	0.8614	0.9116	0.9486	0.9734	0.9883	0.9959	0.9991
12.	0.3210	0.3937	0.4724	0.5543	0.6364	0.7149	0.7867	0.8488	0.8994	0.9380	0.9652	0.9826	0.9926	0.9975	0.9995
13.	0.3977	0.4735	0.5522	0.6310	0.7067	0.7763	0.8374	0.8882	0.9274	0.9570	0.9766	0.9887	0.9954	0.9985	0.9997
14.	0.4745	0.5503	0.6262	0.6993	0.7670	0.8270	0.8777	0.9182	0.9488	0.9704	0.9844	0.9927	0.9971	0.9991	0.9998
15.	0.5486	0.6218	0.6926	0.7586	0.8175	0.8679	0.9091	0.9409	0.9640	0.9797	0.9896	0.9953	0.9982	0.9994	0.9999
16.	0.6179	0.6866	0.7509	0.8088	0.8589	0.9004	0.9331	0.9576	0.9749	0.9862	0.9932	0.9970	0.9989	0.9997	0.9999
17.	0.6811	0.7438	0.8007	0.8504	0.8921	0.9256	0.9513	0.9699	0.9826	0.9907	0.9955	0.9981	0.9993	0.9998	
18.	0.7373	0.7932	0.8425	0.8843	0.9184	0.9450	0.9648	0.9788	0.9880	0.9938	0.9971	0.9988	0.9996	0.9999	
19.	0.7863	0.8351	0.8769	0.9115	0.9389	0.9597	0.9748	0.9851	0.9918	0.9958	0.9981	0.9992	0.9997	0.9999	
20.	0.8281	0.8699	0.9048	0.9329	0.9547	0.9707	0.9821	0.9897	0.9944	0.9972	0.9988	0.9995	0.9998		
21.	0.8632	0.8984	0.9271	0.9496	0.9666	0.9789	0.9873	0.9929	0.9962	0.9982	0.9992	0.9997	0.9999		
22.	0.8922	0.9214	0.9446	0.9625	0.9756	0.9849	0.9911	0.9951	0.9975	0.9988	0.9995	0.9998	0.9999		
23.	0.9159	0.9397	0.9583	0.9723	0.9823	0.9893	0.9938	0.9966	0.9983	0.9992	0.9997	0.9999			
24.	0.9349	0.9542	0.9689	0.9797	0.9873	0.9924	0.9957	0.9977	0.9989	0.9995	0.9998	0.9999			
25.	0.9501	0.9654	0.9769	0.9852	0.9909	0.9947	0.9970	0.9984	0.9992	0.9997	0.9999				
26.	0.9620	0.9741	0.9830	0.9893	0.9935	0.9963	0.9980	0.9989	0.9995	0.9998	0.9999				
27.	0.9713	0.9807	0.9876	0.9923	0.9954	0.9974	0.9986	0.9993	0.9997	0.9999	0.9999				
28.	0.9784	0.9858	0.9910	0.9945	0.9968	0.9982	0.9990	0.9995	0.9998	0.9999					
29.	0.9839	0.9895	0.9935	0.9961	0.9977	0.9988	0.9994	0.9997	0.9999	0.9999					
30.	0.9881	0.9924	0.9953	0.9972	0.9984	0.9991	0.9996	0.9998	0.9999						
31.	0.9912	0.9945	0.9966	0.9980	0.9989	0.9994	0.9997	0.9999	0.9999						
32.	0.9936	0.9960	0.9976	0.9986	0.9992	0.9996	0.9998	0.9999							
33.	0.9953	0.9971	0.9983	0.9990	0.9995	0.9997	0.9999	0.9999							
34.	0.9966	0.9979	0.9988	0.9993	0.9996	0.9998	0.9999								
35.	0.9975	0.9985	0.9992	0.9995	0.9998	0.9999	0.9999								
36.	0.9982	0.9990	0.9994	0.9997	0.9998	0.9999	0.9999								
37.	0.9987	0.9993	0.9996	0.9998	0.9999	0.9999	0.9999								
38.	0.9991	0.9995	0.9997	0.9998	0.9999										
39.	0.9994	0.9996	0.9998	0.9999	0.9999										
40.	0.9995	0.9997	0.9999	0.9999											
41.	0.9997	0.9998	0.9999												
42.	0.9998	0.9999	0.9999												
43.	0.9998	0.9999													
44.	0.9999	0.9999													

Fortsetzung Tabelle 15

n\y	16	17	18	19	20	21	22	23	24	25	26	27	28	29	30
1.	0.0000	0.0000	0.0000	0.0000	0.0000	0.0000	0.0000	0.0000	0.0000	0.0000	0.0000	0.0000	0.0000	0.0000	0.0000
2.	0.0000	0.0000	0.0000	0.0000	0.0000	0.0000	0.0000	0.0000	0.0000	0.0000	0.0000	0.0000	0.0000	0.0000	0.0000
3.	0.0002	0.0001	0.0000	0.0000	0.0000	0.0000	0.0000	0.0000	0.0000	0.0000	0.0000	0.0000	0.0000	0.0000	0.0000
4.	0.0011	0.0005	0.0002	0.0001	0.0000	0.0000	0.0000	0.0000	0.0000	0.0000	0.0000	0.0000	0.0000	0.0000	0.0000
5.	0.0042	0.0022	0.0011	0.0006	0.0003	0.0001	0.0001	0.0000	0.0000	0.0000	0.0000	0.0000	0.0000	0.0000	0.0000
6.	0.0115	0.0068	0.0038	0.0021	0.0011	0.0006	0.0003	0.0001	0.0001	0.0001	0.0000	0.0000	0.0000	0.0000	0.0000
7.	0.0267	0.0165	0.0099	0.0058	0.0033	0.0019	0.0010	0.0005	0.0003	0.0001	0.0001	0.0001	0.0000	0.0000	0.0000
8.	0.0511	0.0335	0.0214	0.0133	0.0081	0.0049	0.0028	0.0016	0.0009	0.0005	0.0003	0.0001	0.0001	0.0000	0.0000
9.	0.0866	0.0597	0.0403	0.0265	0.0171	0.0108	0.0067	0.0040	0.0024	0.0014	0.0008	0.0005	0.0003	0.0001	0.0001
10.	0.1334	0.0964	0.0681	0.0471	0.0318	0.0211	0.0137	0.0087	0.0055	0.0033	0.0020	0.0012	0.0007	0.0004	0.0002
11.	0.1905	0.1434	0.1056	0.0762	0.0538	0.0372	0.0253	0.0168	0.0110	0.0071	0.0045	0.0028	0.0017	0.0010	0.0006
12.	0.2560	0.1999	0.1528	0.1144	0.0839	0.0604	0.0426	0.0295	0.0201	0.0134	0.0088	0.0057	0.0036	0.0023	0.0014
13.	0.3272	0.2638	0.2084	0.1614	0.1226	0.0914	0.0668	0.0480	0.0339	0.0235	0.0163	0.0108	0.0071	0.0046	0.0030
14.	0.4013	0.3329	0.2709	0.2163	0.1695	0.1304	0.0985	0.0731	0.0533	0.0383	0.0270	0.0187	0.0128	0.0086	0.0057
15.	0.4754	0.4045	0.3380	0.2774	0.2236	0.1770	0.1378	0.1054	0.0792	0.0586	0.0427	0.0306	0.0216	0.0150	0.0103
16.	0.5470	0.4762	0.4075	0.3427	0.2834	0.2303	0.1841	0.1447	0.1119	0.0852	0.0638	0.0471	0.0342	0.0245	0.0173
17.	0.6144	0.5456	0.4769	0.4101	0.3470	0.2889	0.2366	0.1907	0.1513	0.1182	0.0909	0.0689	0.0514	0.0378	0.0274
18.	0.6761	0.6112	0.5443	0.4776	0.4126	0.3510	0.2940	0.2425	0.1970	0.1576	0.1242	0.0965	0.0739	0.0557	0.0415
19.	0.7313	0.6715	0.6082	0.5432	0.4782	0.4149	0.3547	0.2988	0.2480	0.2029	0.1636	0.1300	0.1019	0.0787	0.0600
20.	0.7798	0.7258	0.6672	0.6054	0.5421	0.4787	0.4170	0.3581	0.3032	0.2532	0.2084	0.1692	0.1355	0.1071	0.0835
21.	0.8215	0.7737	0.7206	0.6632	0.6029	0.5411	0.4793	0.4189	0.3613	0.3074	0.2580	0.2137	0.1747	0.1409	0.1121
22.	0.8568	0.8153	0.7680	0.7157	0.6595	0.6005	0.5401	0.4797	0.4202	0.3643	0.3113	0.2626	0.2187	0.1798	0.1460
23.	0.8863	0.8507	0.8094	0.7627	0.7112	0.6560	0.5983	0.5392	0.4802	0.4224	0.3671	0.3150	0.2670	0.2235	0.1847
24.	0.9105	0.8806	0.8450	0.8038	0.7576	0.7069	0.6528	0.5962	0.5384	0.4806	0.4240	0.3697	0.3185	0.2711	0.2283
25.	0.9302	0.9053	0.8751	0.8395	0.7986	0.7528	0.7029	0.6497	0.5942	0.5376	0.4810	0.4255	0.3722	0.3218	0.2750
26.	0.9440	0.9255	0.9002	0.8698	0.8342	0.7936	0.7483	0.6991	0.6468	0.5924	0.5369	0.4814	0.4270	0.3745	0.3249
27.	0.9585	0.9419	0.9210	0.8953	0.8647	0.8291	0.7888	0.7440	0.6955	0.6441	0.5907	0.5362	0.4818	0.4283	0.3767
28.	0.9684	0.9551	0.9379	0.9166	0.8906	0.8598	0.8243	0.7842	0.7400	0.6921	0.6415	0.5890	0.5356	0.4821	0.4296
29.	0.9761	0.9655	0.9516	0.9340	0.9122	0.8860	0.8551	0.8197	0.7799	0.7361	0.6889	0.6391	0.5875	0.5349	0.4824
30.	0.9820	0.9737	0.9626	0.9482	0.9301	0.9080	0.8815	0.8506	0.8152	0.7757	0.7324	0.6858	0.6368	0.5860	0.5343
31.	0.9865	0.9800	0.9712	0.9596	0.9448	0.9263	0.9039	0.8772	0.8462	0.8113	0.7717	0.7289	0.6829	0.6346	0.5846
32.	0.9900	0.9850	0.9780	0.9687	0.9567	0.9414	0.9226	0.8999	0.8730	0.8420	0.8069	0.7679	0.7255	0.6801	0.6325
33.	0.9926	0.9887	0.9833	0.9760	0.9663	0.9538	0.9381	0.9189	0.8959	0.8689	0.8379	0.8029	0.7643	0.7223	0.6775
34.	0.9946	0.9916	0.9874	0.9816	0.9739	0.9638	0.9509	0.9348	0.9153	0.8921	0.8650	0.8340	0.7991	0.7607	0.7192
35.	0.9960	0.9938	0.9905	0.9860	0.9799	0.9718	0.9613	0.9480	0.9316	0.9118	0.8884	0.8611	0.8301	0.7955	0.7574
36.	0.9971	0.9954	0.9929	0.9894	0.9846	0.9781	0.9696	0.9587	0.9451	0.9284	0.9083	0.8847	0.8574	0.8264	0.7919
37.	0.9979	0.9966	0.9948	0.9921	0.9883	0.9832	0.9763	0.9675	0.9562	0.9423	0.9252	0.9049	0.8811	0.8538	0.8229
38.	0.9985	0.9975	0.9961	0.9941	0.9911	0.9871	0.9817	0.9745	0.9653	0.9537	0.9394	0.9221	0.9016	0.8777	0.8503
39.	0.9989	0.9982	0.9972	0.9956	0.9933	0.9902	0.9859	0.9802	0.9727	0.9632	0.9512	0.9366	0.9191	0.8983	0.8743
40.	0.9992	0.9987	0.9979	0.9967	0.9950	0.9926	0.9892	0.9846	0.9786	0.9708	0.9610	0.9488	0.9339	0.9161	0.8951
41.	0.9994	0.9991	0.9985	0.9976	0.9963	0.9944	0.9918	0.9882	0.9835	0.9770	0.9690	0.9588	0.9463	0.9311	0.9131
42.	0.9996	0.9993	0.9989	0.9982	0.9972	0.9958	0.9937	0.9909	0.9871	0.9820	0.9755	0.9671	0.9566	0.9438	0.9284
43.	0.9997	0.9995	0.9992	0.9987	0.9980	0.9969	0.9953	0.9931	0.9901	0.9860	0.9807	0.9738	0.9652	0.9545	0.9414
44.	0.9998	0.9997	0.9994	0.9991	0.9985	0.9977	0.9965	0.9947	0.9924	0.9892	0.9849	0.9793	0.9722	0.9633	0.9523

45.	0.9614	0.9706	0.9779	0.9837	0.9882	0.9916	0.9942	0.9960	0.9973	0.9983	0.9989	0.9993	0.9996	0.9998	0.9999
46.	0.9689	0.9765	0.9826	0.9873	0.9909	0.9936	0.9956	0.9970	0.9980	0.9987	0.9992	0.9995	0.9997	0.9998	0.9999
47.	0.9751	0.9814	0.9863	0.9901	0.9930	0.9951	0.9967	0.9978	0.9985	0.9991	0.9994	0.9996	0.9998	0.9999	0.9999
48.	0.9802	0.9853	0.9893	0.9923	0.9946	0.9963	0.9975	0.9983	0.9989	0.9993	0.9996	0.9997	0.9998	0.9999	0.9999
49.	0.9843	0.9885	0.9917	0.9941	0.9959	0.9972	0.9981	0.9988	0.9992	0.9995	0.9997	0.9998	0.9999	0.9999	
50.	0.9876	0.9910	0.9935	0.9954	0.9969	0.9979	0.9986	0.9991	0.9994	0.9996	0.9998	0.9999	0.9999		
51.	0.9903	0.9930	0.9950	0.9965	0.9976	0.9984	0.9989	0.9993	0.9996	0.9997	0.9998	0.9999	0.9999		
52.	0.9924	0.9945	0.9962	0.9973	0.9982	0.9988	0.9992	0.9995	0.9997	0.9998	0.9999	0.9999			
53.	0.9941	0.9958	0.9971	0.9980	0.9986	0.9991	0.9994	0.9996	0.9998	0.9999	0.9999				
54.	0.9954	0.9968	0.9978	0.9985	0.9990	0.9993	0.9996	0.9997	0.9998	0.9999					
55.	0.9965	0.9975	0.9983	0.9989	0.9992	0.9995	0.9997	0.9998	0.9999						
56.	0.9973	0.9981	0.9987	0.9991	0.9994	0.9996	0.9998	0.9998	0.9999						
57.	0.9979	0.9986	0.9990	0.9994	0.9996	0.9997	0.9998	0.9999	0.9999						
58.	0.9984	0.9989	0.9993	0.9995	0.9997	0.9998	0.9999	0.9999	0.9999						
59.	0.9988	0.9992	0.9995	0.9996	0.9998	0.9999	0.9999	0.9999							

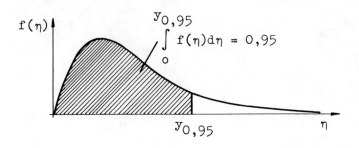

Beispiel:

Der 0,95-Punkt der $F(20;3)$-Verteilung ist

$$y_{0,95} = 8,66 \ .$$

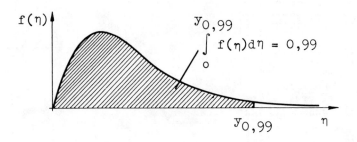

Beispiel:

Der 0,99-Punkt der $F(20;3)$-Verteilung ist

$$y_{0,99} = 26,69 \ .$$

Tabelle 16: 0,95-Punkte der Verteilungsfunktionen der F(m;n)-Verteilungen

m \ n	1	2	3	4	5	6	7	8	9	10	11	12	13	14	15
1	161.	18.51	10.13	7.71	6.61	5.99	5.59	5.318	5.117	4.965	4.844	4.747	4.667	4.600	4.543
2	203.	19.00	9.55	6.94	5.79	5.14	4.74	4.459	4.256	4.103	3.982	3.885	3.806	3.739	3.682
3	216.	19.16	9.28	6.59	5.41	4.76	4.35	4.066	3.862	3.708	3.588	3.490	3.411	3.344	3.287
4	224.	19.24	9.12	6.39	5.19	4.53	4.12	3.838	3.633	3.478	3.357	3.259	3.179	3.112	3.056
5	233.	19.29	9.01	6.26	5.05	4.39	3.97	3.687	3.482	3.326	3.204	3.106	3.026	2.958	2.901
6	234.	19.32	8.94	6.16	4.95	4.28	3.87	3.581	3.374	3.217	3.095	2.996	2.915	2.848	2.790
7	237.	19.35	8.89	6.09	4.88	4.21	3.79	3.500	3.293	3.135	3.012	2.913	2.832	2.764	2.707
8	239.	19.37	8.84	6.04	4.82	4.15	3.73	3.438	3.230	3.072	2.948	2.849	2.767	2.699	2.641
9	241.	19.38	8.81	6.00	4.77	4.10	3.68	3.388	3.179	3.020	2.896	2.796	2.714	2.646	2.588
10	242.	19.39	8.79	5.97	4.74	4.06	3.64	3.347	3.137	2.978	2.854	2.753	2.671	2.602	2.544
11	243.	19.40	8.76	5.94	4.70	4.03	3.60	3.313	3.102	2.943	2.818	2.717	2.635	2.566	2.507
12	244.	19.41	8.74	5.91	4.68	4.00	3.58	3.284	3.073	2.913	2.787	2.687	2.604	2.534	2.475
13	245.	19.42	8.73	5.89	4.65	3.98	3.55	3.259	3.047	2.887	2.761	2.660	2.577	2.507	2.448
14	245.	19.42	8.71	5.87	4.64	3.96	3.53	3.237	3.026	2.865	2.739	2.637	2.554	2.484	2.424
15	246.	19.43	8.70	5.86	4.62	3.94	3.51	3.218	3.006	2.845	2.719	2.617	2.533	2.463	2.403
16	247.	19.43	8.69	5.84	4.60	3.92	3.49	3.202	2.989	2.828	2.701	2.599	2.515	2.445	2.385
17	247.	19.43	8.68	5.83	4.59	3.91	3.48	3.187	2.974	2.812	2.685	2.583	2.499	2.428	2.368
18	247.	19.44	8.67	5.82	4.58	3.90	3.47	3.173	2.960	2.798	2.671	2.568	2.484	2.413	2.353
19	248.	19.44	8.67	5.81	4.57	3.89	3.46	3.161	2.948	2.786	2.658	2.555	2.471	2.400	2.340
20	248.	19.44	8.66	5.80	4.56	3.87	3.44	3.150	2.936	2.774	2.646	2.544	2.459	2.388	2.328
21	248.	19.44	8.65	5.79	4.55	3.87	3.43	3.140	2.926	2.764	2.636	2.533	2.448	2.377	2.316
22	249.	19.45	8.65	5.79	4.54	3.86	3.43	3.131	2.917	2.754	2.626	2.523	2.438	2.367	2.306
23	249.	19.45	8.64	5.70	4.53	3.85	3.42	3.123	2.908	2.745	2.617	2.514	2.429	2.357	2.297
24	249.	19.45	8.64	5.78	4.53	3.84	3.41	3.115	2.901	2.737	2.609	2.505	2.420	2.349	2.288
25	249.	19.45	8.63	5.77	4.52	3.83	3.40	3.108	2.893	2.730	2.601	2.498	2.412	2.341	2.280
26	249.	19.45	8.63	5.76	4.52	3.83	3.40	3.101	2.886	2.723	2.594	2.491	2.405	2.333	2.272
27	250.	19.46	8.63	5.76	4.51	3.82	3.39	3.095	2.880	2.716	2.588	2.484	2.398	2.326	2.265
28	250.	19.46	8.62	5.75	4.51	3.82	3.39	3.090	2.874	2.710	2.582	2.478	2.392	2.320	2.259
29	250.	19.46	8.62	5.75	4.50	3.81	3.38	3.084	2.869	2.705	2.576	2.472	2.386	2.314	2.253
30	250.	19.46	8.62	5.75	4.50	3.81	3.38	3.079	2.864	2.700	2.570	2.466	2.380	2.308	2.247

n\m	16	17	18	19	20	21	22	23	24	25	26	27	28	29	30
1	4.494	4.451	4.414	4.381	4.351	4.325	4.301	4.279	4.260	4.242	4.225	4.210	4.196	4.183	4.171
2	3.634	3.591	3.555	3.522	3.493	3.467	3.443	3.422	3.403	3.385	3.369	3.354	3.340	3.328	3.316
3	3.239	3.197	3.160	3.127	3.099	3.072	3.049	3.028	3.009	2.991	2.975	2.960	2.947	2.934	2.922
4	3.007	2.965	2.928	2.895	2.866	2.840	2.817	2.796	2.776	2.759	2.743	2.728	2.714	2.701	2.690
5	2.852	2.810	2.773	2.740	2.711	2.685	2.661	2.640	2.621	2.603	2.587	2.572	2.558	2.545	2.534
6	2.741	2.699	2.661	2.628	2.599	2.573	2.549	2.528	2.508	2.490	2.474	2.459	2.445	2.432	2.421
7	2.657	2.614	2.577	2.544	2.514	2.488	2.464	2.442	2.423	2.405	2.388	2.373	2.359	2.346	2.334
8	2.591	2.548	2.510	2.477	2.447	2.421	2.397	2.375	2.355	2.337	2.320	2.305	2.291	2.278	2.266
9	2.538	2.494	2.456	2.423	2.393	2.366	2.342	2.320	2.300	2.282	2.266	2.250	2.236	2.223	2.211
10	2.494	2.450	2.412	2.378	2.348	2.321	2.297	2.275	2.255	2.236	2.220	2.204	2.190	2.177	2.165
11	2.456	2.412	2.374	2.340	2.310	2.283	2.258	2.236	2.216	2.198	2.181	2.166	2.151	2.138	2.126
12	2.425	2.381	2.342	2.308	2.277	2.250	2.226	2.203	2.183	2.165	2.148	2.132	2.118	2.105	2.092
13	2.397	2.353	2.314	2.280	2.250	2.222	2.197	2.175	2.155	2.136	2.119	2.103	2.089	2.076	2.063
14	2.373	2.329	2.290	2.255	2.225	2.197	2.173	2.150	2.130	2.111	2.094	2.078	2.064	2.050	2.037
15	2.352	2.308	2.269	2.234	2.203	2.176	2.151	2.128	2.108	2.089	2.072	2.056	2.041	2.027	2.015
16	2.333	2.289	2.250	2.215	2.184	2.156	2.131	2.109	2.088	2.069	2.052	2.036	2.021	2.007	1.995
17	2.317	2.272	2.233	2.198	2.167	2.139	2.114	2.091	2.070	2.051	2.034	2.018	2.003	1.989	1.976
18	2.302	2.257	2.217	2.182	2.151	2.123	2.098	2.075	2.054	2.035	2.018	2.002	1.987	1.973	1.960
19	2.288	2.243	2.203	2.168	2.137	2.109	2.084	2.061	2.040	2.021	2.003	1.987	1.972	1.958	1.945
20	2.276	2.230	2.191	2.155	2.124	2.096	2.071	2.048	2.027	2.007	1.990	1.974	1.959	1.945	1.932
21	2.264	2.219	2.179	2.144	2.112	2.084	2.059	2.036	2.015	1.995	1.978	1.961	1.946	1.932	1.919
22	2.254	2.208	2.169	2.133	2.102	2.073	2.046	2.025	2.004	1.984	1.966	1.950	1.935	1.921	1.908
23	2.244	2.199	2.159	2.123	2.092	2.063	2.038	2.015	1.993	1.974	1.956	1.940	1.924	1.910	1.897
24	2.235	2.190	2.150	2.114	2.082	2.054	2.028	2.005	1.984	1.964	1.946	1.930	1.915	1.901	1.887
25	2.227	2.182	2.141	2.106	2.074	2.045	2.020	1.996	1.975	1.955	1.938	1.921	1.906	1.891	1.878
26	2.220	2.174	2.133	2.098	2.066	2.037	2.012	1.988	1.967	1.947	1.929	1.913	1.897	1.883	1.870
27	2.213	2.167	2.126	2.090	2.058	2.030	2.004	1.981	1.959	1.940	1.922	1.905	1.890	1.875	1.862
28	2.206	2.160	2.119	2.084	2.052	2.023	1.997	1.974	1.952	1.932	1.914	1.898	1.882	1.868	1.854
29	2.200	2.154	2.113	2.077	2.045	2.016	1.990	1.967	1.945	1.926	1.907	1.891	1.875	1.861	1.848
30	2.194	2.148	2.107	2.071	2.039	2.010	1.984	1.961	1.939	1.919	1.901	1.884	1.869	1.854	1.841

Tabelle 17: 0,99-Punkte der Verteilungsfunktionen der F(m;n)-Verteilungen

n \ m	1	2	3	4	5	6	7	8	9	10	11	12	13	14	15
1	4052.	98.50	34.12	21.20	16.26	13.75	12.25	11.258	10.561	10.044	9.646	9.330	9.074	8.862	8.683
2	5000.	98.00	30.82	18.00	13.27	10.93	9.55	8.649	8.021	7.559	7.206	6.927	6.701	6.515	6.359
3	5404.	99.07	29.46	16.69	12.06	9.78	8.45	7.591	6.992	6.552	6.217	5.953	5.739	5.564	5.417
4	5625.	99.15	28.71	15.98	11.39	9.15	7.85	7.006	6.422	5.994	5.668	5.412	5.205	5.035	4.893
5	5763.	99.20	28.23	15.52	10.97	8.75	7.46	6.632	6.057	5.636	5.316	5.064	4.862	4.695	4.556
6	5858.	99.23	27.91	15.21	10.67	8.47	7.19	6.371	5.802	5.386	5.069	4.821	4.620	4.456	4.318
7	5951.	99.26	27.67	14.98	10.46	8.26	6.99	6.178	5.613	5.200	4.886	4.639	4.441	4.278	4.142
8	5989.	99.27	27.49	14.80	10.29	8.10	6.84	6.029	5.467	5.057	4.744	4.499	4.302	4.140	4.004
9	6024.	99.29	27.34	14.66	10.16	7.98	6.72	5.911	5.351	4.942	4.632	4.387	4.191	4.030	3.895
10	6055.	99.40	27.23	14.55	10.05	7.87	6.62	5.814	5.257	4.849	4.539	4.296	4.100	3.939	3.805
11	6082.	99.31	27.13	14.45	9.96	7.79	6.54	5.734	5.178	4.771	4.462	4.220	4.024	3.864	3.730
12	6104.	99.32	27.05	14.37	9.89	7.72	6.47	5.667	5.111	4.706	4.397	4.155	3.960	3.800	3.666
13	6123.	99.32	26.98	14.31	9.82	7.66	6.41	5.609	5.054	4.650	4.342	4.100	3.905	3.745	3.612
14	6140.	99.33	26.92	14.25	9.77	7.60	6.36	5.559	5.005	4.601	4.293	4.052	3.857	3.698	3.564
15	6185.	99.33	26.87	14.20	9.72	7.56	6.31	5.515	4.962	4.558	4.251	4.010	3.815	3.656	3.522
16	6190.	99.34	26.83	14.15	9.68	7.52	6.27	5.477	4.924	4.521	4.213	3.972	3.778	3.619	3.485
17	6197.	99.34	26.78	14.11	9.64	7.48	6.24	5.442	4.890	4.487	4.180	3.939	3.745	3.586	3.452
18	6203.	99.34	26.75	14.08	9.61	7.45	6.21	5.412	4.860	4.457	4.150	3.909	3.716	3.556	3.423
19	6210.	99.35	26.72	14.05	9.58	7.42	6.18	5.384	4.833	4.430	4.123	3.883	3.689	3.530	3.396
20	6216.	99.35	26.69	14.02	9.55	7.40	6.15	5.359	4.808	4.405	4.099	3.858	3.665	3.505	3.372
21	6221.	99.35	26.66	13.99	9.53	7.37	6.13	5.336	4.786	4.383	4.077	3.836	3.643	3.483	3.350
22	6227.	99.35	26.64	13.97	9.51	7.35	6.11	5.316	4.765	4.363	4.057	3.816	3.622	3.463	3.330
23	6232.	99.36	26.62	13.95	9.48	7.33	6.09	5.297	4.746	4.344	4.038	3.798	3.604	3.445	3.311
24	6237.	99.36	26.60	13.93	9.47	7.31	6.07	5.279	4.729	4.327	4.021	3.781	3.587	3.427	3.294
25	6241.	99.36	26.58	13.91	9.45	7.29	6.06	5.263	4.713	4.311	4.005	3.765	3.571	3.412	3.278
26	6246.	99.36	26.56	13.89	9.43	7.28	6.04	5.248	4.698	4.296	3.990	3.750	3.556	3.397	3.263
27	6250.	99.36	26.55	13.88	9.42	7.27	6.03	5.234	4.685	4.283	3.977	3.736	3.543	3.383	3.250
28	6254.	99.36	26.53	13.86	9.40	7.25	6.02	5.221	4.672	4.270	3.964	3.724	3.530	3.371	3.237
29	6257.	99.37	26.52	13.85	9.39	7.24	6.00	5.209	4.660	4.258	3.952	3.712	3.518	3.359	3.225
30	6261.	99.37	26.50	13.84	9.38	7.23	5.99	5.198	4.649	4.247	3.941	3.701	3.507	3.348	3.214

Fortsetzung Tabelle 17

m \ n	16	17	18	19	20	21	22	23	24	25	26	27	28	29	30
1	8.531	8.400	8.205	8.185	8.096	8.017	7.945	7.881	7.823	7.770	7.721	7.677	7.636	7.598	7.562
2	6.226	6.112	6.013	5.926	5.849	5.781	5.719	5.664	5.614	5.568	5.526	5.488	5.453	5.420	5.390
3	5.292	5.105	5.092	5.010	4.938	4.874	4.817	4.765	4.718	4.676	4.636	4.601	4.568	4.538	4.510
4	4.772	4.669	4.579	4.500	4.431	4.369	4.313	4.264	4.219	4.177	4.140	4.106	4.074	4.045	4.018
5	4.437	4.336	4.248	4.171	4.103	4.042	3.988	3.939	3.895	3.855	3.818	3.785	3.754	3.725	3.699
6	4.202	4.192	4.015	3.938	3.871	3.812	3.758	3.710	3.667	3.627	3.591	3.558	3.528	3.500	3.473
7	4.026	3.927	3.841	3.765	3.699	3.640	3.587	3.539	3.496	3.457	3.421	3.388	3.358	3.330	3.304
8	3.890	3.791	3.705	3.631	3.564	3.506	3.453	3.406	3.363	3.324	3.288	3.256	3.226	3.198	3.173
9	3.781	3.682	3.597	3.522	3.457	3.398	3.346	3.299	3.256	3.217	3.182	3.149	3.120	3.092	3.066
10	3.691	3.593	3.508	3.434	3.368	3.310	3.258	3.211	3.168	3.129	3.094	3.062	3.032	3.005	2.979
11	3.616	3.519	3.434	3.360	3.294	3.236	3.184	3.137	3.094	3.056	3.021	2.988	2.958	2.931	2.906
12	3.553	3.455	3.371	3.297	3.231	3.173	3.121	3.074	3.031	2.993	2.958	2.926	2.896	2.868	2.843
13	3.498	3.401	3.316	3.242	3.177	3.119	3.067	3.020	2.978	2.939	2.904	2.872	2.842	2.814	2.789
14	3.451	3.353	3.269	3.195	3.130	3.072	3.020	2.973	2.930	2.892	2.856	2.824	2.795	2.767	2.742
15	3.409	3.312	3.227	3.153	3.088	3.030	2.978	2.931	2.889	2.850	2.815	2.783	2.753	2.726	2.700
16	3.372	3.275	3.190	3.116	3.051	2.993	2.941	2.894	2.852	2.813	2.778	2.746	2.716	2.689	2.663
17	3.339	3.242	3.157	3.083	3.018	2.960	2.908	2.861	2.819	2.780	2.745	2.713	2.683	2.656	2.630
18	3.310	3.212	3.128	3.054	2.989	2.931	2.879	2.832	2.789	2.751	2.715	2.683	2.653	2.626	2.600
19	3.283	3.186	3.101	3.027	2.962	2.904	2.852	2.805	2.762	2.724	2.688	2.656	2.626	2.599	2.573
20	3.259	3.162	3.077	3.003	2.938	2.880	2.827	2.781	2.738	2.699	2.664	2.632	2.602	2.574	2.549
21	3.237	3.139	3.055	2.981	2.916	2.857	2.805	2.758	2.716	2.677	2.642	2.609	2.579	2.552	2.526
22	3.216	3.119	3.035	2.961	2.895	2.837	2.785	2.738	2.695	2.656	2.621	2.589	2.559	2.531	2.506
23	3.198	3.101	3.016	2.942	2.877	2.818	2.766	2.719	2.677	2.638	2.602	2.570	2.540	2.512	2.487
24	3.181	3.083	2.999	2.925	2.859	2.801	2.749	2.702	2.659	2.620	2.585	2.552	2.522	2.495	2.469
25	3.165	3.068	2.983	2.909	2.844	2.785	2.733	2.686	2.643	2.604	2.569	2.536	2.506	2.478	2.453
26	3.150	3.053	2.968	2.894	2.829	2.770	2.718	2.671	2.628	2.589	2.553	2.521	2.491	2.463	2.438
27	3.137	3.039	2.955	2.880	2.815	2.756	2.704	2.657	2.614	2.575	2.540	2.507	2.477	2.449	2.423
28	3.124	3.026	2.942	2.867	2.802	2.743	2.691	2.644	2.601	2.562	2.526	2.494	2.464	2.436	2.410
29	3.112	3.014	2.930	2.855	2.790	2.731	2.679	2.632	2.589	2.550	2.514	2.481	2.451	2.423	2.398
30	3.101	3.003	2.918	2.844	2.779	2.720	2.667	2.620	2.577	2.538	2.503	2.470	2.440	2.412	2.386

Anleitung zum Gebrauch der Tabelle 18

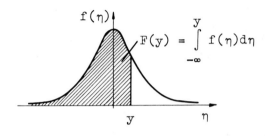

$$F(y) = \int_{-\infty}^{y} f(\eta)d\eta$$

$$F(-y) = 1 - F(y)$$

Beispiele:

Für $n = 10$ ergibt sich

$$W(1,72 \leq X \leq 5,1) = F(5,1) - F(1,72)$$
$$= 0,9998 - 0,9418$$
$$= 0,0580 \ ,$$

$$F(-2) = 1 - F(2) \quad = 1 - 0,9633$$
$$= 0,0367 \ .$$

Der 0,99-Punkt ist

$$y_{0,99} = 2,767 \ .$$

Tabelle 18: Verteilungsfunktion der t(n)-Verteilung

y \ n	1	2	3	4	5	6	7	8	9	10	11	12	13	14	15
0.0	0.5000	0.5000	0.5000	0.5000	0.5000	0.5000	0.5000	0.5000	0.5000	0.5000	0.5000	0.5000	0.5000	0.5000	0.5000
0.1	0.5316	0.5352	0.5366	0.5373	0.5379	0.5382	0.5384	0.5386	0.5387	0.5388	0.5389	0.5390	0.5391	0.5391	0.5392
0.2	0.5627	0.5699	0.5728	0.5743	0.5753	0.5759	0.5764	0.5768	0.5773	0.5776	0.5774	0.5776	0.5777	0.5777	0.5779
0.3	0.5927	0.6037	0.6088	0.6103	0.6119	0.6128	0.6136	0.6141	0.6145	0.6148	0.6151	0.6153	0.6155	0.6157	0.6155
0.4	0.6213	0.6360	0.6420	0.6451	0.6471	0.6485	0.6495	0.6502	0.6508	0.6512	0.6516	0.6519	0.6521	0.6524	0.6526
0.5	0.6475	0.6666	0.6742	0.6782	0.6808	0.6826	0.6838	0.6847	0.6855	0.6861	0.6865	0.6869	0.6873	0.6876	0.6878
0.6	0.6719	0.6952	0.7046	0.7095	0.7127	0.7148	0.7163	0.7174	0.7183	0.7191	0.7197	0.7202	0.7206	0.7210	0.7213
0.7	0.6943	0.7217	0.7328	0.7387	0.7424	0.7449	0.7467	0.7481	0.7492	0.7501	0.7508	0.7514	0.7519	0.7523	0.7527
0.8	0.7147	0.7461	0.7589	0.7657	0.7700	0.7729	0.7750	0.7766	0.7778	0.7788	0.7797	0.7804	0.7810	0.7815	0.7819
0.9	0.7332	0.7684	0.7827	0.7904	0.7953	0.7986	0.8010	0.8028	0.8042	0.8054	0.8063	0.8071	0.8078	0.8083	0.8088
1.0	0.7499	0.7886	0.8045	0.8130	0.8184	0.8223	0.8247	0.8267	0.8283	0.8296	0.8306	0.8315	0.8322	0.8329	0.8334
1.1	0.7651	0.8069	0.8241	0.8334	0.8393	0.8432	0.8461	0.8483	0.8501	0.8514	0.8526	0.8535	0.8544	0.8551	0.8557
1.2	0.7788	0.8235	0.8418	0.8518	0.8580	0.8623	0.8654	0.8678	0.8696	0.8711	0.8723	0.8734	0.8742	0.8750	0.8756
1.3	0.7912	0.8383	0.8577	0.8682	0.8748	0.8793	0.8826	0.8851	0.8870	0.8886	0.8899	0.8910	0.8919	0.8927	0.8934
1.4	0.8025	0.8517	0.8720	0.8829	0.8898	0.8945	0.8979	0.9005	0.9025	0.9041	0.9055	0.9066	0.9075	0.9084	0.9091
1.5	0.8128	0.8638	0.8847	0.8960	0.9030	0.9079	0.9114	0.9140	0.9161	0.9177	0.9191	0.9203	0.9212	0.9221	0.9228
1.6	0.8221	0.8746	0.8963	0.9075	0.9147	0.9196	0.9232	0.9259	0.9280	0.9297	0.9310	0.9322	0.9332	0.9340	0.9348
1.7	0.8307	0.8843	0.9061	0.9178	0.9251	0.9300	0.9335	0.9362	0.9383	0.9400	0.9414	0.9426	0.9435	0.9444	0.9451
1.8	0.8385	0.8931	0.9151	0.9269	0.9341	0.9390	0.9426	0.9452	0.9473	0.9490	0.9503	0.9515	0.9525	0.9533	0.9540
1.9	0.8457	0.9011	0.9232	0.9349	0.9421	0.9469	0.9504	0.9531	0.9551	0.9567	0.9580	0.9591	0.9601	0.9609	0.9616
2.0	0.8524	0.9082	0.9303	0.9419	0.9490	0.9538	0.9572	0.9597	0.9617	0.9633	0.9646	0.9657	0.9666	0.9674	0.9680
2.1	0.8585	0.9147	0.9367	0.9482	0.9551	0.9598	0.9631	0.9655	0.9674	0.9690	0.9702	0.9712	0.9721	0.9728	0.9735
2.2	0.8641	0.9206	0.9424	0.9537	0.9604	0.9649	0.9681	0.9705	0.9723	0.9738	0.9750	0.9759	0.9768	0.9775	0.9781
2.3	0.8694	0.9259	0.9475	0.9585	0.9651	0.9694	0.9725	0.9748	0.9765	0.9779	0.9790	0.9799	0.9807	0.9813	0.9819
2.4	0.8743	0.9307	0.9520	0.9628	0.9692	0.9734	0.9763	0.9784	0.9801	0.9813	0.9824	0.9832	0.9840	0.9846	0.9851
2.5	0.8788	0.9352	0.9563	0.9666	0.9728	0.9767	0.9795	0.9815	0.9831	0.9843	0.9852	0.9860	0.9867	0.9873	0.9877
2.6	0.8831	0.9392	0.9598	0.9700	0.9759	0.9797	0.9823	0.9842	0.9856	0.9868	0.9877	0.9884	0.9890	0.9895	0.9900
2.7	0.8870	0.9429	0.9631	0.9729	0.9786	0.9822	0.9847	0.9865	0.9878	0.9888	0.9897	0.9903	0.9909	0.9914	0.9918
2.8	0.8908	0.9463	0.9661	0.9756	0.9811	0.9844	0.9867	0.9884	0.9896	0.9906	0.9914	0.9920	0.9925	0.9929	0.9933
2.9	0.8943	0.9494	0.9687	0.9779	0.9831	0.9863	0.9885	0.9901	0.9912	0.9921	0.9928	0.9933	0.9938	0.9942	0.9945
3.0	0.8975	0.9522	0.9712	0.9800	0.9849	0.9880	0.9900	0.9915	0.9925	0.9933	0.9940	0.9945	0.9949	0.9952	0.9955
3.1	0.9006	0.9549	0.9733	0.9819	0.9866	0.9894	0.9913	0.9927	0.9936	0.9944	0.9949	0.9954	0.9958	0.9961	0.9963
3.2	0.9035	0.9573	0.9753	0.9835	0.9880	0.9907	0.9925	0.9937	0.9946	0.9953	0.9958	0.9962	0.9965	0.9968	0.9970
3.3	0.9063	0.9596	0.9771	0.9850	0.9893	0.9918	0.9934	0.9946	0.9954	0.9960	0.9965	0.9968	0.9971	0.9974	0.9976
3.4	0.9089	0.9616	0.9788	0.9864	0.9904	0.9928	0.9943	0.9953	0.9961	0.9966	0.9970	0.9974	0.9976	0.9978	0.9980
3.5	0.9114	0.9636	0.9803	0.9875	0.9914	0.9936	0.9950	0.9960	0.9966	0.9971	0.9975	0.9978	0.9980	0.9982	0.9984
3.6	0.9137	0.9654	0.9816	0.9886	0.9922	0.9943	0.9956	0.9965	0.9971	0.9976	0.9979	0.9982	0.9984	0.9986	0.9987
3.7	0.9159	0.9670	0.9829	0.9896	0.9930	0.9950	0.9962	0.9970	0.9975	0.9979	0.9982	0.9985	0.9987	0.9988	0.9989
3.8	0.9181	0.9686	0.9840	0.9904	0.9937	0.9955	0.9966	0.9974	0.9979	0.9983	0.9985	0.9987	0.9989	0.9990	0.9991
3.9	0.9201	0.9700	0.9850	0.9912	0.9943	0.9960	0.9971	0.9977	0.9982	0.9985	0.9988	0.9989	0.9991	0.9992	0.9993
4.0	0.9220	0.9714	0.9860	0.9919	0.9948	0.9964	0.9974	0.9980	0.9984	0.9987	0.9990	0.9991	0.9992	0.9993	0.9994
4.1	0.9238	0.9727	0.9869	0.9926	0.9953	0.9968	0.9977	0.9983	0.9987	0.9989	0.9991	0.9993	0.9994	0.9995	0.9995
4.2	0.9256	0.9738	0.9877	0.9931	0.9958	0.9972	0.9980	0.9985	0.9989	0.9991	0.9993	0.9994	0.9995	0.9996	0.9996
4.3	0.9272	0.9750	0.9884	0.9937	0.9961	0.9975	0.9982	0.9987	0.9990	0.9992	0.9994	0.9995	0.9996	0.9996	0.9997
4.4	0.9288	0.9760	0.9891	0.9942	0.9965	0.9977	0.9984	0.9989	0.9991	0.9993	0.9995	0.9996	0.9996	0.9997	0.9997
4.5	0.9304	0.9770	0.9897	0.9946	0.9968	0.9979	0.9986	0.9990	0.9992	0.9994	0.9995	0.9996	0.9997	0.9997	0.9998
4.6	0.9318	0.9779	0.9903	0.9950	0.9971	0.9982	0.9988	0.9991	0.9994	0.9995	0.9996	0.9997	0.9998	0.9998	0.9998
4.7	0.9332	0.9788	0.9909	0.9953	0.9973	0.9983	0.9989	0.9992	0.9994	0.9996	0.9997	0.9997	0.9998	0.9998	0.9998
4.8	0.9346	0.9796	0.9914	0.9956	0.9976	0.9985	0.9990	0.9993	0.9995	0.9996	0.9997	0.9998	0.9998	0.9999	0.9999
4.9	0.9359	0.9804	0.9919	0.9960	0.9978	0.9986	0.9991	0.9994	0.9996	0.9997	0.9998	0.9998	0.9999	0.9999	0.9999

5.0	0.9371	0.9811	0.9923	0.9963	0.9979	0.9988	0.9992	0.9995	0.9996	0.9997	0.9998	0.9999	0.9999
5.1	0.9383	0.9818	0.9927	0.9965	0.9981	0.9989	0.9993	0.9995	0.9997	0.9998	0.9998	0.9999	0.9999
5.2	0.9395	0.9825	0.9931	0.9967	0.9983	0.9990	0.9994	0.9996	0.9997	0.9998	0.9999	0.9999	0.9999
5.3	0.9406	0.9831	0.9934	0.9970	0.9984	0.9991	0.9994	0.9996	0.9998	0.9998	0.9999	0.9999	0.9999
5.4	0.9417	0.9837	0.9938	0.9972	0.9985	0.9992	0.9995	0.9997	0.9998	0.9998	0.9999	0.9999	
5.5	0.9427	0.9842	0.9941	0.9973	0.9986	0.9992	0.9995	0.9997	0.9998	0.9999	0.9999	0.9999	
5.6	0.9437	0.9848	0.9944	0.9975	0.9987	0.9993	0.9996	0.9998	0.9999	0.9999	0.9999		
5.7	0.9447	0.9853	0.9946	0.9977	0.9988	0.9994	0.9996	0.9998	0.9999	0.9999	0.9999		
5.8	0.9456	0.9858	0.9949	0.9978	0.9989	0.9994	0.9997	0.9998	0.9999	0.9999	0.9999		
5.9	0.9465	0.9862	0.9951	0.9979	0.9990	0.9995	0.9997	0.9998	0.9999	0.9999	0.9999		
6.0	0.9474	0.9867	0.9954	0.9981	0.9991	0.9995	0.9997	0.9998	0.9999	0.9999			
6.1	0.9483	0.9871	0.9956	0.9982	0.9991	0.9996	0.9998	0.9999	0.9999	0.9999			
6.2	0.9491	0.9875	0.9958	0.9983	0.9992	0.9996	0.9998	0.9999	0.9999	0.9999			
6.3	0.9499	0.9878	0.9960	0.9984	0.9993	0.9996	0.9998	0.9999	0.9999	0.9999			
6.4	0.9506	0.9882	0.9961	0.9985	0.9993	0.9997	0.9998	0.9999	0.9999				
6.5	0.9514	0.9886	0.9963	0.9986	0.9994	0.9997	0.9998	0.9999					
6.6	0.9521	0.9889	0.9965	0.9986	0.9994	0.9997	0.9999	0.9999					
6.7	0.9528	0.9892	0.9966	0.9987	0.9994	0.9997	0.9999	0.9999					
6.8	0.9535	0.9895	0.9967	0.9988	0.9995	0.9998	0.9999	0.9999					
6.9	0.9542	0.9898	0.9969	0.9988	0.9995	0.9998	0.9999	0.9999					
7.0	0.9548	0.9901	0.9970	0.9989	0.9995	0.9998	0.9999	0.9999					
7.1	0.9554	0.9904	0.9971	0.9990	0.9996	0.9998	0.9999						
7.2	0.9561	0.9906	0.9972	0.9990	0.9996	0.9998	0.9999						
7.3	0.9566	0.9909	0.9973	0.9991	0.9996	0.9998	0.9999						
7.4	0.9572	0.9911	0.9974	0.9991	0.9996	0.9999	0.9999						
7.5	0.9578	0.9913	0.9975	0.9992	0.9997	0.9999	0.9999						
7.6	0.9583	0.9916	0.9976	0.9992	0.9997	0.9999	0.9999						
7.7	0.9589	0.9918	0.9977	0.9992	0.9997	0.9999							
7.8	0.9594	0.9920	0.9978	0.9993	0.9997	0.9999							
7.9	0.9599	0.9922	0.9979	0.9993	0.9997	0.9999							
8.0	0.9604	0.9924	0.9980	0.9993	0.9998	0.9999							
8.1	0.9609	0.9925	0.9980	0.9994	0.9998	0.9999							
8.2	0.9614	0.9927	0.9981	0.9994	0.9998	0.9999							
8.3	0.9618	0.9929	0.9982	0.9994	0.9998	0.9999							
8.4	0.9623	0.9931	0.9982	0.9994	0.9998	0.9999							
8.5	0.9627	0.9932	0.9983	0.9995	0.9998	0.9999							
8.6	0.9631	0.9934	0.9983	0.9995	0.9998	0.9999							
8.7	0.9636	0.9935	0.9984	0.9995	0.9998	0.9999							
8.8	0.9643	0.9937	0.9985	0.9995	0.9998	0.9999							
8.9	0.9644	0.9938	0.9985	0.9996	0.9999	0.9999							
9.0	0.9648	0.9939	0.9986	0.9996	0.9999	0.9999							
9.1	0.9651	0.9941	0.9986	0.9996	0.9999								
9.2	0.9655	0.9942	0.9986	0.9996	0.9999								
9.3	0.9659	0.9943	0.9987	0.9996	0.9999								
9.4	0.9662	0.9944	0.9987	0.9996	0.9999								
9.5	0.9666	0.9945	0.9988	0.9997	0.9999								
9.6	0.9669	0.9947	0.9988	0.9997	0.9999								
9.7	0.9673	0.9948	0.9988	0.9997	0.9999								
9.8	0.9676	0.9949	0.9989	0.9997	0.9999								
9.9	0.9679	0.9951	0.9989	0.9997	0.9999								
10.0	0.9683	0.9951	0.9989	0.9997	0.9999								
11.0	0.9711	0.9959	0.9994	0.9998	0.9999								
12.0	0.9735	0.9966	0.9994	0.9999									
13.0	0.9756	0.9971	0.9995	0.9999									

Fortsetzung Tabelle 18

y \ n	16	17	18	19	20	21	22	23	24	25	26	27	28	29	30
0.0	0.5003	0.5000	0.5000	0.5000	0.5000	0.5000	0.5000	0.5000	0.5000	0.5000	0.5000	0.5000	0.5000	0.5000	0.5000
0.1	0.5392	0.5392	0.5393	0.5393	0.5393	0.5394	0.5394	0.5394	0.5394	0.5394	0.5394	0.5395	0.5395	0.5395	0.5395
0.2	0.5783	0.5781	0.5781	0.5782	0.5783	0.5783	0.5784	0.5784	0.5784	0.5785	0.5785	0.5785	0.5785	0.5786	0.5786
0.3	0.6160	0.6161	0.6162	0.6163	0.6164	0.6164	0.6165	0.6166	0.6166	0.6167	0.6168	0.6168	0.6168	0.6168	0.6169
0.4	0.6528	0.6529	0.6531	0.6531	0.6533	0.6535	0.6535	0.6536	0.6536	0.6537	0.6538	0.6538	0.6539	0.6540	0.6540
0.5	0.6881	0.6883	0.6884	0.6886	0.6887	0.6889	0.6890	0.6891	0.6892	0.6893	0.6894	0.6894	0.6895	0.6896	0.6896
0.6	0.7215	0.7218	0.7220	0.7222	0.7224	0.7225	0.7227	0.7228	0.7230	0.7230	0.7231	0.7232	0.7233	0.7234	0.7235
0.7	0.7531	0.7533	0.7536	0.7538	0.7540	0.7542	0.7544	0.7545	0.7547	0.7548	0.7549	0.7550	0.7551	0.7552	0.7553
0.8	0.7823	0.7826	0.7829	0.7832	0.7834	0.7837	0.7839	0.7841	0.7842	0.7844	0.7845	0.7847	0.7848	0.7849	0.7850
0.9	0.8093	0.8097	0.8100	0.8103	0.8106	0.8108	0.8111	0.8113	0.8115	0.8116	0.8118	0.8120	0.8121	0.8122	0.8124
1.0	0.8339	0.8343	0.8347	0.8351	0.8354	0.8357	0.8359	0.8361	0.8364	0.8366	0.8367	0.8369	0.8371	0.8372	0.8373
1.1	0.8562	0.8567	0.8571	0.8575	0.8578	0.8581	0.8584	0.8586	0.8589	0.8591	0.8593	0.8595	0.8596	0.8598	0.8600
1.2	0.8762	0.8767	0.8772	0.8776	0.8779	0.8782	0.8785	0.8788	0.8791	0.8793	0.8795	0.8797	0.8799	0.8801	0.8802
1.3	0.8940	0.8945	0.8950	0.8954	0.8958	0.8962	0.8965	0.8968	0.8970	0.8973	0.8975	0.8977	0.8979	0.8981	0.8982
1.4	0.9097	0.9103	0.9108	0.9112	0.9116	0.9119	0.9123	0.9126	0.9128	0.9131	0.9133	0.9135	0.9138	0.9139	0.9141
1.5	0.9235	0.9240	0.9245	0.9250	0.9254	0.9258	0.9261	0.9264	0.9267	0.9269	0.9272	0.9274	0.9276	0.9278	0.9280
1.6	0.9354	0.9360	0.9365	0.9370	0.9374	0.9377	0.9381	0.9384	0.9387	0.9389	0.9392	0.9394	0.9396	0.9398	0.9400
1.7	0.9458	0.9463	0.9468	0.9473	0.9477	0.9481	0.9484	0.9487	0.9490	0.9492	0.9495	0.9497	0.9499	0.9501	0.9503
1.8	0.9546	0.9552	0.9557	0.9561	0.9565	0.9569	0.9572	0.9575	0.9578	0.9580	0.9583	0.9585	0.9587	0.9589	0.9590
1.9	0.9622	0.9627	0.9631	0.9636	0.9640	0.9644	0.9647	0.9650	0.9652	0.9655	0.9657	0.9659	0.9661	0.9663	0.9665
2.0	0.9686	0.9691	0.9696	0.9700	0.9704	0.9707	0.9710	0.9713	0.9715	0.9718	0.9720	0.9722	0.9724	0.9725	0.9727
2.1	0.9740	0.9745	0.9750	0.9753	0.9757	0.9760	0.9763	0.9766	0.9768	0.9770	0.9772	0.9774	0.9776	0.9777	0.9779
2.2	0.9786	0.9790	0.9794	0.9798	0.9801	0.9804	0.9807	0.9809	0.9812	0.9814	0.9816	0.9817	0.9819	0.9820	0.9822
2.3	0.9824	0.9828	0.9832	0.9835	0.9838	0.9841	0.9843	0.9846	0.9848	0.9850	0.9853	0.9853	0.9854	0.9856	0.9857
2.4	0.9855	0.9859	0.9863	0.9866	0.9869	0.9871	0.9874	0.9876	0.9877	0.9879	0.9881	0.9882	0.9884	0.9885	0.9886
2.5	0.9882	0.9885	0.9888	0.9891	0.9894	0.9896	0.9898	0.9900	0.9902	0.9903	0.9905	0.9906	0.9907	0.9908	0.9909
2.6	0.9903	0.9907	0.9910	0.9912	0.9914	0.9916	0.9918	0.9920	0.9921	0.9923	0.9924	0.9925	0.9925	0.9927	0.9928
2.7	0.9921	0.9924	0.9927	0.9929	0.9931	0.9933	0.9935	0.9936	0.9937	0.9939	0.9940	0.9941	0.9942	0.9943	0.9944
2.8	0.9936	0.9938	0.9941	0.9943	0.9945	0.9946	0.9948	0.9949	0.9950	0.9951	0.9952	0.9953	0.9954	0.9954	0.9955
2.9	0.9948	0.9950	0.9952	0.9954	0.9956	0.9957	0.9958	0.9960	0.9961	0.9962	0.9963	0.9963	0.9964	0.9965	0.9965
3.0	0.9958	0.9960	0.9962	0.9965	0.9965	0.9966	0.9967	0.9968	0.9969	0.9970	0.9971	0.9971	0.9972	0.9973	0.9973
3.1	0.9966	0.9967	0.9969	0.9971	0.9972	0.9973	0.9974	0.9975	0.9976	0.9976	0.9977	0.9978	0.9978	0.9979	0.9979
3.2	0.9972	0.9974	0.9975	0.9976	0.9978	0.9978	0.9979	0.9980	0.9981	0.9981	0.9982	0.9983	0.9983	0.9983	0.9984
3.3	0.9977	0.9979	0.9980	0.9981	0.9982	0.9983	0.9984	0.9984	0.9985	0.9985	0.9986	0.9986	0.9986	0.9987	0.9987
3.4	0.9982	0.9983	0.9984	0.9986	0.9986	0.9987	0.9987	0.9988	0.9988	0.9989	0.9989	0.9989	0.9990	0.9990	0.9990
3.5	0.9985	0.9986	0.9987	0.9988	0.9989	0.9989	0.9990	0.9990	0.9991	0.9991	0.9992	0.9992	0.9992	0.9992	0.9993
3.6	0.9988	0.9989	0.9990	0.9990	0.9991	0.9992	0.9992	0.9992	0.9993	0.9993	0.9993	0.9994	0.9994	0.9994	0.9994
3.7	0.9990	0.9991	0.9992	0.9992	0.9993	0.9993	0.9994	0.9994	0.9994	0.9995	0.9995	0.9995	0.9995	0.9996	0.9996
3.8	0.9992	0.9993	0.9993	0.9994	0.9994	0.9995	0.9995	0.9995	0.9996	0.9996	0.9996	0.9996	0.9996	0.9997	0.9997
3.9	0.9994	0.9994	0.9995	0.9995	0.9996	0.9996	0.9996	0.9996	0.9997	0.9997	0.9997	0.9997	0.9997	0.9997	0.9997
4.0	0.9995	0.9995	0.9996	0.9996	0.9996	0.9997	0.9997	0.9997	0.9997	0.9998	0.9998	0.9998	0.9998	0.9998	0.9998
4.1	0.9996	0.9996	0.9997	0.9997	0.9997	0.9998	0.9998	0.9998	0.9998	0.9998	0.9998	0.9998	0.9998	0.9999	0.9999
4.2	0.9997	0.9997	0.9998	0.9998	0.9998	0.9998	0.9999	0.9999	0.9999	0.9999	0.9999	0.9999	0.9999	0.9999	0.9999
4.3	0.9998	0.9998	0.9998	0.9999	0.9999	0.9999	0.9999	0.9999	0.9999	0.9999	0.9999	0.9999	0.9999	0.9999	0.9999
4.4	0.9998	0.9998	0.9999	0.9999	0.9999	0.9999	0.9999	0.9999	0.9999	0.9999	0.9999	0.9999	0.9999	0.9999	0.9999
4.5	0.9998	0.9999	0.9999	0.9999	0.9999	0.9999	0.9999	0.9999	0.9999	0.9999	0.9999	0.9999	0.9998	0.9999	0.9998
4.6	0.9999	0.9999	0.9999	0.9999	0.9999	0.9999	0.9999	0.9999	0.9999	0.9999	0.9999	0.9999	0.9999	0.9999	0.9999
4.7	0.9999	0.9999	0.9999	0.9999	0.9999	0.9999	0.9999	0.9999	0.9999	0.9999	0.9999	0.9999	0.9999	0.9999	0.9999
4.8	0.9999	0.9999	0.9999	0.9999	0.9999	0.9999	0.9999	0.9999	0.9999	0.9999	0.9999	0.9999	0.9999	0.9999	0.9999
4.9	0.9999	0.9999	0.9999	0.9999	0.9999									0.9999	

Tabelle 19: Zufallszahlen

0860	5519	1939	8116	0991	9786
9758	3776	7625	1585	3044	8087
0127	0894	2392	2569	8907	4043
6276	0755	4033	2796	8740	3235
9617	1243	1223	2534	6333	9020
5516	6582	7616	3072	0151	2054
8431	5984	6421	9357	3051	9973
1021	7640	8337	8275	2941	1818
4304	0657	3742	2362	0940	5322
5584	1821	8813	2212	5432	5439
2440	8985	3726	6645	7369	5143
7735	2336	4477	6899	6215	6416
8608	9179	0303	3754	2432	8201
6041	0793	1974	4954	8473	9405
0233	9654	9178	9089	8606	0576
4458	5724	7507	3476	2069	2575
4682	2721	2772	8768	2671	0866
4482	5714	6568	2108	8128	0886
8851	8928	9528	4104	9062	5963
7603	2635	9603	4139	6325	8571
6098	5819	9219	2608	9043	4627
3339	2346	7196	2984	7711	6074
9624	4251	5655	5650	2917	1861
8166	4148	6827	4526	0660	3417
6480	0694	9482	5781	5988	8625
2184	2252	4218	3014	6045	9145
2524	1740	5158	7776	4958	1370
4535	7642	9238	2115	2684	8767
3132	2454	2314	5148	5001	4253
1834	4623	5699	3598	5769	2164

Tabelle 20: Logarithmen

X	LOGX	X	LOGX	X	LOGX	X	LOGX
1.0000	0.0	1.6000	0.2041	2.2000	0.3424	2.8000	0.4472
1.0100	0.0043	1.6100	0.2068	2.2100	0.3444	2.8100	0.4487
1.0200	0.0086	1.6200	0.2095	2.2200	0.3464	2.8200	0.4502
1.0300	0.0128	1.6300	0.2122	2.2300	0.3483	2.8300	0.4518
1.0400	0.0170	1.6400	0.2148	2.2400	0.3502	2.8400	0.4533
1.0500	0.0212	1.6500	0.2175	2.2500	0.3522	2.8500	0.4548
1.0600	0.0253	1.6600	0.2201	2.2600	0.3541	2.8600	0.4564
1.0700	0.0294	1.6700	0.2227	2.2700	0.3560	2.8700	0.4579
1.0800	0.0334	1.6800	0.2253	2.2800	0.3579	2.8800	0.4594
1.0900	0.0374	1.6900	0.2279	2.2900	0.3598	2.8900	0.4609
1.1000	0.0414	1.7000	0.2304	2.3000	0.3617	2.9000	0.4624
1.1100	0.0453	1.7100	0.2330	2.3100	0.3636	2.9100	0.4639
1.1200	0.0492	1.7200	0.2355	2.3200	0.3655	2.9200	0.4654
1.1300	0.0531	1.7300	0.2380	2.3300	0.3674	2.9300	0.4669
1.1400	0.0569	1.7400	0.2405	2.3400	0.3692	2.9400	0.4683
1.1500	0.0607	1.7500	0.2430	2.3500	0.3711	2.9500	0.4698
1.1600	0.0645	1.7600	0.2455	2.3600	0.3729	2.9600	0.4713
1.1700	0.0682	1.7700	0.2480	2.3700	0.3747	2.9700	0.4728
1.1800	0.0719	1.7800	0.2504	2.3800	0.3766	2.9800	0.4742
1.1900	0.0755	1.7900	0.2529	2.3900	0.3784	2.9900	0.4757
1.2000	0.0792	1.8000	0.2553	2.4000	0.3802	3.0000	0.4771
1.2100	0.0828	1.8100	0.2577	2.4100	0.3820	3.0100	0.4786
1.2200	0.0864	1.8200	0.2601	2.4200	0.3838	3.0200	0.4800
1.2300	0.0899	1.8300	0.2625	2.4300	0.3856	3.0300	0.4814
1.2400	0.0934	1.8400	0.2648	2.4400	0.3874	3.0400	0.4829
1.2500	0.0969	1.8500	0.2672	2.4500	0.3892	3.0500	0.4843
1.2600	0.1004	1.8600	0.2695	2.4600	0.3909	3.0600	0.4857
1.2700	0.1038	1.8700	0.2718	2.4700	0.3927	3.0700	0.4871
1.2800	0.1072	1.8800	0.2742	2.4800	0.3945	3.0800	0.4886
1.2900	0.1106	1.8900	0.2765	2.4900	0.3962	3.0900	0.4900
1.3000	0.1139	1.9000	0.2788	2.5000	0.3979	3.1000	0.4914
1.3100	0.1173	1.9100	0.2810	2.5100	0.3997	3.1100	0.4928
1.3200	0.1206	1.9200	0.2833	2.5200	0.4014	3.1200	0.4942
1.3300	0.1239	1.9300	0.2856	2.5300	0.4031	3.1300	0.4955
1.3400	0.1271	1.9400	0.2878	2.5400	0.4048	3.1400	0.4969
1.3500	0.1303	1.9500	0.2900	2.5500	0.4065	3.1500	0.4983
1.3600	0.1335	1.9600	0.2923	2.5600	0.4082	3.1600	0.4997
1.3700	0.1367	1.9700	0.2945	2.5700	0.4099	3.1700	0.5011
1.3800	0.1399	1.9800	0.2967	2.5800	0.4116	3.1800	0.5024
1.3900	0.1430	1.9900	0.2989	2.5900	0.4133	3.1900	0.5038
1.4000	0.1461	2.0000	0.3010	2.6000	0.4150	3.2000	0.5051
1.4100	0.1492	2.0100	0.3032	2.6100	0.4166	3.2100	0.5065
1.4200	0.1523	2.0200	0.3054	2.6200	0.4183	3.2200	0.5079
1.4300	0.1553	2.0300	0.3075	2.6300	0.4200	3.2300	0.5092
1.4400	0.1584	2.0400	0.3096	2.6400	0.4216	3.2400	0.5105
1.4500	0.1614	2.0500	0.3118	2.6500	0.4232	3.2500	0.5119
1.4600	0.1644	2.0600	0.3139	2.6600	0.4249	3.2600	0.5132
1.4700	0.1673	2.0700	0.3160	2.6700	0.4265	3.2700	0.5145
1.4800	0.1703	2.0800	0.3181	2.6800	0.4281	3.2800	0.5159
1.4900	0.1732	2.0900	0.3201	2.6900	0.4298	3.2900	0.5172
1.5000	0.1761	2.1000	0.3222	2.7000	0.4314	3.3000	0.5185
1.5100	0.1790	2.1100	0.3243	2.7100	0.4330	3.3100	0.5198
1.5200	0.1818	2.1200	0.3263	2.7200	0.4346	3.3200	0.5211
1.5300	0.1847	2.1300	0.3284	2.7300	0.4362	3.3300	0.5224
1.5400	0.1875	2.1400	0.3304	2.7400	0.4378	3.3400	0.5237
1.5500	0.1903	2.1500	0.3324	2.7500	0.4393	3.3500	0.5250
1.5600	0.1931	2.1600	0.3345	2.7600	0.4409	3.3600	0.5263
1.5700	0.1959	2.1700	0.3365	2.7700	0.4425	3.3700	0.5276
1.5800	0.1987	2.1800	0.3385	2.7800	0.4440	3.3800	0.5289
1.5900	0.2014	2.1900	0.3404	2.7900	0.4456	3.3900	0.5302

X	LOGX	X	LOGX	X	LOGX	X	LOGX
3.4000	0.5315	4.0100	0.6031	4.6100	0.6637	5.2100	0.7168
3.4100	0.5328	4.0200	0.6042	4.6200	0.6646	5.2200	0.7177
3.4200	0.5340	4.0300	0.6053	4.6300	0.6656	5.2300	0.7185
3.4300	0.5353	4.0400	0.6064	4.6400	0.6665	5.2400	0.7193
3.4400	0.5366	4.0500	0.6075	4.6500	0.6675	5.2500	0.7202
3.4500	0.5378	4.0600	0.6085	4.6600	0.6684	5.2600	0.7210
3.4600	0.5391	4.0700	0.6096	4.6700	0.6693	5.2700	0.7218
3.4700	0.5403	4.0800	0.6107	4.6800	0.6702	5.2800	0.7226
3.4800	0.5416	4.0900	0.6117	4.6900	0.6712	5.2900	0.7235
3.4900	0.5428	4.1000	0.6128	4.7000	0.6721	5.3000	0.7243
3.5000	0.5441	4.1100	0.6138	4.7100	0.6730	5.3100	0.7251
3.5100	0.5453	4.1200	0.6149	4.7200	0.6739	5.3200	0.7259
3.5200	0.5465	4.1300	0.6160	4.7300	0.6749	5.3300	0.7267
3.5300	0.5478	4.1400	0.6170	4.7400	0.6758	5.3400	0.7275
3.5400	0.5490	4.1500	0.6180	4.7500	0.6767	5.3500	0.7284
3.5500	0.5502	4.1600	0.6191	4.7600	0.6776	5.3600	0.7292
3.5600	0.5514	4.1700	0.6201	4.7700	0.6785	5.3700	0.7300
3.5700	0.5527	4.1800	0.6212	4.7800	0.6794	5.3800	0.7308
3.5800	0.5539	4.1900	0.6222	4.7900	0.6803	5.3900	0.7316
3.5900	0.5551	4.2000	0.6232	4.8000	0.6812	5.4000	0.7324
3.6000	0.5563	4.2100	0.6243	4.8100	0.6821	5.4100	0.7332
3.6100	0.5575	4.2200	0.6253	4.8200	0.6830	5.4200	0.7340
3.6200	0.5587	4.2300	0.6263	4.8300	0.6839	5.4300	0.7348
3.6300	0.5599	4.2400	0.6274	4.8400	0.6848	5.4400	0.7356
3.6400	0.5611	4.2500	0.6284	4.8500	0.6857	5.4500	0.7364
3.6500	0.5623	4.2600	0.6294	4.8600	0.6866	5.4600	0.7372
3.6600	0.5635	4.2700	0.6304	4.8700	0.6875	5.4700	0.7380
3.6700	0.5647	4.2800	0.6314	4.8800	0.6884	5.4800	0.7388
3.6800	0.5658	4.2900	0.6325	4.8900	0.6893	5.4900	0.7396
3.6900	0.5670	4.3000	0.6335	4.9000	0.6902	5.5000	0.7404
3.7000	0.5682	4.3100	0.6345	4.9100	0.6911	5.5100	0.7412
3.7100	0.5694	4.3200	0.6355	4.9200	0.6920	5.5200	0.7419
3.7200	0.5705	4.3300	0.6365	4.9300	0.6928	5.5300	0.7427
3.7300	0.5717	4.3400	0.6375	4.9400	0.6937	5.5400	0.7435
3.7400	0.5729	4.3500	0.6385	4.9500	0.6946	5.5500	0.7443
3.7500	0.5740	4.3600	0.6395	4.9600	0.6955	5.5600	0.7451
3.7600	0.5752	4.3700	0.6405	4.9700	0.6964	5.5700	0.7459
3.7700	0.5763	4.3800	0.6415	4.9800	0.6972	5.5800	0.7466
3.7800	0.5775	4.3900	0.6425	4.9900	0.6981	5.5900	0.7474
3.7900	0.5786	4.4000	0.6435	5.0000	0.6990	5.6000	0.7482
3.8000	0.5798	4.4100	0.6444	5.0100	0.6998	5.6100	0.7490
3.8100	0.5809	4.4200	0.6454	5.0200	0.7007	5.6200	0.7497
3.8200	0.5821	4.4300	0.6464	5.0300	0.7016	5.6300	0.7505
3.8300	0.5832	4.4400	0.6474	5.0400	0.7024	5.6400	0.7513
3.8400	0.5843	4.4500	0.6484	5.0500	0.7033	5.6500	0.7520
3.8500	0.5855	4.4600	0.6493	5.0600	0.7042	5.6600	0.7528
3.8600	0.5866	4.4700	0.6503	5.0700	0.7050	5.6700	0.7536
3.8700	0.5877	4.4800	0.6513	5.0800	0.7059	5.6800	0.7543
3.8800	0.5888	4.4900	0.6522	5.0900	0.7067	5.6900	0.7551
3.8900	0.5899	4.5000	0.6532	5.1000	0.7076	5.7000	0.7559
3.9000	0.5911	4.5100	0.6542	5.1100	0.7084	5.7100	0.7566
3.9100	0.5922	4.5200	0.6551	5.1200	0.7093	5.7200	0.7574
3.9200	0.5933	4.5300	0.6561	5.1300	0.7101	5.7300	0.7582
3.9300	0.5944	4.5400	0.6571	5.1400	0.7110	5.7400	0.7589
3.9400	0.5955	4.5500	0.6580	5.1500	0.7118	5.7500	0.7597
3.9500	0.5966	4.5600	0.6590	5.1600	0.7126	5.7600	0.7604
3.9600	0.5977	4.5700	0.6599	5.1700	0.7135	5.7700	0.7612
3.9700	0.5988	4.5800	0.6609	5.1800	0.7143	5.7800	0.7619
3.9800	0.5999	4.5900	0.6618	5.1900	0.7152	5.7900	0.7627
3.9900	0.6010	4.6000	0.6628	5.2000	0.7160	5.8000	0.7634

X	LOGX	X	LOGX	X	LOGX	X	LOGX
5.8100	0.7642	6.4100	0.8069	7.0100	0.8457	7.6100	0.8814
5.8200	0.7649	6.4200	0.8075	7.0200	0.8463	7.6200	0.8820
5.8300	0.7657	6.4300	0.8082	7.0300	0.8470	7.6300	0.8825
5.8400	0.7664	6.4400	0.8089	7.0400	0.8476	7.6400	0.8831
5.8500	0.7672	6.4500	0.8096	7.0500	0.8482	7.6500	0.8837
5.8600	0.7679	6.4600	0.8102	7.0600	0.8488	7.6600	0.8842
5.8700	0.7686	6.4700	0.8109	7.0700	0.8494	7.6700	0.8848
5.8800	0.7694	6.4800	0.8116	7.0800	0.8500	7.6800	0.8854
5.8900	0.7701	6.4900	0.8122	7.0900	0.8506	7.6900	0.8859
5.9000	0.7709	6.5000	0.8129	7.1000	0.8513	7.7000	0.8865
5.9100	0.7716	6.5100	0.8136	7.1100	0.8519	7.7100	0.8871
5.9200	0.7723	6.5200	0.8142	7.1200	0.8525	7.7200	0.8876
5.9300	0.7731	6.5300	0.8149	7.1300	0.8531	7.7300	0.8882
5.9400	0.7738	6.5400	0.8156	7.1400	0.8537	7.7400	0.8887
5.9500	0.7745	6.5500	0.8162	7.1500	0.8543	7.7500	0.8893
5.9600	0.7752	6.5600	0.8169	7.1600	0.8549	7.7600	0.8899
5.9700	0.7760	6.5700	0.8176	7.1700	0.8555	7.7700	0.8904
5.9800	0.7767	6.5800	0.8182	7.1800	0.8561	7.7800	0.8910
5.9900	0.7774	6.5900	0.8189	7.1900	0.8567	7.7900	0.8915
6.0000	0.7782	6.6000	0.8195	7.2000	0.8573	7.8000	0.8921
6.0100	0.7789	6.6100	0.8202	7.2100	0.8579	7.8100	0.8927
6.0200	0.7796	6.6200	0.8209	7.2200	0.8585	7.8200	0.8932
6.0300	0.7803	6.6300	0.8215	7.2300	0.8591	7.8300	0.8938
6.0400	0.7810	6.6400	0.8222	7.2400	0.8597	7.8400	0.8943
6.0500	0.7818	6.6500	0.8228	7.2500	0.8603	7.8500	0.8949
6.0600	0.7825	6.6600	0.8235	7.2600	0.8609	7.8600	0.8954
6.0700	0.7832	6.6700	0.8241	7.2700	0.8615	7.8700	0.8960
6.0800	0.7839	6.6800	0.8248	7.2800	0.8621	7.8800	0.8965
6.0900	0.7846	6.6900	0.8254	7.2900	0.8627	7.8900	0.8971
6.1000	0.7853	6.7000	0.8261	7.3000	0.8633	7.9000	0.8976
6.1100	0.7860	6.7100	0.8267	7.3100	0.8639	7.9100	0.8982
6.1200	0.7868	6.7200	0.8274	7.3200	0.8645	7.9200	0.8987
6.1300	0.7875	6.7300	0.8280	7.3300	0.8651	7.9300	0.8993
6.1400	0.7882	6.7400	0.8287	7.3400	0.8657	7.9400	0.8998
6.1500	0.7889	6.7500	0.8293	7.3500	0.8663	7.9500	0.9004
6.1600	0.7896	6.7600	0.8299	7.3600	0.8669	7.9600	0.9009
6.1700	0.7903	6.7700	0.8306	7.3700	0.8675	7.9700	0.9015
6.1800	0.7910	6.7800	0.8312	7.3800	0.8681	7.9800	0.9020
6.1900	0.7917	6.7900	0.8319	7.3900	0.8686	7.9900	0.9025
6.2000	0.7924	6.8000	0.8325	7.4000	0.8692	8.0000	0.9031
6.2100	0.7931	6.8100	0.8331	7.4100	0.8698	8.0100	0.9036
6.2200	0.7938	6.8200	0.8338	7.4200	0.8704	8.0200	0.9042
6.2300	0.7945	6.8300	0.8344	7.4300	0.8710	8.0300	0.9047
6.2400	0.7952	6.8400	0.8351	7.4400	0.8716	8.0400	0.9053
6.2500	0.7959	6.8500	0.8357	7.4500	0.8722	8.0500	0.9058
6.2600	0.7966	6.8600	0.8363	7.4600	0.8727	8.0600	0.9063
6.2700	0.7973	6.8700	0.8370	7.4700	0.8733	8.0700	0.9069
6.2800	0.7980	6.8800	0.8376	7.4800	0.8739	8.0800	0.9074
6.2900	0.7987	6.8900	0.8382	7.4900	0.8745	8.0900	0.9079
6.3000	0.7993	6.9000	0.8388	7.5000	0.8751	8.1000	0.9085
6.3100	0.8000	6.9100	0.8395	7.5100	0.8756	8.1100	0.9090
6.3200	0.8007	6.9200	0.8401	7.5200	0.8762	8.1200	0.9096
6.3300	0.8014	6.9300	0.8407	7.5300	0.8768	8.1300	0.9101
6.3400	0.8021	6.9400	0.8414	7.5400	0.8774	8.1400	0.9106
6.3500	0.8028	6.9500	0.8420	7.5500	0.8779	8.1500	0.9112
6.3600	0.8035	6.9600	0.8426	7.5600	0.8785	8.1600	0.9117
6.3700	0.8041	6.9700	0.8432	7.5700	0.8791	8.1700	0.9122
6.3800	0.8048	6.9800	0.8439	7.5800	0.8797	8.1800	0.9128
6.3900	0.8055	6.9900	0.8445	7.5900	0.8802	8.1900	0.9133
6.4000	0.8062	7.0000	0.8451	7.6000	0.8808	8.2000	0.9138

X	LOGX	X	LOGX	X	LOGX
8.2100	0.9143	8.8100	0.9450	9.4100	0.9736
8.2200	0.9149	8.8200	0.9455	9.4200	0.9741
8.2300	0.9154	8.8300	0.9460	9.4300	0.9745
8.2400	0.9159	8.8400	0.9465	9.4400	0.9750
8.2500	0.9165	8.8500	0.9469	9.4500	0.9754
8.2600	0.9170	8.8600	0.9474	9.4600	0.9759
8.2700	0.9175	8.8700	0.9479	9.4700	0.9763
8.2800	0.9180	8.8800	0.9484	9.4800	0.9768
8.2900	0.9186	8.8900	0.9489	9.4900	0.9773
8.3000	0.9191	8.9000	0.9494	9.5000	0.9777
8.3100	0.9196	8.9100	0.9499	9.5100	0.9782
8.3200	0.9201	8.9200	0.9504	9.5200	0.9786
8.3300	0.9206	8.9300	0.9509	9.5300	0.9791
8.3400	0.9212	8.9400	0.9513	9.5400	0.9795
8.3500	0.9217	8.9500	0.9518	9.5500	0.9800
8.3600	0.9222	8.9600	0.9523	9.5600	0.9805
8.3700	0.9227	8.9700	0.9528	9.5700	0.9809
8.3800	0.9232	8.9800	0.9533	9.5800	0.9814
8.3900	0.9238	8.9900	0.9538	9.5900	0.9818
8.4000	0.9243	9.0000	0.9542	9.6000	0.9823
8.4100	0.9248	9.0100	0.9547	9.6100	0.9827
8.4200	0.9253	9.0200	0.9552	9.6200	0.9832
8.4300	0.9258	9.0300	0.9557	9.6300	0.9836
8.4400	0.9263	9.0400	0.9562	9.6400	0.9841
8.4500	0.9269	9.0500	0.9566	9.6500	0.9845
8.4600	0.9274	9.0600	0.9571	9.6600	0.9850
8.4700	0.9279	9.0700	0.9576	9.6700	0.9854
8.4800	0.9284	9.0800	0.9581	9.6800	0.9859
8.4900	0.9289	9.0900	0.9586	9.6900	0.9863
8.5000	0.9294	9.1000	0.9590	9.7000	0.9868
8.5100	0.9299	9.1100	0.9595	9.7100	0.9872
8.5200	0.9304	9.1200	0.9600	9.7200	0.9877
8.5300	0.9309	9.1300	0.9605	9.7300	0.9881
8.5400	0.9315	9.1400	0.9609	9.7400	0.9886
8.5500	0.9320	9.1500	0.9614	9.7500	0.9890
8.5600	0.9325	9.1600	0.9619	9.7600	0.9894
8.5700	0.9330	9.1700	0.9624	9.7700	0.9899
8.5800	0.9335	9.1800	0.9628	9.7800	0.9903
8.5900	0.9340	9.1900	0.9633	9.7900	0.9908
8.6000	0.9345	9.2000	0.9638	9.8000	0.9912
8.6100	0.9350	9.2100	0.9643	9.8100	0.9917
8.6200	0.9355	9.2200	0.9647	9.8200	0.9921
8.6300	0.9360	9.2300	0.9652	9.8300	0.9926
8.6400	0.9365	9.2400	0.9657	9.8400	0.9930
8.6500	0.9370	9.2500	0.9661	9.8500	0.9934
8.6600	0.9375	9.2600	0.9666	9.8600	0.9939
8.6700	0.9380	9.2700	0.9671	9.8700	0.9943
8.6800	0.9385	9.2800	0.9675	9.8800	0.9948
8.6900	0.9390	9.2900	0.9680	9.8900	0.9952
8.7000	0.9395	9.3000	0.9685	9.9000	0.9956
8.7100	0.9400	9.3100	0.9689	9.9100	0.9961
8.7200	0.9405	9.3200	0.9694	9.9200	0.9965
8.7300	0.9410	9.3300	0.9699	9.9300	0.9969
8.7400	0.9415	9.3400	0.9703	9.9400	0.9974
8.7500	0.9420	9.3500	0.9708	9.9500	0.9978
8.7600	0.9425	9.3600	0.9713	9.9600	0.9983
8.7700	0.9430	9.3700	0.9717	9.9700	0.9987
8.7800	0.9435	9.3800	0.9722	9.9800	0.9991
8.7900	0.9440	9.3900	0.9727	9.9900	0.9996
8.8000	0.9445	9.4000	0.9731	10.0000	1.0000

REGISTER

Abbildung 21
Abgang 52
-, durchschnittlicher 58
Ableitung 34
-, partielle 42
Abweichung, durchschnittliche 79
-, mittlere quadratische 79,81,82
Aggregatform 115
α-Punkt 147
asymptotisch normalverteilt 187
Axiome der Wahrscheinlichkeitsrechnung 131
Bayes, Formel von 141 f.
Beobachtungswert 51,72
Bestand 52
Bestandsmasse 52
Bewegungsmasse 52
Bildmenge 21
Binomialkoeffizient 46
Binomialverteilung 151,167 f.,175,183
χ^2-Test 232 ff.
χ^2-Verteilung 171,175
Definitionsbereich 21
Determinationskoeffizient 93
Dichtefunktion 153
-, gemeinsame 161
Differenzenschätzung 245 f.
Durchschnittsbestand 55
Elementarereignis 130
-, Menge der -se 130
Ereignis 130
-, paarweise unabhängige -se 136
-, unabhängige -se 136
-, Wahrscheinlichkeit eines -ses 131,145,147
Ereignisring 130

Korrelationskoeffizient von Bravais-Pearson 87 ff.
- von Fechner 86 f.
Kovarianz 177
kritischer Wert 219
Lageregel 73
Lorenzkurve 71
Masse, statistische 52
-, geschlossene, statistische 55
-, offene, statistische 55
-, stationäre, statistische 55
Maßzahlen 72
Median 72
Menge 13
-, abzählbare 14
-, disjunkte -n 17
-, Durchschnitt von -n 17
-, Element einer 13
-, endliche 14
-, höchstens abzählbare 14
-, Komplement einer 15
-, leere 13
-, Produkt von -n 19
-, Teilmenge einer 14
-, Umfang einer 14
-, Vereinigung von -n 17 f.
-, Zerlegung von -n 18
Mengenring 18
Merkmal 51
-, quantitatives 62
-, quantifiziertes 62
-, qualitatives 62
Merkmalsausprägung 51
Merkmalsträger 51
Meßzahlen 112 ff.
Methode der kleinsten Quadrate 43,93,103,205 f.
Methode der Reihenhälften 102

Der »neue Kilger«

Einführung in die Kostenrechnung

1976. XIV, 496 Seiten. Format 15,5 x 22,6 cm. Gebunden DM 56,–

Kilgers neues Buch gibt dem Leser eine systematische Einführung
in die Kosten- und Leistungsrechnung,
die dem neuesten wissenschaftlichen Erkenntnisstand entspricht
und zugleich die Anforderungen der betrieblichen Praxis
an das innerbetriebliche Rechnungswesen berücksichtigt.
Da auch alle wichtigen Detailprobleme behandelt werden,
ist es dem Leser möglich, das erarbeitete Wissen in der Praxis
wirklich anzuwenden. In allen Teilen des Buches werden
die Probleme und Verfahren zunächst beschrieben und
anschließend durch praxisnahe Zahlenbeispiele verdeutlicht.

Westdeutscher Verlag